MEMÓRIAS DO SUBMUNDO

RODGER KLINGLER
MEMÓRIAS DO SUBMUNDO

Tradução
Elena Gaidano

CIP-BRASIL. CATALOGAÇÃO-NA-FONTE
SINDICATO NACIONAL DOS EDITORES DE LIVROS, RJ.

K72p   Klingler, Rodger
        Memórias do submundo / Rodger Klingler;
        tradução Elena Gaidano. — Rio de Janeiro:
        Best*Seller*, 2008.

        Tradução de: Porta do inferno
        ISBN 978-85-7684-253-8

        1. Tráfico de drogas. 2. Violência policial
    I. Título.

                                 CDD: 364.177
08-3639   CDU: 343.57

MEMÓRIAS DO SUBMUNDO
Copyright © 2007 by Rodger Klingler
Copyright da tradução © 2008 by Editora Best Seller Ltda.

Editoração eletrônica: DFL

Todos os direitos reservados. Proibida a reprodução,
no todo ou em parte, sem autorização prévia por escrito da editora,
sejam quais forem os meios empregados.

Direitos exclusivos de publicação em língua portuguesa para o Brasil
adquiridos pela
EDITORA BEST SELLER LTDA.
Rua Argentina, 171, parte, São Cristóvão
Rio de Janeiro, RJ — 20921-380
que se reserva a propriedade literária desta tradução

Impresso no Brasil

ISBN 978-85-7684-253-8

PEDIDOS PELO REEMBOLSO POSTAL
Caixa postal 23.052
Rio de Janeiro, RJ — 20922-970

1ª PARTE

PRAÇA MAUÁ

— Dobrar pra frente, gringo! Afastar as pernas e abrir as nádegas!

Era véspera de Natal, dia 24 de dezembro de 1984. O dia ainda não havia terminado. Pouco antes da meia-noite.

Eu estava cercado por quatro policiais militares.

Um deles colocou luvas de borracha fazendo barulho com os dedos bem próximo do meu rosto e realizou movimentos como se estivesse relaxando as mãos para executar uma peça ao piano.

— Não vou falar mais — gritou o policial fardado.

Ele me agarrou brutalmente pelo queixo, com a mão direita, e apertou dolorosamente o meu maxilar. As luvas cirúrgicas transparentes exalavam um cheiro desagradável de látex. Como quando se abre a embalagem de alumínio de uma camisinha e o cheiro da borracha sobe ao nariz.

— Afaste as pernas e abra as nádegas. O máximo possível! Acredite, é melhor que você mesmo o faça, se não quiser que a gente rasgue seu cuzinho!

Os policiais sorriam maliciosamente. Fazia um calor infernal e a sala era pequena como um depósito, mobiliada apenas com uma mesa. Não havia sequer uma cadeira. Embora eu começasse a entrar em pânico, achei melhor não resistir, ficar calado e fazer o que exigiam de mim. Pelado, sob a fria luz néon, estava desprotegido e à mercê dos olhares dos quatro policiais. O das luvas lambuzou o dedo médio com um creme, passou por trás de mim e empurrou meu pescoço para baixo. Seus colegas me seguraram firmemente nessa posição, pelos antebraços.

— Então, seu viadinho, abre essa bunda!

Humilhante! Especialmente quando você é obrigado a entregar o próprio ânus. Os dois que me seguravam exalavam um cheiro nojento. Suas camisas estavam empapadas de suor e, independentemente do lado para onde eu virasse a cabeça — para a direita ou para a esquerda —, meu nariz quase mergulhava numa axila fedorenta. Não gritar, sobretudo não gritar, resolvi. Minha boca estava completamente ressecada. Agora começava a sentir o policial enfiando brutalmente o dedo médio pelo meu esfíncter, sem piedade. Embora eu mantivesse os dentes firmemente trincados, deixei escapar um leve gemido.

— Olha só, o alemãozinho está gostando — disse odiosamente um dos policiais.

Escarnecendo, ainda me acusavam de estar gostando. A "revista corporal" doía demais. Não podia me revoltar. Seguravam-me brutalmente naquela posição enquanto um deles introduzia o dedo até não poder mais no meu traseiro, e remexia no meu reto.

Mais ou menos uma hora antes, eu havia sido descoberto no Aeroporto Internacional do Galeão, no Rio de Janeiro, ao tentar sair do país com 1kg de cocaína. Havia apostado muito alto... e perdido!

— Parece que o gringo não tem nada escondido no traseiro!

Depois de algum tempo, finalmente desistiram. Meu esfíncter doía muito, e quando o policial tirou as luvas, vi que havia sangue em uma delas.

— Vista-se — mandaram.

Rapidamente, enfiei minha calça jeans e agarrei uma camiseta que estava caída no chão. À procura de drogas, a polícia havia espalhado negligentemente todo o conteúdo de minha bolsa de viagem. Os policiais haviam trabalhado metodicamente, verificando, inclusive, nos lugares mais absurdos. Para terem absoluta certeza, haviam até cortado a sola do pé direito do meu tênis.

— Arrume suas coisas dentro da bolsa!

— O que vai acontecer comigo? — perguntei, desesperado.

— Vá fumando um cigarro aí e fique quieto — disse o policial que alguns minutos antes havia enfiado o dedo médio no meu traseiro, e me jogou um maço de Hollywood. — O que vai acontecer? Você fica aqui até alguém levá-lo para a praça Mauá, para a sede da Polícia Federal. Pelo visto, gringo, você não vai comemorar este Natal na Alemanha, nem os próximos.

Levaram-me para fora da sala, para uma cela que trancaram, abandonando-me com os meus pensamentos. Somente então tomei consciência de que me encontrava numa situação extremamente complicada. Havia muito tempo que o meu avião partira, sem mim, e a essa altura já deveria estar sobre o Atlântico, a caminho de Frankfurt.

Duas semanas antes eu havia saído do frio úmido da Alemanha para viajar para o Brasil com a firme determinação de comprar 1 quilo de cocaína para contrabandeá-lo de volta para a Alemanha. Anteriormente, já havia estado duas vezes no Rio de Janeiro. A primeira vez, aos 18 anos, e, depois, aos 19. Desde muito tempo havia sonhado com o Rio de Janeiro. Em casa, eu possuía vários livros sobre o Brasil, havia absorvido tudo o que estava disponível sobre o país, acompanhava reportagens na televisão e assistia aos documentários sobre o carnaval. Copacabana, o Pão de Açúcar, as praias maravilhosas, a cachaça e as garotas mais bonitas do mundo! Tudo isso havia me atraído como um ímã.

Saí de casa aos 15 anos. Aprendi a profissão de cozinheiro num restaurante francês, que funcionava em um hotel. Morava num quarto no hotel. Tive de aprender muito cedo a me virar sozinho. Pode-se dizer que passei direto, sem transição, da escola para a vida adulta para uma vida na qual se é obrigado a trabalhar por cada centavo que se gasta. Meus pais viviam separados. Aprendi muitas coisas que as pessoas de minha idade aprendem com mais vagar.

Para mim, o Brasil havia se tornado uma idéia fixa, e como sou uma pessoa que transforma o mais rapidamente possível um projeto em ação, consegui realizar meu sonho logo depois do 18º aniversário. Havia economizado metodicamente. Tinha concluído meu estágio e nada no mundo poderia me impedir de comprar uma passagem para o Rio. Eu pretendia permanecer o máximo possível, então decidi comprar uma passagem válida por um ano, com o retorno em aberto. Não tinha noção exata do que pretendia fazer concretamente no Brasil. Isso seria resolvido ao chegar. Minha intenção imediata era procurar um apartamento barato, talvez conhecer uma mulher legal e, possivelmente, encontrar trabalho como cozinheiro. Na verdade, o que mais me seduzia era a idéia de ficar para sempre. Pensar assim é um privilégio da juventude: não planejar nada e ver o futuro de modo otimista!

No Rio, até mesmo minhas expectativas mais ousadas foram superadas. Era exatamente como eu havia imaginado, incontáveis vezes, na longínqua Alemanha. Depois de ter passado uma noite no Hotel Trocadero, na avenida Atlântica, de frente para a praia de Copacabana, conheci Volker, um alemão fracassado que havia chegado ao Rio 7 anos antes para se estabelecer como autônomo, junto com sua namorada brasileira, e que abrira uma escola de dança. Pode-se dizer que esse encontro foi o começo daquilo que, 3 anos depois, me levou para a sala de revista onde enfiaram o dedo no meu cu.

Volker era de Colônia. Ele me provocava uma sensação estranha. Estava acabado, era desleixado e gaguejava tanto que era difícil compreender o que falava. Volker se virava ajudando turistas inexperientes a resolver negócios. Qualquer europeu que chega ao Rio de Janeiro se dá conta, rapidamente, de que, em toda parte, as pessoas procuram extorqui-lo, mais do que aos nativos. Quem não sabe das coisas é explorado. O hotel era caro demais para mim. Eu tinha de agüentar o máximo possível com o dinheiro que trouxera. Não ligava para luxo, e minhas economias teriam durado somente poucas semanas no Hotel Trocadero. Ainda que Volker não tivesse me despertado muita confiança, dei-lhe uma chance e pedi que procurasse um local mais barato para que eu me acomodasse. Para ele, isso era uma tarefa fácil. Na mesma noite, providenciou um apartamento mais em conta, no Hotel Praia Leme. O aluguel mensal equivalia, convertido, a 400 marcos alemães. Era pequeno e modesto: um quarto mobiliado, uma cozinha minúscula e um banheiro com chuveiro e bidê. O local era fantástico! Ao me debruçar um pouco na janela do 7º andar e virar a cabeça para a esquerda, podia ver a praia de Copacabana. E, além dela, a imensidão infinita do oceano Atlântico. Simplesmente fantástico!

O gaguejar de Volker era insuportável. Eu terminava cada frase que ele iniciava, procurando completar a toda pressa as palavras que faltavam e oferecer todas as variantes possíveis, até Volker concordar com a cabeça. Como um computador em que se experimentasse apressadamente todas as combinações para decifrar um código cifrado. Volker resolvera a questão muito bem: conseguiu um lugar barato, por isso lhe dei algum dinheiro como pagamento. Não obstante, tomei a decisão de aprender português imediatamente, para me tornar independente. No fundo, ficava aborrecido por depender de outras pessoas.

Passado algum tempo, Volker não se tornou exatamente meu melhor amigo, mas, volta e meia, nos encontrávamos. Não demorei a perceber que freqüentemente pessoas se dirigiam a ele e sussurravam-lhe algo, em tom de conspiração. Na maioria das vezes, Volker desaparecia com elas num canto e lhes entregava secretamente algo — que eu não sabia o que era. Quando perguntei por que agia daquele modo, ele me revelou que vendia cocaína. E eu, que sequer havia experimentado haxixe, não sabia o que pensar daquilo. As drogas eram, para mim, um mundo desconhecido. Eu só as conhecia das palestras preventivas na escola. Certa vez, inclusive, junto com toda a classe, havíamos feito uma visita à Secretaria de Saúde, para sermos advertidos sobre os perigos das drogas. Em uma vitrine de vidro, podiam-se ver entorpecentes. Christiane F., as vítimas fatais de drogas que aumentavam a cada ano, e os viciados esfarrapados que circulavam na região próxima à estação ferroviária haviam povoado a minha mente. Drogas — era uma coisa que não se devia começar a consumir, em hipótese alguma. Na minha opinião, era o caminho direto para a desgraça.

Reagira, conseqüentemente, à proposta amigável de Volker de também experimentar uma vez alguma coisa.

— Você mesmo pode cheirar essa merda — respondi, indignado. Como é que ele podia se atrever a me oferecer aquilo? — Você nunca mais fale nesse assunto comigo. Nunca cheiraria uma merda dessas! — (Pudera!) Naquela época, eu tinha uma posição muito determinada em relação às drogas e jamais poderia imaginar cair nessa armadilha. Isso era algo que só podia acontecer com idiotas completos, não comigo!

O que Volker não conseguira comigo devia ocorrer com garotas de incrível beleza. De resto, com o passar do tempo, pude comprovar que a gagueira de Volker diminuía quando ele estava sob o efeito daquele pó misterioso. No Mabs, um bar logo em frente ao Hotel Meridien, conheci duas garotas lindas quando estava sentado embaixo de um guarda-sol com Volker, tomando uma garrafa de guaraná com canudinho. Era o início do verão, havia milhares de sensações maravilhosas à minha volta, e, então, apareceram aquelas garotas lindas que se sentaram à nossa mesa. Naquela época, eu era um jovem muito atraente: alto, saudável, com um corpo malhado e um rosto bonito. Os cabelos louros e os olhos azuis me transformavam, para as mulheres brasileiras, num príncipe encantado. Eu tampouco podia me queixar de falta de interesse na Alemanha, mas aqui, no Rio, sentia-me desejado pelas mulheres com muito mais intensidade. Era como se eu pudesse ter qualquer garota, e, no fim, era isso mesmo, pois eu levava ao meu apartamento uma diferente a cada dia. Elas eram loucas por mim!

Mantive minha posição durante duas semanas. Sem que eu tomasse verdadeiramente consciência do fato, todas as pessoas com quem me relacionava faziam uso de cocaína. É fácil imaginar as circunstâncias: clima paradisíaco, as mais belas praias do mundo, dinheiro suficiente no bolso e cercado pelas garotas mais irresistíveis.

As duas garotas queriam de Volker o de sempre. Naquele momento, ele não tinha a droga, mas acreditava que poderia conseguir alguma coisa imediatamente. Então, tomamos um táxi para Botafogo, em minha opinião um dos bairros mais interessantes do Rio de Janeiro. Os velhos casarões com madeiramento à mostra, resquícios da época colonial, chamam a atenção pela beleza. Também digno de ser mencionado é o clube de futebol conhecido mundialmente, que tem sua sede nesse bairro. Na realidade, eu não tinha motivo algum para ir junto, mas Christina, que estava sentada na minha frente, com uma saia jeans muito curta, a toda hora cruzava as pernas, e, quando o fazia, podia-se ver uma calcinha imaculadamente branca, que me parecia uma promessa de paraíso. Assim, fui com eles para Botafogo. De qualquer maneira, não tinha nada melhor para fazer. Tudo era novo e excitante para mim. Podia, praticamente, cheirar a calcinha de Christina, e, quem sabe, as surpresas agradáveis que a noite ainda iria me proporcionar. Volker morava numa pensão suja, onde as baratas multiplicavam-se. Desapareceu rapidamente em outro quarto, mas logo voltou. À primeira vista, parecia um abrigo para sem-tetos. Descobri mais tarde que se tratava de um alojamento estudantil, onde Volker ocupava um minúsculo quarto. As duas garotas e eu nos sentamos sobre o colchão imundo do quarto, infestado de percevejos. Sua roupa de cama estava manchada, e era até repulsiva. Se fosse minha, teria sentido vergonha e tentado pelo menos escondê-la de minhas visitas, e jamais teria passado esse constrangimento diante de duas garotas tão bonitas. À nossa frente havia uma mesa redonda de madeira e uma cadeira de vime, onde Volker se sentou. Tremendo, jogou dois pacotinhos sobre a velha mesa, sobre a qual havia um cinzeiro abarrotado de guimbas e um dicionário. Sabrina abriu um dos pacotinhos, despejou tudo sobre a mesa e bateu o pó com uma lâmina de barbear que ela havia tirado magicamente das profundezas de sua bolsa. Por um lado, todos esses preparativos me repugnavam e, por outro, também me fascinavam. Na Alemanha, as drogas eram tão proscritas pela mídia que a proibição por si só já exercia um encanto; e, então, percebia como as garotas lidavam com naturalidade com esse negócio, que tinha sido marcado tão negativamente e havia sido tão demonizado. Elas se concentravam seriamente no preparo do entorpecente, como se se tratasse de uma refeição deliciosa. Reinava o silêncio. Ninguém falava. Todo o processo de bater com a lâmina de barbear lembrava quase um ritual religioso. Caso Volker não estivesse sentado à mesa, não teria havido motivo algum para desconfiar. Naquela noite, o diabo fez uma apresentação muito tentadora sob a forma daquelas duas garotas. E, para que eu mais tarde não pudesse me queixar do emprego de métodos desleais, também se sentou o gaguejante e decaído Volker à mesa. Ainda assim, não era justo. Garotas tão atraentes teriam seduzido e convencido até o homem mais desconfiado.

Logo em seguida apareceram na mesa quatro linhas perfeitas diante de nós. Enquanto isso, Christina havia transformado uma nota de 1 cruzeiro em um canudinho e enfiado a extremidade maior em seu nariz. Então, debruçou-se sobre o pó, aspirou metade de uma linha por uma narina e jogou a cabeça para trás. Fungou ruidosamente para sugar a cocaína para as mais profundas circunvoluções cerebrais. Debruçou-se mais uma vez e cheirou o restante do pó pela outra narina. Com um movimento despojado, entregou a nota a Sabrina, que repetiu o mesmo procedimento. Depois, foi a vez de Volker. Suas mãos tremiam muito e eu quase temi que ele, em vez de aspirar a cocaína pelo nariz, a derramasse. A coisa ficou séria. Naquele momento, eu deveria ter me levantado, virado as costas e corrido para salvar minha vida! De repente, a nota concluiu sua peregrinação e chegou a mim. Na mesa só havia uma carreira sobrando. Minha carreira! Acontecia como no conto de fadas de Branca de Neve e os sete anões. A bruxa, desta feita sob a forma de Volker, me oferecia a maçã envenenada. E o que foi que eu fiz? Também aspirei aquela coisa pelo nariz, como se fosse o gesto mais natural do mundo!

O que aconteceu ficaria para sempre marcado em minha memória. Depois de poucos segundos, senti uma sensação de exaltação, uma euforia como nunca havia experimentado antes. Eu era perpassado por ondas de felicidade. Jamais tivera uma sensação tão indescritivelmente boa. Passamos a noite inteira no quarto abjeto de Volker nos sentindo em paz com o mundo, e, sem que percebêssemos, raiou um novo dia. Esse foi o fruto proibido do qual eu nunca e em hipótese alguma deveria ter provado!

Os três meses subseqüentes transcorreram de maneira paradisíaca. Pela manhã, tomava sol na praia; à tarde, comia uma boa refeição num restaurante; e, à noite, já ansiava pela primeira carreira de cocaína. Passava as madrugadas em discotecas e boates e encerrava a noite me deliciando com as mulheres mais quentes na cama. Quando o dinheiro acabou, peguei um avião de volta para casa.

De alguma maneira, a cocaína havia me desviado dos meus propósitos iniciais. Se, anteriormente, eu era guiado pelo desejo de procurar um trabalho sério, agora só me entregava ao prazer. Caso se queira comparar a cocaína com uma doença, era mais ou menos como se eu tivesse sido infectado por um bacilo pérfido. Durante o tempo de incubação, não havia motivo para queixas. Era quase como quando a pessoa se apaixona e só vê o lado bom, até o dia em que pisa no altar.

Enfim, vivi ao deus-dará, até que o dinheiro acabou, e pensava de forma cada vez mais limitada. Quando saí do Brasil, possuía a quantia exata para comprar uma passagem de trem de Frankfurt para Nuremberg.

Na Alemanha, procurei um trabalho como cozinheiro e consegui adaptar-me relativamente rápido à rotina diária do meio expediente, entre panelas gordurosas e aventais de cozinha.

Assim que pisei em solo alemão, encerrei o assunto cocaína. Voltei a mergulhar em meu mundo costumeiro, no qual eu não tinha acesso às drogas. Tomei conhecimento pelos jornais de que a cocaína também grassava na classe mais favorecida, nos círculos de artistas, e que se pagavam quantias absurdas por um único grama. Supostamente, entre 300 e 400 marcos. Isso estava além de minhas possibilidades. O curioso é que eu também não tinha interesse algum em arranjar cocaína. De alguma maneira, meu ambiente não era condizente com isso. A Alemanha não era o lugar adequado para mim. Eu teria considerado isso falta de estilo, como se estivesse bebendo o champanhe mais caro junto ao balcão de um quiosque da estação de trens, diretamente no gargalo da garrafa. Ademais, também observei que, durante os três meses que passara no Brasil, minhas gengivas haviam se retraído consideravelmente, sangravam freqüentemente e se tornaram mais sensíveis de modo geral. Prenúncio do inferno?

Um ano depois voltei ao Rio, para passar um mês. Dessa vez, carregava comigo uma alegria antecipada pela cocaína. Eu falava fluentemente português, porque, durante minha primeira estada, tinha mantido contato quase exclusivamente com brasileiros. Além disso, havia passado o ano inteiro estudando português com grande dedicação, por meio de um método para autodidatas.

Comecei minhas férias de modo rotineiro. Já na primeira noite estava cheirando o pó diabólico. Semanas antes, já ardia de vontade de finalmente recomeçar. Na verdade, isso deveria ter me deixado desconfiado. Eu passara o ano inteiro como se a cocaína nunca tivesse existido em minha vida, mas, quanto mais perto chegavam minhas férias, tanto mais eu ansiava pela droga. Esse desejo era como um monstro adormecido que retornava à vida! Eu tampouco precisava de mais ajuda, como a de Volker. Caso não se tomasse cuidado, esse tipo de gente grudava como sanguessuga. No mais, porém, minha estada transcorreu de forma semelhante à anterior. Meu primeiro contato com a cocaína tinha sido virginal, inocente e tímido. Entretanto, agora, eu é que tomava a iniciativa. Mas, além de tudo, ficava fascinado com a possibilidade de lucro. Naquela época, ainda não tinha um plano concreto para o meu futuro, então comecei a almejar juntar o útil ao agradável. O comércio de drogas era lucrativo: decidi tornar-me traficante. Para que dar duro como um idiota numa cozinha? Para que queimar os dedos no fogão? Para que isso tudo, se também se podia ganhar dinheiro de modo muito mais fácil e agradável?

Durante minha segunda visita, também voltei a encontrar Christina. Como sempre, ela vadiava por Copacabana. Christina era viciada em cocaína e ganhava seu sustento como prostituta. Seu dia inteiro girava em torno da droga. O namorado se chamava Vito, andava armado com uma pistola, e parecia ser um criminoso. Eu achava os dois simpáticos. Transar com Christina era sensacional. Vito não se preocupava com a fidelidade dela. O sexo com ela era divertido. Ainda mais com coca. Transar, por si só, já é algo maravilhoso, mas transar tendo cheirado é divino!

Observada mais de perto, Copacabana se revelava uma cloaca: exércitos de crianças perambulavam pelo bairro, e à noite procuravam um cantinho abrigado para dormir. Essas pobres crianças se deitavam em qualquer lugar, inclusive nas entradas dos edifícios. Também havia famílias inteiras que se cobriam de trapos para se proteger da queda de temperatura da madrugada. Os mais novos tinham, talvez, uns 5 anos de idade. Era grotesco observar os turistas abastados que deambulavam pelas ruas e tentavam aplacar seus sentimentos de culpa dando, às crianças, reduzidas quantias de dinheiro. Eu também era um deles. Essa miséria me fazia sofrer. Sentia-me culpado, e isso prejudicou, em parte, minhas férias.

Para qualquer lugar que se olhasse, havia mulheres maravilhosas, como água no oceano. Raramente vi tanta beleza feminina concentrada em um só lugar. Havia muitos travestis quase no final de Copacabana, perto de onde a praia termina, ali pela Galeria Alaska. Sempre atrás de turistas, para obter vantagens. Entre eles, também muitos alemães desgarrados que não podiam mais voltar para casa. Seja porque eram procurados pela polícia, ou por terem perdido o interesse por sua vida anterior. O diabo havia lançado sua invisível rede sobre Copacabana, e a cocaína estava à espreita em cada esquina, mostrando permanentemente seu traiçoeiro sorriso. O diabo iludia suas vítimas, pintando a vida como um grande carnaval!

Meu dinheiro evaporava rapidamente. Mas as férias são assim, e eu não queria passar fome. Dez dólares por 1 grama de cocaína me pareceram, no início, absurdamente fácil de gastar. Entretanto, quando se usa a droga regularmente, isso, rapidamente, consome uma quantia considerável. Eu precisava virar o jogo e extrair da cocaína alguma vantagem financeira. Meu futuro se encontrava no negócio de importação/exportação. Isso estava claro. Eu havia escolhido tirar minhas férias de modo a passar o Natal e o Ano-novo no Rio. Passei o dia 24 de dezembro da seguinte maneira: por volta das 10 horas, levantei-me, agarrei a colcha da minha cama (que eu também utilizava como toalha de praia), os cigarros, o isqueiro e dinheiro trocado. Entreguei a chave na recepção. O Rio estava em seu melhor aspecto: 35 graus, maravilhoso céu azul sem nuvens e uma brisa agradável. Antes de ir à praia, ainda tomei um cafezinho num bar da avenida Nossa Senhora de Copacabana. Era grotesco ver os Papais-Noel fantasiados que trabalhavam nas portas das lojas. Com aquele calor, não havia atmosfera natalina. No início da noite, saboreei um filé. Na maioria das vezes, eu ia a um pequeno restaurante em uma estreita rua transversal, não longe de meu apartamento. Ali, o pacote era completo: comia-se bem, a comida era farta e barata. Passei a noite sozinho, ouvindo alguns discos. Naturalmente, já havia consumido duas ou três carreiras. Não havia um dia sequer em que eu não usasse cocaína. De repente, a campainha tocou. Quem poderia ser? Na verdade, não aguardava ninguém, e fiquei curioso.

Nino e Patrizia estavam diante da minha porta com seu filho recém-nascido e logo percebi que alguma coisa estava errada. A criança estava doente. Muito doente. Dava para notar à primeira vista. Seu rostinho estava vermelho.

— Você tem que nos ajudar, Rodger — disse Nino assim que entrou. — O pequeno está muito mal. Precisamos ir ao médico de qualquer maneira e não temos dinheiro!

Eu havia conhecido Nino e a mulher uns dias antes. Nino era negro como carvão e falava o dialeto de Colônia. Ele passara a infância na Alemanha. Patrizia, sua mulher, era infinitamente sensual e tinha um rosto que era um convite ao sexo. Ela era um tanto voluptuosa, sem, entretanto, parecer vulgar. Quando se olhava para ela, o ar parecia ficar carregado de erotismo. O corpo de Nino estava coberto de abscessos e de úlceras purulentas. É como se imagina alguém com sífilis, em seu estágio final. As veias de Patrizia estavam cheias de punturas e, em alguns lugares, pretas de hematomas.

— Precisamos de 100 dólares para poder levar a criança ao médico. Tentamos de tudo, mas ninguém quer nos emprestar dinheiro.

Sem proferir uma palavra, fui até a escrivaninha e dei os 100 dólares para Patrizia.

— Espero que seja suficiente. Se não for, lhes darei mais!

— Não, isso basta. Nunca em toda minha vida esquecerei sua ajuda.

Nino era igual a Volker: também ganhava seu sustento como pequeno traficante de cocaína. Além disso, ele gravitava em torno dos veranistas e desempenhava o papel de contínuo. Seu recurso era o domínio do dialeto de Colônia, pois através dele ganhava rapidamente a confiança dos turistas alemães. Patrizia era uma viciada crônica, como ele. No meio dessa miséria estava o bebê, que com esse tipo de pais, certamente, não possuía as melhores condições para iniciar a vida. Mentalmente, eu esperava que a criança pudesse exercer uma ação benéfica sobre Nino e Patrizia.

Na verdade, eu não esperava receber presente no Natal. Tudo o que conhecia até aquele momento era a dança em torno do bezerro de ouro. Na época, fiquei espantado com a infinita gratidão que Nino e Patrizia demonstraram por eu lhes ter emprestado o dinheiro. Para mim, em todo caso, a visita foi o melhor presente que eu recebera em toda a minha vida. Como é que eu poderia recusar? Como se poderia, num dia de Natal, repelir um casal com seu filho recém-nascido? Nós, humanos, realmente não teríamos aprendido nada a esse respeito?

Duas horas depois a campainha tocou novamente. Nino e Patrizia estavam de novo com o filho diante da porta. Dessa vez, nada de palavras agitadas no corredor.

— Rodger, achamos melhor dar uma passadinha aqui na sua casa.

— Me conta primeiro como está a criança. Espero que esteja tudo em ordem. Desembucha logo!

— Relaxa, velho.

A expressão "velho" irritou-me um pouco, mas me fez rir. Quando se vê uma pessoa como Nino sem o conhecer, jamais se poderia esperar ouvir de sua boca uma frase como "Relaxa, velho", e isso no mais puro dialeto de Colônia.

— Está tudo certo, mas poderia ter acabado mal. Ele está com uma infecção grave e a febre não baixa sem antibióticos.

Patrizia me olhava lascivamente. Eu fingia não perceber. Estava somente com minha sunga amarela. Naquele momento, na Alemanha, minha mãe estaria tocando um sininho que já se encontrava na família havia pelo menos 50 anos, para chamar todos para a distribuição dos presentes, recordei. E eu, em traje de banho, percebendo que Patrizia olhava insistentemente para meu membro.

— Então, estou mais tranqüilo. A saúde é o bem mais caro! — comentei, totalmente vidrado em Patrizia.

Naturalmente, Nino percebeu os olhares de Patrizia, e comentou, com um sorriso favorável:

— Se você quiser dormir com ela, não tenho nada contra. Não sou tão careta. Mesmo numa relação, cada um deve fazer aquilo que tem vontade.

Eu estava na cama, fumando. Nino, sentado à mesa. Ele despejou coca na mesa e começou a fazer inúmeras carreiras. Senti um certo incômodo, porque estávamos todos usando a mesma nota. E, atenção: Nino estava totalmente coberto de ulcerações. Chagas abertas, das quais saía uma secreção incolor. Senti-me um pouco como participante do filme *Papillon*, em que Henri Charrière, o personagem principal, interpretado por Steve McQueen, precisou de ajuda depois de sua fuga, e se encontrava numa ilha de leprosos. O chefe da colônia estendeu-lhe amigavelmente um charuto, que ele já usara bastante. Desprezando a morte, Papillon deu uma tragada profunda. Quando o chefe perguntou como é que ele soubera que ele tinha lepra seca, isto é, uma forma não contagiosa, ele respondeu que não tinha a menor idéia. Havia corrido o risco.

Fiz o mesmo e não pensei mais sobre o fato. Patrizia estava fascinada com os cabelos louros de minhas pernas e passou a mão ternamente neles, à distância de aproximadamente 1 milímetro da minha pele. Que toque divino! Só por isso já teria compensado estar no Rio.

— Se você quiser saber exatamente — eu disse, olhando Nino diretamente em seus olhos negros —, se você quiser saber exatamente, eu acho Patrizia totalmente exuberante. Mas enquanto ela estiver com você, jamais vou fazer alguma coisa com ela.

Nesse ínterim, eu havia me sentado ereto na cama, trocando a posição confortável por uma outra, mais segura.

A noite passou como qualquer noitada de coca, até o sol raiar. Pelo menos para mim. A noite e a coca combinavam tão bem quanto a ópera e os trajes a rigor.

Perguntei a Nino por que ele simplesmente não contrabandeava 1 quilo de coca para a Alemanha. Então, todos os problemas de dinheiro acabariam. Ele sabia, melhor do que ninguém, quanto se podia ganhar com o tráfico de drogas.

— Sem chance, olha só para mim. Eles sempre revistam uma pessoa como eu. Já fui várias vezes visitar meus pais de criação na Alemanha, e, todas as vezes, a alfândega me segurou. Sou negro!

Nisso ele tinha razão. Não me inspirava confiança e, provavelmente, o mesmo ocorria com os fiscais da alfândega. Não obstante, nem a pobreza, nem o vício, nem as pústulas purulentas haviam conseguido acabar com seu riso franco até então.

A partir daí, portanto, nas duas últimas semanas de minhas férias, Nino me elegeu como seu melhor amigo. Certa vez, quando quis me devolver o dinheiro, eu disse que não o queria.

— Nino, fica com o dinheiro. Eu o dei para vocês com prazer. Além disso, não é muito, eu tenho o suficiente.

— Isso é uma via de mão dupla — revidou Nino. — Você me ajudou quando eu precisei, e não hesitou um segundo. Sobretudo, você acreditou em mim, quando falei que era para a criança. Eu estarei sempre disponível para você, se por um acaso vier a precisar de mim.

Existem muitas possibilidades de ver uma metrópole como o Rio de Janeiro. A cidade possui mil caras, e eu conheci todas as que não podem ser encontradas em prospectos de agências de turismo.

Nino me levava às favelas. Milhões de pessoas vivem apertadas nas incontáveis encostas do Rio, porque não podem arcar com os aluguéis caros da cidade. Eram lugares que um turista nunca se aventuraria visitar. Dizia-se que quem tivesse amor à vida devia passar bem longe das favelas. Nem sequer a polícia se atrevia a entrar nelas, a não ser em batalhões e com o apoio de helicópteros.

Uma noite, Nino me perguntou se eu não tinha vontade de conhecer os amigos dele da favela Santa Clara. Eu não precisava me preocupar. Estando com ele, não me aconteceria nada. É claro que eu tinha vontade! Qual é o turista que poderia se gabar de já ter estado numa favela? Fomos de táxi, um fusca amarelo, até a proximidade da "entrada". O motorista se recusou terminantemente a percorrer o último trecho. Ele tinha pânico de ser assaltado. E, realmente, a região não parecia ser muito hospitaleira. Tivemos de andar a pé os últimos 500 metros. Nino era o mesmo de sempre:

descontraído e tranqüilo. Em compensação, eu estava num incrível estado nervoso. Que alegre perspectiva, se nem mesmo um motorista nativo ousava entrar! Pareceu-me que ia ser um passeio interessante.

Quando falo da entrada para a favela, quero dizer uns degraus desiguais que levavam a um morro íngreme. Uma escadaria muito estreita, pela qual dificilmente duas pessoas poderiam andar lado a lado. Uma senda escarpada de várias centenas de metros morro acima. Não havia parte coberta. À esquerda e à direita, o morro estava descampado. Para ser exato, não havia possibilidade alguma de se chegar à favela sem ser visto. Nino ia na frente. A subida era cansativa. Chegando ao topo, fomos recebidos por um grupo de jovens. Todos de bermudas e sem camisa. Um deles segurava negligentemente uma metralhadora na mão esquerda, dois estavam armados com pistolas e um outro carregava um radiotransmissor. Inicialmente, lançaram olhares desconfiados em minha direção, então Nino falou algumas palavras de esclarecimento e todos apertaram minha mão com entusiasmo. Não era todo dia que um alemão ia ao morro. Fui surpreendido por muitas perguntas ao mesmo tempo. Todos falavam juntos. Eu era um gringo!

Continuamos nosso caminho e entramos na favela. Depois de poucos minutos perdi o sentido de orientação. Acredito que tenhamos percorrido aquelas sendas intrincadas e também intransitáveis por uns bons 30 minutos. Quem pensa se ver confrontado a toda hora com pessoas desnutridas está enganado. Na realidade, uma favela desse tipo é um bairro como qualquer outro. Em toda parte ouviam-se risadas alegres de crianças e sentia-se um convidativo cheiro de comida boa no ar. Durante nossa caminhada, tentei parecer o mais descontraído possível, como se aquele fosse meu lugar. Conversando, andávamos pelos becos estreitos, às vezes parávamos rapidamente, apertávamos muitas mãos e alisávamos as cabeças de muitas crianças e cachorros que nos recebiam com igual curiosidade. Finalmente, chegamos ao lugar de nosso destino.

Nino apresentou-me a seus amigos. Em cada uma de suas palavras podia-se perceber elevada estima a mim. Estávamos num quintal cercado por um muro de tijolos de aproximadamente 1 metro de altura. Em um canto havia uma imensa churrasqueira de alvenaria. Eu era a atração da noite, um gringo louro, e todas as atenções logo se concentraram em mim. Cinco mulatos estavam presentes, bem como duas mulheres, que, conversando, cuidavam da carne. Dava para ouvir, vindo de dentro da casa, gritos endiabrados de crianças. De forma geral, havia muito barulho. Das casas vizinhas nos chegava música barulhenta. Na Alemanha, certamente os vizinhos já teriam chamado a polícia por perturbação da ordem. Uma das mulheres me puxou, rindo, para dentro de casa, depois de ter me beijado duas vezes efusivamente no rosto, para me apresentar às crianças, que se deixaram erguer para o alto, solícitas e confiantes. Não havia dúvida, eu estava sendo tratado como um convidado de honra, e não me arrependia de ter ido. Em toda parte, Nino me apresentava como seu melhor amigo e contava minuciosamente como eu era uma boa pessoa. Ele elogiava minha solidariedade em alto e bom som. A propaganda feita em torno de minha pessoa me causava algum constrangimento.

Havíamos chegado na hora certa, porque a comida estava pronta. Havia feijoada e churrasco. Comemos em pratos de porcelana, e diante de nós havia um garrafão de 20 litros, gigantesco, de vinho tinto. No início, bebemos em copos de plástico. Mais tarde, o ambiente ficou mais aconchegante. Do nada, surgiu cocaína. Quando eu já estava ligeiramente alcoolizado, bebia direto do gargalo. Não era tarefa fácil. O bocal era imenso, e se não prestasse bastante atenção, o vinho derramava pelo meu peito. Os outros achavam aquilo engraçado, especialmente as mulheres. Havia um ir e vir constante. Vizinhos curiosos e amigos davam uma passada para observar o estranho convidado de perto. Não era uma sondagem educada, como normalmente ocorria na Alemanha. Ao contrário, eu era intensamente solicitado, e tive de passar a noite inteira falando sobre a Alemanha. O manda-chuva era um homem jovem, muito magro e musculoso, que conseguia a proeza de estudar regularmente arquitetura na universidade e correr atrás de seu sustento com o tráfico de drogas e outros negócios obscuros. Era um rapaz inteligente, negro como carvão, como Nino, e usava óculos redondos no nariz. Percebi logo que era um homem de uma energia incrível. Conversas entre alemães e brasileiros iam, obrigatoriamente, na direção de Adolf Hitler. Sempre me causou espanto ver quantos brasileiros faziam o papel de advogados do diabo. Esse capítulo da história alemã era penoso para mim. Não havia do que sentir orgulho sendo alemão. E, então, eu deparava, constantemente, com pessoas realmente fascinadas por Hitler. Nas primeiras vezes, procurei ainda esclarecer as pessoas, provar para elas, em discussões cansativas, que Hitler fora uma pessoa má. Entretanto, depois que percebi que todas as minhas declarações bem-intencionadas não encontravam terreno fértil, desisti e, às vezes, até me divertia em fingir que pensava da mesma forma que eles. No meu íntimo, acredito até que os homens querem exatamente isso. Queremos o chicote! Os livros de história estão cheios de genocídios e até hoje se estende um tapete vermelho para os carrascos, que são recebidos com honras militares.

O sol nasceu. Tínhamos realmente conseguido esvaziar todo o garrafão de vinho. Naturalmente, havíamos recebido muito apoio dos vizinhos e parte não desprezível de vinho tinha sido derramada, conforme ia subindo o grau de alcoolismo. Cambaleando, nos pusemos a caminho de casa. Na despedida, fui abraçado como um amigo. Tive de prometer a cada um deles que voltaria — mesmo sem o Nino — e que sempre me sentiria à vontade na casa deles. Junto, conosco, um fluxo intenso de pessoas deixava a favela. Ao contrário de mim, eles não estavam se dirigindo para a cama, iam para o trabalho. Se um deles tivesse tropeçado, todos nós teríamos caído junto, como pedras de dominó, e rolado morro abaixo. Quem já esteve nas pirâmides do México pode imaginar essa sensação. A descida era danada de íngreme. Um corrimão teria sido uma aquisição sensata.

Três dias depois, verifiquei a seriedade do convite. As amizades devem ser alimentadas e, assim, eu me pus sozinho a caminho. Visitar uma favela com um guia era uma brincadeira de criança. Aos meus olhos, não havia nada de extraordinário nisso, que poderia ser comparado, talvez, com um salto duplo, em que não é preciso saltar sozinho do avião. Entretanto, era totalmente diferente ir para lá sem guia. Era algo de que se podia ter orgulho. Como da primeira vez, o motorista de táxi se recusou a dirigir até a subida. Ele se comportava como se o demônio em pessoa estivesse lá esperando por ele. Também me implorava que eu desse meia-volta, caso tivesse amor à vida. Não me deixei impressionar pelo seu palavrório e fiz o último trecho a pé. Rapidamente, comecei a subir os degraus. Já estava escuro. A recepção, no alto, foi bem mais fria. Como da última vez, havia alguns homens jovens em volta, dos quais um, entretanto, colocou imediatamente o cano da pistola na minha têmpora, enquanto dois outros me revistavam, procurando armas.

— O que você quer aqui, gringo? Está cansado de viver?!

A pressão do cano na minha têmpora doía. Não era assim que eu imaginava um reencontro entre amigos. Meu azar foi que não havia ninguém do grupo anterior. Pelo meu sotaque, percebia-se imediatamente que eu era estrangeiro, mas meu português era bom e eu não deixaria que me passassem a perna tão facilmente.

— Vamos devagar, meu amigo — indignei-me, perfeitamente consciente de que uma palavra errada também poderia significar minha morte. — É assim que se cumprimenta seus convidados? Fui convidado pelo Antônio, o estudante, e quase pertenço à família dele. Se vocês não acreditarem, perguntem a ele!

Os rapazes, nenhum dos quais devia ter mais de 20 anos, se entreolharam, sem saber o que fazer. Mesmo assim, abaixaram as armas.

— Se você teve coragem de vir para cá, reze a Deus para que sua história seja verdadeira!

Um deles falou nervosamente pelo rádio, mandando verificar. Passaram-se 30 minutos torturantes, durante os quais tentei parecer o mais simpático possível para com os sujeitos para não deixá-los perceber meu medo. Meu *status* era de prisioneiro. Até que o assunto fosse esclarecido, não poderia me mover. Nem para trás, nem para a frente. Eu rezava com meus botões para que localizassem Antônio. Então, finalmente, o sinal verde chegou pelo rádio. Eu podia prosseguir. De repente, todos se transformaram e me bateram amigavelmente nos ombros e me elogiaram, porque eu havia demonstrado que tinha algo dentro das calças.

Dessa vez eu não tinha ninguém comigo para me guiar pelo labirinto, e depois de alguns minutos, já havia perdido o sentido de orientação. Santa Clara é um dédalo. De alguma maneira, tudo tinha o mesmo aspecto. Um emaranhado uniforme. Ora subia-se uma ladeira íngreme, ora descia-se. Os becos iam estreitando-se sempre mais, até que não dava mais para continuar. Em toda parte, roupas balançavam ao vento, para secar. Com dificuldade, ia perguntando meu caminho, sendo que minha aparição causava sensação em todo lugar. Por sorte, Antônio era um homem que todos conheciam. Não se deve esquecer que em algumas favelas moram mais de mil pessoas. Pode-se imaginar o quanto seria inútil entrar em qualquer pequena cidade alemã, digamos, por exemplo, Ingolstadt, e sair perguntando às pessoas sobre um morador que se conhecesse só pelo prenome e do qual só se soubesse informar que é estudante e que usa óculos. Não havia sequer pensado nisso antes da minha ida. A ingenuidade também tinha suas vantagens. Embora tivesse sido um pouco arriscado ir até lá sozinho, não me arrependi. No fim das contas, é por causa de momentos como esse que vale a pena viver, e são deles que nos lembraremos na velhice.

Antônio me cumprimentou amigavelmente. Ele estava usando o mesmo short cáqui que vestia na outra vez.

— Sinto muito pelos problemas que você teve na entrada. Eu já estava querendo sair para procurá-lo, porque você estava demorando, mas pensei que havia se perdido. Agora, por sorte, você está aqui. Na favela valem outras leis. Aqui ninguém entra se não for conhecido. Tiro o meu chapéu para você, que se atreveu a vir sozinho para cá! — Antônio me olhava com um olhar penetrante e concentrado, sem desviar o olhar nem por uma fração de segundo, e acenou com aprovação.

— Eu tomei ao pé da letra quando você disse que eu seria sempre bem-vindo. Mas eu queria mesmo era perguntar se você poderia me vender um pouco da sua cocaína. Estava extraordinariamente boa.

Imediatamente, ele pegou um papelote do bolso.

Sempre que queria cocaína, eu arranjava alguma com os traficantes que podiam ser encontrados dia e noite em Copacabana. Mais freqüentemente, entre o Leme e Copacabana. Próximo da avenida Prado Júnior, avenida Nossa Senhora de Copacabana e avenida Princesa Isabel.

Depois de experimentar a mercadoria de Antônio pela primeira vez, me conscientizei de como tinha sido mal servido até aquele momento. Eram mundos de distância.

— A maior parte daquilo que você pode comprar lá embaixo — e com isso acenava vagamente com o dedo indicador na direção do Pão de Açúcar —, a maior parte é bosta para os turistas, mas provavelmente ainda é melhor do que tudo o que você pode conseguir na Alemanha. Só há cocaína boa aqui na favela e, mesmo assim, você tem de conhecer alguém que esteja mais perto do pessoal do atacado. Onde você acha que é o lugar mais seguro para a cocaína? Aqui, nas favelas, onde a polícia e os militares não se atrevem a subir!

Agora tinha chegado a hora de acertar os ponteiros para minha futura carreira como traficante. Não queria partir do Rio, de jeito algum, sem ter um fornecedor confiável.

— Eu gostaria de comprar 1 quilo para levar comigo para a Alemanha. Quanto eu teria de pagar?

Antônio respondeu sem pestanejar, como se tivesse esperado o tempo todo por essa pergunta:

— Se você tiver 8 mil dólares, eu arranjo a melhor coca que há para vender em todo o Rio. E não aquela merda que você andou cheirando até agora.

O diabo já estava habitando na minha cabeça, acenando com uma vida de aventuras, em meio à fartura. Nunca deveria ter cheirado aquela carreira com Volker, Christina e Sabrina. Contudo, como poderia saber com quem eu estava me metendo? O efeito da cocaína é algo desmesuradamente bom, sim, ela é divina! A lua-de-mel é maravilhosa! O que vem, então, que atrocidade! Quem não se deixar ficar somente em contatos esporádicos acaba no inferno. No fim, a coca arrasta todos para a morte. Todos sabem disso e, mesmo assim, cada qual acredita que vai conseguir se dar bem e que o diabo vai acabar fazendo vista grossa. No fim, ele conduz seus seguidores para o túmulo ou para a prisão. Há coisas com as quais não se deve mexer. Aquilo que parece uma promessa é, na verdade, um êxodo do paraíso. A cocaína não tem misericórdia!

Fiquei lá até a alvorada e, como da primeira vez, desci as escadas claudicante, bêbado e com a cabeça cheia de cocaína. Dessa feita, ainda carregava dois papelotes comigo, à guisa de farnel. Eu os havia amarrado num saquinho preso numa linha, que eu puxava atrás de mim. Às vezes, a polícia ficava à espreita lá embaixo, ao pé da entrada, para revistar suspeitos, procurando drogas. Por segurança, puxava-se a coca por um fio atrás de si. Isso, por exemplo, é uma das coisas que não se aprendem em nenhum guia de turismo. Caso realmente a polícia estivesse lá, era só deixar o fio cair no chão e se submeter à revista corporal sem susto. Mesmo assim, não me sentia muito bem. Havia muita diferença entre comprar alguma coisa em Copacabana, na condição de turista, ou sair de uma favela sendo gringo.

Por sorte, tudo estava tranqüilo. Fiquei feliz quando, algumas ruas depois, mergulhei no "mundo normal". Considerava os dois papelotes de cocaína um troféu e estava orgulhoso, como se tivesse passado num teste de coragem.

Oito mil dólares! Era uma boa quantia, e eu não possuía. Decidi que em minha próxima visita ao Rio estaria financeiramente mais estabilizado. E se precisasse ainda de algum incentivo suplementar para fortalecer minha determinação, ele apareceu no dia seguinte, sob a forma de Nino.

Como sempre, chegou sem avisar. Entretanto, essa não era uma característica só dele. A maioria dos brasileiros é assim. É melhor não esperar pontualidade. Em compensação, os brasileiros são espontâneos e sua alegria desarma qualquer um. Nino me propôs acompanhá-lo, com Antônio, a Campinas, uma cidade no interior do estado de São Paulo. Tratava-se de apanhar uma carga de cocaína com um homem que eles chamavam de Boliviano. Nino me assegurou que normalmente jamais levaria um estranho junto, mas que, no meu caso, isso era algo totalmente diferente. Parecia muito importante para ele que eu tivesse consciência da honra e da grande estima que ele tinha por mim. De modo algum queria que eu o considerasse um idiota leviano. O que poderia ser mais emocionante do que participar de uma verdadeira negociação de drogas? Naturalmente, eu não poderia perder aquilo. Do jeito que a coisa ia, minha segunda estada no Rio de Janeiro estava se transformando em verdadeiras férias de aventura. Antônio possuía um modelo de carro que faria qualquer funcionário do sistema de vistoria alemão ficar abismado. Mas foi com ele que fomos a Campinas, animadamente. Era a primeiríssima vez que eu via algo fora do Rio de Janeiro. Porém, acima de tudo, eu estava curioso com o Boliviano. Na verdade, o Boliviano era brasileiro. Tinha esse apelido porque, de vez em quando, ia de carro para a Bolívia e contrabandeava coca para o Brasil num tanque de combustível com fundo falso. Ele morava fora da cidade, numa casinha modesta. Lagartixas se arrastavam pelas paredes caiadas de branco e pareciam brincar de fugir à força da gravidade. No jardim havia uma gigantesca mangueira que parecia estar envergada sob o peso dos frutos maduríssimos. Naquela época, as mangas eram raridade na Alemanha, e só se podia encontrá-las em algumas lojas; já aqui os frutos maduros caíam no chão e ninguém se dava ao trabalho de apanhá-los. Sobre o gramado queimado havia brinquedos de plástico espalhados, da cor de bombons. Tive de esperar um pouco diante da porta, enquanto Antônio e Nino entravam para explicar minha presença. Aproveitei o tempo de espera para pegar uma manga e chupá-la. Pouco depois, também pude entrar na casa. Educadamente, me apresentei. Beijei a mão da avó que, sem vontade, assistia a uma novela. As senhoras mais idosas adoram esse tipo de cumprimento, o beijo na mão. Três gerações viviam sob o mesmo teto. O Boliviano era um homem de família e parecia se dar bem com sua mulher, uma mulata do tipo matrona, e seus cinco filhos.

— Você está com fome, gringo?

Eu estava sempre com fome. Alem disso, era feijoada, o prato predileto dos brasileiros, feito de feijão-preto cozido com muitas carnes. Devorei o primeiro prato. Sob o olhar benevolente da avó, que sabia apreciar um bom garfo, deixei que me servissem uma segunda porção generosa. Ainda assim, terminei antes dos outros.

— Você pode pegar mais, já que gostou tanto.

Alegremente, estendi meu prato pela terceira vez, e teria comido ainda mais depois, caso tivesse sobrado alguma coisa. A dona da casa entendia de cozinha.

Depois de comer, as crianças me cercaram, me pediram para falar palavras em alemão e se dobravam de tanto rir. O que torna os brasileiros tão simpáticos é o fato de que, mesmo na idade adulta, eles não perdem sua risada infantil.

Por fim, chegamos ao verdadeiro motivo da visita. O Boliviano estava conformado com a minha presença. Eu havia esperado uma ameaça do tipo "Se você disser uma única palavra sobre o que viu aqui, eu te mato". Mas nada disso aconteceu. Embora ele não me conhecesse, pude assistir à realização da transação, como se aquilo fosse a coisa mais natural do mundo. Com movimentos preguiçosos, o Boliviano levantou-se da mesa, abriu o botão superior da calça e disse: "Assim está melhor", e foi para o jardim. Lá, havia um latão no qual ainda se podia ler o nome desbotado de uma companhia de óleo mineral. Ele meteu a mão dentro do latão ou, mais precisamente, mergulhou o tronco nele. Observando, pensei em como aquele homem agia de modo profissional mesmo em situações banais. Abriu o botão da calça para não machucar o estômago já sobrecarregado pela comida. Em resumo, podia-se ver que não era a primeira vez que ele se debruçava sobre o latão. Depois voltou para a cozinha. A avó e sua mulher estavam lavando a louça. Havia uma garrafa de Coca-Cola na mesa. Nesse ínterim, a toalha de plástico havia sido limpa e as crianças haviam sido levadas para fora.

O Boliviano colocou um pacote do tamanho de um tijolo sobre a mesa. Nino entregou-lhe um bolo de dólares, que o Boliviano enfiou negligentemente no bolso da camisa, sem contar. Antes de irmos embora, eu perguntei se poderia voltar caso também precisasse de alguma coisa, um dia. Não faria mal ter várias alternativas disponíveis. É bem verdade que Antônio havia sido firme em sua resposta, mas nunca se sabia e, além disso, não é todo dia que se tem a possibilidade de conhecer traficantes sérios. Era preciso agarrar uma oportunidade como aquela.

— Claro que pode vir. Mas traga o Nino ou o Antônio com você. E liguem antes, para que eu esteja prevenido!

Duas horas depois já estávamos de volta ao Rio. Eu havia passado a última semana da maneira mais gostosa que um rapaz de 20 anos poderia sonhar. O espectro da Aids ainda não rondava à solta.

No último dia fui de táxi para o aeroporto, sentindo-me triste. Passamos por bairros industriais feios, por outdoors com propagandas de refrigerantes e por fábricas cinzentas, mas também pela Lagoa, maravilhosa. Eu estava triste porque gostava muito mais do Rio do que da Alemanha. Tinha jurado a mim mesmo voltar com dinheiro suficiente para comprar 1 quilo de coca. Eu já havia preenchido um item básico: conhecia as pessoas certas. Gente decente e digna de confiança que não ia me enrolar. Que ninguém pense que é moleza pegar um avião para o Rio e comprar 1 quilo de cocaína. Com sorte, perdia-se somente o dinheiro, mas, com azar, morria-se, porque uma vida no Brasil não vale nada. Ademais, os meus bem-merecidos conhecimentos de português trabalhavam a meu favor. Tudo dependia de chegar à Alemanha, arregaçar as mangas e economizar. Oito mil dólares não era pouco, mas era uma quantia absolutamente acessível.

Dessa vez, não passei pelo controle alfandegário de forma tão ingênua quanto da primeira vez. Prestei atenção nos menores detalhes. Eu era apenas um dos milhares de turistas que passavam suas férias no Rio. Quem desconfiaria de um cara tão jovem como eu? Com enfado, uma funcionária aplicou o carimbo de saída do país em meu passaporte verde. Negligentemente, fui encaminhado para o controle de bagagens. Uma brincadeira de criança! Do ponto de vista meramente estatístico, os controles são limitados a alguns poucos exemplares. Eu lamentava em pensamento não ter já naquele dia 1 quilo de cocaína comigo. Essa parte do trabalho me preocupava pouco. Em contrapartida, a entrada na Alemanha... É preciso ficar tranqüilo e não se deve deixar o medo transparecer. Era necessário ter uma postura segura e confiante!

É bom ter um objetivo para cuja conquista se pode trabalhar. Viajei com a sensação tranqüilizadora de ter feito minha lição de casa. Finalmente, eu sabia o que devia fazer. Com o dinheiro da venda, imaginava, poderia construir sem problema uma vida independente no Brasil.

Na Alemanha, comecei imediatamente a transformar meus planos em ação. Assumi um cargo como auxiliar numa gráfica. Ali trabalhava-se em turnos de 12 horas. Numa semana, o turno noturno, na outra, o diurno. Sempre das 6 às 6. Minha atividade era simples, consistia em "aparar" jornais e prospectos. Este era o termo técnico. Aparar significava apanhar determinada quantidade de cadernos e batê-los lateralmente, como um jogo de cartas, sobre a mesa, de superfície lisa de metal. Então, os montes "aparados" com exatidão eram empilhados em paletas. Quando estas estavam cheias, eram levadas com a empilhadeira para o subsolo. Ali, os montes eram plastificados completamente e aprontados para serem transportados de caminhão. Dois homens dividiam esse trabalho e era preciso estar muito alerta, porque os cadernos eram expelidos da cinta transportadora com enorme velocidade. A máquina continuava a cuspir as revistas interruptamente e, caso se trabalhasse devagar demais, os prospectos caíam no chão, e era necessário apanhá-los depois, perdendo-se o tempo de descanso. Então, quando um elemento da equipe tinha de levar a paleta, ficava só um homem para transformar esse assalto em montes ordenados. A ida até o forno de plastificação levava 5 minutos. Esses 5 minutos eram um inferno para quem ficava perto da máquina. Além disso, o galpão era insuportavelmente quente, e em poucos minutos, estávamos completamente encharcados de suor. Trabalhávamos meia hora, então éramos rendidos para uma pausa. Decorridos 30 minutos, pegávamos novamente no batente. E isso durante 12 horas. Depois de 2 dias, eu já havia passado da fase de treinamento. Um novo auxiliar é sempre uma sobrecarga para a equipe, até que ele consiga agüentar o tranco, o que significa, forçosamente, um ritmo de trabalho de uma hora e somente 30 minutos de pausa. Eu levava jeito para a coisa, e isso agradou aos meus colegas, que eram todos gregos e dos quais somente um falava bem alemão.

Eu me entendia perfeitamente com eles. A maioria deles era alcoólatra. Alguns bebiam duas cervejas em cada pausa. Um olhar para a mão direita inexistente de um condutor de máquinas, que tivera a infelicidade de experimentar a voracidade dos rolos compressores, mostrava as conseqüências do alcoolismo no horário de trabalho. Eu bebia café e fumava dois cigarros a cada pausa. Realmente, não era o trabalho dos meus sonhos, mas parecia feito sob medida para os meus propósitos. A remuneração era muito boa. Principalmente por causa do adicional noturno, das horas extras e de muitas outras coisas cujo pagamento era obrigatório para a categoria dos gráficos. Os rígidos horários de trabalho exerciam um efeito de contenção de custos. Não me sobrava muito tempo para gastar dinheiro. Morava como sublocatário na casa de uma velha senhora, onde eu ocupava um quarto mobiliado. A velha senhora era obrigada a melhorar desse modo sua parca pensão de viúva. Dormir e trabalhar. De maneira geral, esta era a minha vida. Eu tinha um fogareiro elétrico no meu quarto, que eu havia comprado numa loja de artigos de segunda mão e que usava para aquecer ensopados enlatados. Alternadamente, raviólis ao molho de tomate e *chili* mexicano. Pode-se medir minha determinação em economizar pelo fato de eu ser cozinheiro profissional. Infelizmente, a esperança de poder comer com os meus senhorios não se concretizou. Parecia que a velha senhora não se alimentava.

Eu era bem disciplinado e verificava a necessidade de cada despesa. Não havia alternativa para o consumo de enlatados. Fazia muito tempo que eu mesmo enrolava meus cigarros. Naquela época, conseguia viver com 10 marcos por dia. Depois de alguns meses, já havia poupado bastante dinheiro. Tudo corria de acordo com minhas resoluções, das quais não me afastava nem 1 milímetro. A avareza nunca fora minha característica principal e, no fundo, isso não correspondia ao meu estado natural. Mesmo assim, o consumo de enlatados me ajudava a me concentrar em meus objetivos e eu estava orgulhoso de me dominar tão rigidamente.

Encontrava um pouco de distração numa relação com uma jovem. Seu marido servia como soldado e, por causa disso, quase nunca estava em casa. Levando-se em consideração seu corpo, era perfeitamente possível compreender minha inclinação. No seu lugar, eu teria procurado outro trabalho. Para mim, estava tudo bem. Ocupava-me das suas obrigações matrimoniais e dava conta diligentemente dessa tarefa agradável. Estávamos no verão, as janelas estavam sempre escancaradas. Durante o sexo, Rita fazia muito barulho, gritava e gemia de tal maneira que certamente poderia ser ouvida nos prédios adjacentes. Eu admirava o descaramento dela em utilizar o elevador junto comigo ou de ir levar seu cachorrinho para passear na minha companhia. Podia-se ler nos rostos dos vizinhos que encontrávamos o que eles pensavam de Rita. Porém, isso não a incomodava, nem um pouco. Uma mulher legal! Naquela fase, meu corpo mostrava do que era capaz. Em algumas semanas, eu, às vezes, dormia apenas duas horas por dia, quando muito. Dedicava praticamente todo o meu tempo livre ao corpo de Rita. É exatamente essa capacidade de resistência que os homens de idade mais avançada lamentam, saudosos.

Após quatro meses, a relação acabou. Ela mudou-se para perto do quartel onde o marido servia. Rita sempre fora alegre, um pouco como Pippi Langstrumpf.* Era divertido viver perto dela. Sentia sua falta.

Dez meses depois já havia poupado 28 mil marcos. Isso devia bastar. Naquela época, o dólar equivalia a 2,70 marcos. Portanto, 1 quilo me custaria, aproxima-

---

* Pippi Langstrumpf é uma boneca, personagem de histórias infantis muito querida pelas crianças na Alemanha, que passa por diversas aventuras. (N. da T.)

damente, 22 mil marcos. O dinheiro restante deveria cobrir minhas despesas. Já não agüentava mais esperar. Queria acabar com aquela agonia. Colocar finalmente em prática aquilo com que havia sonhado por tanto tempo. Desde o início, me comportei profissionalmente e não revelei meus planos a ninguém. Muitos não conseguem ficar calados e, com isso, quebram a cara. O tráfico de drogas é um negócio sujo, mas era justamente isso que me atraía nele. Não se submeter a nenhuma lei nem a qualquer regra, e levar uma vida de aventuras. Uma vida para a qual os outros não tinham coragem. Como no cinema. Beber caipirinha num bar de Copacabana, passear na praia com as garotas mais bonitas do mundo e olhar para o Atlântico. E, somado a isso, o suspense. Como a existência bem-ajustada de um trabalhador ficava desbotada, em comparação!

Comecei meus preparativos para a viagem. Primeiramente, providenciei uma passagem. Dessa vez, a estada duraria somente 14 dias. Até isso me parecia muito. Eu teria preferido viajar num dia e voltar no outro. Para não levantar suspeitas no controle alfandegário, decidi permanecer duas semanas — o normal para turistas. A passagem de volta estava marcada para o dia 24 de dezembro. Eu teria preferido qualquer outro dia, mas todos os vôos estavam lotados. Era a alta estação.

Na verdade, meus pertences pessoais limitavam-se à minha roupa, que eu pedantemente mantinha em perfeitas condições. Em matéria de despesas, esse era o item com o qual eu estava mais disposto a fazer concessões. No mais, eu levava uma vida sem raízes. Se alguém tivesse me mandado deixar meu apartamento em 5 minutos, eu teria necessitado apenas da metade desse tempo. Somente meus livros possuíam algum valor material, e eram as coisas que tinham o maior significado para mim, e o meu Rolex. Todo o resto era lastro pelo qual eu não me deixava acorrentar. Eu era jovem e livre.

Não precisei tomar vacina contra febre amarela, porque ainda estava suficientemente protegido pela anterior. Mantive, inicialmente, o quarto na casa da sra. Friedrich. Eu estava a postos, como um velocista para os 100 metros.

Meu vôo saía de Frankfurt. Eu já havia arrumado a mala na véspera: uma gigantesca mala prateada de artista e uma bolsa esportiva menor, que eu pretendia levar comigo a bordo, como bagagem de mão. Para viajar, vesti um conjunto de moletom confortável. Por cima, um casaco cinza brilhoso da marca Iceberg para me proteger do frio de dezembro. Na bagagem também levava um *walkman* e fitas cassete. Exatamente à meia-noite, queria pedir um uísque com gelo e ouvir *La vie en rose*, de Grace Jones. Uma pequena comemoração pessoal nas nuvens!

Em Nuremberg, comprei uma passagem até Frankfurt. Perdido em meus pensamentos, olhava pela janela do Intercities. Paisagens nevadas deslizavam pela janela, e, por cima delas, um céu cinzento e encoberto. Silenciosamente, eu rezava para voltar a ver essas paisagens de neve dentro de duas semanas. Cheguei cedo. Nada mais me retivera em casa, se é que se podia classificar minha residência assim. A exemplo do que acontece com as pessoas mais idosas, fico preocupado com a possibilidade de perder o trem e, por isso, sempre chego bem cedo na estação ferroviária. O que vai ser de mim quando estiver com 60 anos? Será que já vou estar no cais com 24 horas de antecedência?

Quando finalmente pude despachar minha mala, minha garganta estava irritada de tanto fumar. A espera, a expectativa, a excitação, tudo me levava a fumar um cigarro atrás do outro. Some-se a isso inúmeras xícaras de café. Passei rapidamente pelo controle de passaportes. Eu me sentia aliviado sem a pesada mala. À minha volta, semblantes graves, como se todos quisessem se superar, demonstrando ter familiaridade com o ambiente do aeroporto. Tudo era superlegal. Quase um pouco como James Bond. Atmosfera internacional. Anúncios em inglês. O estilo perfeito das aeromoças, que eram extremamente sensuais. Uma miscelânea exótica. Turbantes, roupas em forma de sacos e trajes desconhecidos. Todos estavam reunidos por alguns momentos, e, então, algumas horas depois, estariam separados por milhares de quilômetros. Ali, eu me sentia bem. Já fazia muito tempo que havia aprendido a fumar e a beber café tão pausadamente quanto os outros.

O avião decolou, repleto de turistas ávidos de sol. O Brasil era um destino muito visado para as férias.

Menos popularesco que Ibiza. No decorrer de minha vida, sempre constatei que algo me ligava a todas as pessoas que tinham afinidades com o Brasil.

Pontualmente à meia-noite pedi um Jack Daniels com gelo. A aeromoça era irresistível. Então, *La vie en rose*! Despertei logo antes da escala em Recife. Ainda era noite. O nome Recife estava escrito em luz néon azul na fachada do prédio do aeroporto. Eu estava no Brasil. Escovei os dentes no apertado banheiro do avião. Logo, um cigarro para acordar. O café-da-manhã foi servido pouco depois. E então, finalmente, a aterrissagem no Galeão, o Aeroporto Internacional do Rio de Janeiro. Os cambistas já esperavam, logo depois do controle da alfândega, segurando bolos de dinheiro na mão e oferecendo uma taxa de câmbio um pouco melhor que os bancos oficiais. Porém, os veranistas com experiência em Brasil, entre os quais eu podia me incluir, sabiam que o câmbio paralelo no centro da cidade era ainda melhor. Negligentemente, passei por eles dando a entender que não era um idiota inexperiente. Eu me sentia quase como um carioca!

Peguei um táxi. O rígido período de reclusão havia terminado. Era o fim do consumo de enlatados. O ônibus era muito mais barato, mas eu queria comemorar a chegada sozinho e não apertado no meio de muita gente dentro de um coletivo. Dei ao motorista indicações sucintas do percurso que ele devia seguir. Nada de passeios, eu queria seguir direto para Copacabana. Fazia calor e os termômetros marcavam 35 graus. No dia anterior, quando parti, fazia 15 graus negativos na Alemanha.

Antes de sairmos, troquei o . de moletom por um short e uma camiseta branca de mangas curtas. As quatro janelas estavam abertas. O vento batia impetuosamente no meu rosto, tão forte que eu tinha de esconder o cigarro na concha da mão para que a cinza não voasse em meus olhos. Os motoristas de táxi do Rio tinham um modo arriscado de dirigir e se revelavam dignos conterrâneos de Nelson Piquet e Ayrton Senna. Mandei parar na esquina da Prado Júnior com a avenida Atlântica. Tive muita sorte de conseguir imediatamente uma suíte no mesmo hotel em que havia ficado antes. Estávamos no início da alta temporada. Até o carnaval, o Rio estaria cheio de turistas. Depositei meu dinheiro no cofre do hotel. Não estaria suficientemente seguro no quarto.

Dez minutos depois eu já estava atravessando a rua, na qual havia um trânsito barulhento e intenso, carregando a toalha, só de sunga. Em toda parte, via garotas bronzeadíssimas de biquíni. Na praia, um bando de crianças descalças jogava futebol na areia quente, o que me obrigou a estender a toalha perto da água. Ali onde as ondas quebravam na praia e a areia estava úmida, onde a extensão de areia seca era reduzida e tão quente que era necessário usar chinelos. Mesmo assim, era como pisar em carvão em brasa. As crianças tinham pés de aço!

A água estava relativamente fresca, pois é mar aberto. Soprava uma brisa agradável. Os salva-vidas estavam em seus postos de observação. Eu só queria uma coisa: refrescar-me. Corri ao encontro das ondas e mergulhei de cabeça na arrebentação. Esse mergulho era a confirmação oficial de que realmente havia chegado. Uma consagração, como se somente agora todos os preparativos da viagem chegassem ao fim. Rapidamente me afastei, nadando para onde o movimento das ondas é mais tranqüilo, então fiquei boiando de costas, olhando para a areia, onde inúmeros adoradores do sol se amontoavam e celebravam sua juventude. Sobre mim, havia um céu infinitamente azul, sem nuvens e, à frente, a imensidão do oceano. Para mim, a água não era um elemento inimigo. Eu poderia ter me tornado um bom nadador. Tinha muito talento, mas nenhuma ambição, pelo menos no que se referia à natação. De repente, o vento mudou. Os salva-vidas haviam içado a bandeira vermelha! Eu estava muito longe da areia, sozinho na água. O içar da bandeira vermelha significava que a correnteza estava forte e que era preciso sair da água o quanto antes. Repentinamente, tomei consciência de que estava sendo puxado cada vez mais para o mar aberto. Estava a cerca de 400 metros da areia. Precisava nadar pela minha vida! Inicialmente, ainda confiava em minha habilidade como nadador e menosprezava o perigo. Mas era como se eu não estivesse me aproximando nem 1 metro da praia salvadora. Rapidamente, percebi que não poderia, de jeito algum, vencer aquela batalha. Então, resolvi aproximar-me da praia lateralmente, com a esperança de que assim seria mais fácil.

Nunca antes tivera de nadar pela minha vida, e nunca havia sentido tanto medo de me afogar. A praia de Copacabana tem 4 quilômetros de comprimento. No trecho final, se estende um pouco mais para dentro do mar. Como uma máquina, forçava meu corpo através das ondas altas e mantinha o olhar sempre fixado na praia. A água salgada queimava meus olhos como fogo, meus pulmões ressoavam como foles, meus braços estavam dormentes. Por duas vezes bebi daquela água e tive terríveis acessos de tosse, que me custaram novamente preciosos metros. A água me liberou somente no final de Copacabana. Arrastei-me para a areia como uma tartaruga gigante a caminho da desova. Tinha sido por pouco! Quase não consegui me salvar. Agradeci a Deus por ter sido obrigado a nadar durante toda a minha infância, em decorrência de um problema congênito. Os meus músculos queimavam como fogo. Levantei-me devagar. Não havia ninguém na água. Pelo visto, Poseidon estava de mau humor no dia da minha chegada. Talvez estivesse simplesmente zangado porque a cidade despejava seus esgotos em seu reino.

Recuperei-me rapidamente e caminhei vagarosamente os 4 quilômetros de volta até minha toalha, sempre tomando cuidado para caminhar somente pela areia molhada. Passava por pessoas alegres, que se bronzeavam e conversavam. E por homens maduros e em boa forma, que seguiam as garotas, admirando-as. No Rio, somos abordados constantemente. Na maioria das vezes, trata-se de coisas sem importância, mas, quase sempre, com boas intenções. Por exemplo, por vendedores ambulantes que apregoam suas mercadorias. Eu teria tomado um mate gelado e doce com todo prazer, depois daquele sufoco. Um desses ambulantes tinha dois recipientes pendurados nos ombros, quase do tamanho de garrafas de oxigênio. Cheios de mate e de limonada. Cem cruzeiros por copo.

— Sinto muito, meu amigo. Estou sem dinheiro aqui comigo — respondi com a boca seca, que parecia estar revestida com um mata-borrão. Contei-lhe meu desventurado mergulho e que estava com uma sede terrível.

— Mas você teve sorte, gringo — disse, e me presenteou com um largo sorriso desdentado. — Aqui, tome um por conta da casa.

Habilmente, puxou um copinho do bolso, virou a torneirinha, o encheu até a borda e me entregou. Eu nunca havia tomado algo mais gostoso. Num segundo, esvaziei o conteúdo. Rindo, ele tornou a enchê-lo, e seguiu seu caminho, bem-humorado, gritando "Mate-limão" a cada poucos metros. Desde aquele dia, o mate se tornou uma das minhas bebidas prediletas. Aqui, novamente, ficou demonstrada a capacidade de tolerância dos brasileiros que, mesmo sob as condições mais adversas, nunca perdem o bom humor. Poder-se-ia imaginar qual seria o estado de ânimo de um alemão que fosse obrigado a andar o dia inteiro pela praia, sob um sol escaldante, quilômetro após quilômetro, carregando 40 quilos de bagagem no lombo, durante todo o dia. Eu admirava essa estóica docilidade. Como essa gente era generosa, comparada conosco.

Tomei uma decisão rapidamente. Primeiro, tratava-se de concretizar o negócio. Eu precisava ter certeza de que, no fim da minha viagem, eu estaria mesmo com 1 quilo de cocaína na bagagem. Eu queria procurar Nino. À noite, fiquei andando por Copacabana, procurando rostos conhecidos a quem poderia perguntar por ele. Na rua, havia sempre a mesma rotina noturna. Copacabana, que já se transformara num bairro de prostituição, ainda mantinha o brilho dos anos 1930 e não queria admitir que os tempos haviam mudado. Nisso, Copacabana despertava a mesma sensação melancólica com a qual uma diva envelhecida observa seu rosto enrugado no espelho. Apesar dos anos e das marcas que haviam deixado, ainda se podia perceber nitidamente sua beleza de outrora. O mesmo valia para Copacabana.

Exércitos de jovens mulheres de todas as partes do Brasil estavam à procura de um pouco de sorte. Algumas realmente encontravam um turista que se apaixonava por elas e as levava embora. Para as outras, sobravam a cocaína e todos os perigos a que uma jovem desprotegida está exposta. Um exemplo disso era Christina, que eu encontrei por acaso em um telefone público. Ela me abraçou imediatamente e me beijou com ímpeto. Sua primeira pergunta foi se eu precisava também de alguma coisa.

— Mas, claro! — respondi — Bom seriam 3 gramas. Nós dois poderíamos fazer uma pequena festa particular para comemorar nosso reencontro.

Eu já estivera algumas vezes com ela na cama e, ainda que o sexo com Christina fosse maravilhoso, tinha sabor de acessório. O principal era a droga, o coito era facultativo e *en passant*.

A despeito da alegria do reencontro, seu estado deplorável não me passou despercebido. Ela usava um vestidinho muito feminino que lhe caía muito bem. Seu rosto estava maquilado com esmero, mas não conseguia esconder o estrago que a vida havia feito. Ela era ainda muito nova. Mais ou menos da minha idade. Eu me sentia em plena forma. Ela, ao contrário, havia passado todos os últimos anos pelas ruas. Cada noite, arrancava mais um pedacinho de sua beleza, e deixava marcas. Incontáveis mãos masculinas tocavam seu corpo em troca de dinheiro; internações devido a overdoses; um sono parecido ao coma quando se encolhia de manhã em sua cama e buscava consolo junto a uma boneca, que ganhara de presente de sua tia, muitos anos antes. Fazia tempo que ela havia perdido o rumo na vida, e também seus sonhos. Agora era escrava da droga, e subordinava tudo a ela.

Pouco depois surgiu um cara, um argentino com cabelo oleoso, e deu uma palmada na bunda de Christina. Ela me pediu 50 dólares e entregou-os ao homem. Ele colocou alguma coisa na mão dela e, alguns minutos depois, estávamos em meu quarto preparando impacientemente o pó. Sentimos a felicidade da droga quase imediatamente. Christina iluminou-se. Toda a aflição parecia não existir. Depois da segunda carreira, eu desci rapidamente para comprar cerveja. Eu me sentia como se estivesse flutuando sobre a rua. Depois de poucos metros, já estava completamente encharcado de suor. Ao voltar ao apartamento, entrei rapidamente no chuveiro. Christina teve de ir ao banheiro. Ótimo! Eu estava em pé diante do espelho e justamente escovando os dentes, a pia a poucos centímetros da privada. Sem demonstrar o menor constrangimento, ela se sentou e lançou suas fezes a Poseidon, o deus dos mares que, ao recebê-las, continuaria a ter motivos para se zangar.

Isso não parecia ser uma característica de Christina, já que eu havia presenciado outras brasileiras fazendo suas necessidades na minha frente, com toda a naturalidade. Esse comportamento não me repugnava e, de certo modo, o fato de lidar com um assunto cheio de tabu com tamanha desenvoltura demonstrava maturidade humana.

Fiquei sabendo por Christina que Nino havia morrido. Ele fora encontrado num quintal com uma bala na cabeça. Era apenas uma de milhares de pessoas que são assassinadas todos os anos no Rio de Janeiro.

Agora eu precisava mudar minha estratégia de pensamento. Até então, meu plano era ir buscar a cocaína com Nino. Eu não tinha o número de telefone do Boliviano. Por sorte, entretanto, eu fora suficientemente esperto da última vez para anotar o endereço. Não obstante, isso não ajudava muito, pois o Boliviano havia insistido expressamente para que eu só fosse à sua casa acompanhado por Antônio ou Nino.

Christina me assegurou que Antônio ainda estava vivo. Já era uma esperança. Ela o conhecia muito bem e poderia arranjar um encontro.

— Você precisa me fazer um favor. Eu tenho que falar com Antônio de qualquer maneira, o mais rápido possível! — Para dizer a verdade, eu tinha medo de aparecer sozinho na Santa Clara, um ano depois. O comitê de recepção era um tanto agressivo. — Para você é fácil, Christina. Você vai lá e diz que ele deve vir se encontrar comigo. Você também pode dar meu número de telefone.

— Quando eu devo ir?

— Melhor seria logo amanhã à tarde. Isso é realmente muito importante para mim. — Meti a mão na carteira e entreguei-lhe 100 dólares. — Isto é pra você. Traga um pouco de cocaína, já que você vai estar lá. A mercadoria dele é danada de boa!

Que sorte eu ter encontrado Christina. Sem ela, querendo ou não, eu teria de ir sozinho à favela.

— Que fim levou sua amiga Sabrina, afinal? — eu quis saber.

— Ela conheceu um alemão que se apaixonou perdidamente por ela. Imagine, ele até assaltou um banco para poder levá-la com ele. A cada 20 minutos, cheirávamos uma carreira. Já estávamos muito loucos.

— Verdade? — respondi. — Soa romântico.

— Sim, mas infelizmente o final não foi romântico. A polícia o apanhou na Alemanha pouco tempo depois.

Eles também pegaram Sabrina e a trancafiaram. Depois de 2 meses de cadeia, ela foi deportada para o Brasil!

— Por quê?

— Porque só tinha 17 anos e havia viajado com um passaporte falso. Quando os dois foram presos, ela estava com o passaporte falso e também com os documentos originais.

Christina fez uma pausa. O nariz dela sangrava facilmente quando ela cheirava. Corri para o banheiro e apanhei papel higiênico para ela limpar o sangue.

— E como terminou?

— De repente, Sabrina apareceu de novo no Rio e ficou andando por aí, em Copacabana. A última vez que a vi ela me contou que um italiano havia se apaixonado por ela e que pensavam em se casar. Ela planejava ir com ele para Nápoles. De lá para cá, nunca mais a vi. Não sei mais nada.

O nariz de Christina havia parado de sangrar. Enquanto ela contava, ia apertando suavemente as narinas e, então, jogou fora o papel ensangüentado no vaso sanitário.

— Só resta esperar que Sabrina tenha mais sorte na Europa dessa vez — disse eu, e cheirei mais uma carreira daquela coisa divina.

Ainda me lembrava muito bem de sua amiga Sabrina. Ela era a garota mais bonita que eu já tinha visto em toda a minha vida. Eu esperava que pelo menos ela, representando todas as outras, tivesse encontrado a sorte.

Dois dias depois, Antônio estava na minha porta. Ele não tinha mudado quase nada. Flexível, musculoso e esperto. Agora usava uma pêra. Acabava de chegar da universidade, onde tinha assistido a uma aula de estática, como contou de passagem. Os óculos redondos com a armação de filigrana dourada ficavam-lhe muito bem. Antônio começara a ler muito cedo; seu avô lhe ensinara quando ele tinha somente 4 anos. Ele já usava óculos quando pequeno, e isso lhe valera freqüentes surras na infância. Primeiro pelos companheiros de jogos, que faziam troça dele. Se os óculos quebrassem quando ele brigava, apanhava mais uma vez, dessa vez do pai, que não sabia de onde tirar o dinheiro para comprar outros. Além disso, seu avô havia lhe ensinado a jogar xadrez. Quando Antônio fez 8 anos, o avô parou de ganhar. Antônio era, simplesmente, muito bom, sim, quase imbatível, já que na favela inteira não havia ninguém que conseguisse ganhar dele. De vez em quando, entretanto, ele deixava o avô ganhar. Este, então, fingia que não percebia. De alguma maneira, eram os óculos — inicialmente ainda um defeito, quase um impedimento — que tornavam Antônio diferente. Era como se lhe tivessem dado um nome totalmente maluco que o marcasse como estranho. Naturalmente, não eram os óculos, mas eles eram um catalisador. Seu pai acreditava estar cumprindo com o dever ao providenciar um teto e refeições regulares para a família. Progredir na escola e na profissão era coisa que a vida resolveria por si só. Contrariamente, o avô via em seu neto a chance de fazer dele tudo o que havia sido negado a ele próprio e aos seus filhos: encontrar um caminho para sair da favela. Antônio lia tudo o que conseguia encontrar, ia todos os dias ordeiramente para a escola e era sempre o melhor da turma. Ele gostava de aprender, e quando lhe perguntavam o que ele mais gostava de fazer, ele respondia: ler, jogar xadrez e, naturalmente, futebol. (Nos jogos de futebol, freqüentemente, quebrava os óculos.)

Naturalmente, a inteligência de Antônio e sua facilidade para aprender não passavam despercebidas dos professores. As crianças de pais ricos jamais freqüentariam escolas públicas, como ele. Professores irremediavelmente sobrecarregados procuravam dar aulas em salas superlotadas. Os alunos vinham de famílias pobres e só esporadicamente assistiam às aulas. Violência e drogas estavam na ordem do dia. A escola pública era o lugar mais desfavorável possível para propiciar um bom começo de vida. Entretanto, mesmo ali, às vezes aparecia um diamante. Todo o corpo docente apoiou Antônio e lutou para conseguir uma bolsa para ele poder freqüentar uma faculdade. Eram crianças como ele que davam aos professores pelo menos um pouco de satisfação e a sensação de que seu trabalho não era completamente inútil. A família de Antônio jamais poderia ter arcado com as caras mensalidades universitárias. E, assim, a despeito de todos os obstáculos, Antônio conseguiu seguir seu caminho.

— Sinto muito que Nino tenha morrido. Eu gostava muito dele. Era um cara legal. — Eu não disse isso somente por dizer. Sua morte me afetava profundamente e, de certa forma, eu achava também importante que Antônio não me considerasse indiferente.

— Eu nunca vou me esquecer dele — disse Antônio, baixinho. — Ele salvou a minha vida uma vez, durante um tiroteio, e acabou sendo atingido por uma bala. Se eu soubesse quem foi aquele porco, iria imediatamente lá e o mataria!

Antônio limpou os óculos. As lágrimas escorriam-lhe pela face.

— Mantenha a cabeça erguida, a vida continua!

Sentia-me constrangido. Homens que choravam me incomodavam, porque eu não sabia como devia me comportar. Quais eram as palavras certas? Que tom era adequado?

Mudei de assunto e comecei a falar diretamente dos meus propósitos.

— Você ainda se lembra do que conversamos no ano passado? Agora chegou a hora. Eu preciso de 1 quilo de cocaína!

— Sem problema. Oito mil dólares — disse ele sucintamente.

— Só vou ficar duas semanas aqui. Tomara que dê mesmo. Preferiria comprar do Boliviano. Algo me diz que a mercadoria dele é de primeira.

— E é mesmo. Desde que faço negócios com ele, nunca houve reclamações. Por acaso, sei que ele chegou justamente da Bolívia há alguns dias e trouxe uma mercadoria dos diabos. Uma carreirinha, e você tem a impressão de que seu crânio vai explodir.

— Por mim, vamos lá. Tenho dinheiro suficiente comigo. Quanto antes, melhor.

Antônio levantou-se e foi para a porta.

— Volto logo. Só vou ligar para o Boliviano e combinar.

Isso me agradava. Nada de perder tempo em longas hesitações, porém agir decididamente!

Minutos depois, lá estava ele novamente na minha porta.

— Estamos com sorte. Ele estava em casa. Falei que vamos visitá-lo no sábado. Infelizmente, não dá para ser antes. Amanhã e nos dias seguintes tenho aulas importantes que não posso perder.

— Não há problema. Sábado é mais do que suficiente. O principal é que eu consiga o meu quilo.

— Vai conseguir, não se preocupe.

Depois que Antônio se despediu, entreguei-me, tranqüilo, à vida noturna. O assunto mais importante estava resolvido. Agora eu podia desfrutar de minha estada como um turista qualquer. Fiquei saboreando uma cerveja bem gelada numa lanchonete da esquina da rua do meu hotel, observando os transeuntes. À primeira vista, tudo era como antes, só que alguns rostos conhecidos já não estavam mais por ali. Nino morto, Sabrina na Itália. Volker, que outrora havia conseguido o apartamento para mim, desapareceu, provavelmente tragado pela violência. Em compensação, porém, havia muitos rostos novos. Volker nº 2, por exemplo, mecânico oriundo da região do Ruhr que todos os anos passava 6 meses trabalhando no Irã. A outra metade do ano ele passava no Rio de Janeiro, por causa das garotas, como ele repetia sempre que me encontrava, piscando o olho. Um proletário com todas as letras. Pouco depois, sua "namorada" se juntou a nós. Uma jovem brasileira, a respeito da qual ele murmurou conspirativamente para mim que tinha somente 13 anos, mas que afirma ter 15. Fiquei indignado com isso. O que é que esse velho (Wolfgang, o Volker nº 2, tinha 36 anos) pensava da vida? Bem, ela parecia ter mais de 13, mas mesmo assim.

Gina era do tipo possessiva, segurou Volker firmemente pela cintura gorda e o beijou com paixão. E ele, para quem, no máximo, teria sido lícito dar um beijo paternal na testa, enfiou a língua nojenta na sua boca. Com hálito fedendo a cerveja, e uma quase criança!

— Você deveria ter vergonha. Como pode explorar uma garota tão nova? — eu censurava.

No início, Wolfgang aceitou minhas críticas calmamente, e quase até um pouco descontraído, muito embora, naturalmente, desse para sentir que soava falso.

— O que você tem com isso? Se eu não transar com ela, outro o fará. Ou você acha que eu fui o primeiro a enfiar o pau na menina?

— Para mim, você é um pedófilo. Eu gostaria de saber o que os seus amigos na Alemanha pensariam de você se soubessem o que anda fazendo por aqui!

Gina sorria feito boba e olhava-nos alternadamente. O rapaz da lanchonete, que estava vendendo pés de galinha a um freguês, entendia tão pouco quanto todos os outros presentes. Por isso comecei a brigar com ele em português. Os outros deveriam saber o que eu pensava dele.

E, mais uma vez, aprendi uma lição. É melhor não se envolver. Eu estava cercado por uma ralé. Gina, cuja honra eu defendia tão veementemente, me jogou isso na cara. De repente, Wolfgang quis brigar e me ameaçou. O vendedor e os outros ficaram me olhando. Eu segui em frente. Simplesmente, não valia a pena. Que todos eles morressem engasgados com os pés de galinha. Inclusive Gina.

Mais tarde apareceu outro cara que eu já conhecia. Vito, um pequeno vigarista, do qual eu antes havia comprado cocaína. Lembrava-me dele como um homem bonito e atraente. Agora, entretanto, passou por mim num passo apressado, sem me reconhecer. Imediatamente, virei e tive de me esforçar para alcançá-lo.

— Vito, espera! — Eu o segurei pelo ombro. — Vito, espera, você não me reconhece mais? — Ele me olhou por alguns instantes. Então, a ficha caiu.

— Rodger, você está de novo no Rio?

Percebi imediatamente que o estado de seus dentes havia piorado em demasia. Toda vez que ele tocava os incisivos superiores com a ponta da língua, eles balançavam. O que havia acontecido com os seus dentes? Seu rosto estava machucado, marcado por contusões vermelhas. E, faltavam-lhe diversas mechas de cabelo. Tomando uma cerveja, ele me contou o que havia ocorrido.

— É o que acontece. A polícia me apanhou com coca e me manteve três semanas na delegacia. É assim que a gente sai quando eles pegam a gente!

Eu rezava para não passar pelo mesmo tratamento. Durante a conversa, ele me contou que estava sendo achacado pela polícia e deveria pagar regularmente uma soma em dinheiro para os policiais corruptos que o haviam prendido, caso não quisesse voltar para a cadeia e, sem dúvida, ser tratado de forma ainda mais humilhante. Vito estava com um aspecto lamentável. Eu tinha dificuldade para olhá-lo nos olhos. Algo não muito diferente daquilo que se sente quando se encontra um aleijado. Deve-se afastar o olhar decentemente, para não revelar piedade? Ou é melhor olhar firmemente, para sinalizar normalidade? O aspecto de Vito era assustador, com a boca agora desdentada, ou quase sem dentes. Para quem não estava envolvido, tudo parecia brincadeira. Como se lidar com cocaína fosse totalmente normal. Todos tratavam o assunto de maneira desembaraçada. Na verdade, eu sempre pensara que as pessoas conservavam as aparências mais por decência do que por respeito à lei, do mesmo jeito que não se avança o sinal vermelho quando há uma patrulha por perto. Eu realmente havia acreditado que se tratava de uma droga aceita socialmente, que não era expressamente permitida, mas tolerada com vista grossa. Um clássico crime de colarinho-branco. Podia-se ver na boca desdentada de Vito que a coisa não era exatamente assim. Na realidade, o Estado podia tornar-se extremamente desagradável.

Afastei-me de Vito. De certa forma, eu pressentia que seu azar poderia me atingir também caso ficasse mais tempo em sua companhia. Eu queria distância de sua aura negativa. Antes de seguir adiante, ainda comprei dele 2 gramas de cocaína. Caminhei sem rumo pela avenida Nossa Senhora de Copacabana e entrei em um bar bastante movimentado. A maioria dos fregueses eram jovens, provavelmente estudantes. Tampouco fiquei muito tempo ali. Eu queria me movimentar, passear sem destino. Havia muitos travestis perto da Galeria Alaska. Observei um deles, que se agachou entre dois carros, suspendeu a saia e urinou. Com aquele pinto enorme que apareceu ele poderia perfeitamente ter mijado de pé. Ele sorriu para mim, totalmente à vontade. Eu sorri de volta, enquanto rapidamente se formava uma grande poça diante dele.

— A cerveja — gritei, afável. Lentamente, segui meu passeio. Após 50 metros, ele já havia me alcançado.

— Gringo, você não tem vontade de beber alguma coisa comigo?

Por que não?, pensei. Agora que ele estava em pé diante de mim e que eu podia observá-lo bem, constatei que tinha uma aparência legal. De repente, pensei em categorias femininas, e que eu poderia chamá-lo de "ela". Disfarçadamente, passei os olhos por aquela região na qual eu suspeitava que houvesse uma saliência. Não se via nada. Ela era realmente impressionante. Eu teria me convencido de que antes eu havia sido vítima de uma ilusão de ótica.

Susanna me deu o braço. Os transeuntes poderiam ter a impressão de que éramos um casal. Ela usava uma saia curta vermelha e a parte de cima de um biquíni. Estava bronzeada, tinha pernas compridas e lisas, curvas provocantes e um rosto exótico, que semelhava algo de asiático, uma boca maravilhosa e cabelos compridos e pretos que lhe caíam soltos sobre os ombros. Se eu não estivesse sabendo, ou melhor, se eu não tivesse visto seu pinto, não teria acreditado que se tratava de um homem.

— Você conhece o bar que fica lá em cima no Hotel Othon? De lá tem-se uma vista deslumbrante. Vamos, me paga um drinque!

Já havia passado pelo Othon, mas não conhecia o bar.

— Com prazer, vamos beber alguma coisa!

De certa forma, eu achava excitante estar com Susanna. Ela não havia mentido, já que a vista era realmente de tirar o fôlego. O local era decorado no estilo piano-bar e teria dado um bom motivo para uma pintura de Edward Hopper. Janelas generosas permitiam uma ampla vista sobre o oceano noturno, que brilhava, prateado. Além disso, música calma e um ambiente singular, ao mesmo tempo requintado e descontraído. Com certeza, pobres não se hospedavam no Hotel

Othon. A decoração dos toaletes também era vistosa. Mármore escuro, mergulhado numa luz amortecida. Ideal para, de vez em quando, cheirar um pouco de cocaína.

Mais tarde acabamos na cama. Muita cerveja e cocaína fizeram o membro de Susanna se encolher para um tamanho desprezível. Mal tinha fechado a porta de meu apartamento, Susanna se jogou sobre mim com paixão e me beijou sofregamente na boca. Avidamente, chupei os bicos dos seus seios e passei as mãos sobre seu corpo rijo. Susanna tomou a iniciativa, empurrou-me para trás sobre a cama, e começou a chupar meu pinto loucamente. Como se ela não tivesse comido nada há dias, se jogou sobre ele com voracidade. Ela o chupava como se fosse a maior felicidade da Terra. Comparado com os prazeres orais que eu havia experimentado até então, aquilo foi uma revelação. Algo muito diferente, como entre a cocaína da rua e a que Antônio garantia. Isso também foi uma nova experiência para mim.

Susanna era uma amante versátil. Quando notou que eu já não agüentaria por muito tempo, largou meu membro, adotou a posição de cachorrinho e empurrou sua bunda escultural contra o meu pinto. Susanna cuspiu na concha da mão e, passando a mão por baixo, por entre as pernas, umedeceu sua roseta. Eu encostei nela e pressionei meu membro através de seu esfíncter. Rapidamente, ficou mais fácil, pois estava lubrificado.

— Sim, sim, continua assim. Enfia teu pau todinho dentro de mim — gemia. E com uma das mãos ela estimulava seu próprio membro. — Vamos! Mais rápido. Sim, você faz isso gostoso. Mais rápido, ainda mais rápido. Agora!

Gozei. Meu sêmen esguichou em seu traseiro. "Que o teu sêmen não degenere em terrenos impuros", me passou rapidamente pela cabeça. Isso pode ser lido na Bíblia, em Onã. Terreno impuro ou não, eu bem que havia gostado!

No dia seguinte, fomos de bondinho até o Corcovado. Susanna era uma companheira agradável, que se divertia em qualquer programa comigo. Estava bem para mim, já que, no fundo, eu queria apenas matar o tempo. A gigantesca estátua do Cristo, que domina o Rio do alto do Corcovado, com os braços abertos, nos deu as boas-vindas. Era algo diferente e me agradou nitidamente mais do que ver Jesus pregado na cruz.

No Corcovado, a 700 metros de altura, havia uma brisa forte. Estávamos envolvidos por nuvens. Susanna segurava seu vestido para que não fosse levantado, e sentia-se um pouco como Marilyn Monroe. Era divertido ver os outros homens lançarem olhares ávidos dentro do decote bem recheado de Susanna. Naquele dia, a vi pela última vez.

Finalmente, sábado chegou. Depois de tomar um banho de chuveiro, retirei 9 mil dólares do cofre do hotel. Podíamos começar, e eu estava pronto para iniciar minha carreira como traficante de drogas.

Conforme o combinado, Antônio foi me buscar com seu carro antiqüíssimo. Durante a viagem, falamos sobre Oscar Niemeyer e sua cidade de proveta, Brasília. O futuro arquiteto se empolgava com projetos de construções de época. Passou quase 20 minutos fazendo um relato detalhado da construção da Torre Eiffel e o quanto os habitantes de Paris haviam se oposto a ela, na época, porque tinham medo que estragasse sua bela cidade. Antônio possuía verdadeiro conhecimento enciclopédico no que dizia respeito a arquitetos famosos e seus projetos, e conhecia praticamente todos os números de cabeça. Desentendemo-nos acerca da necessidade da Transamazônica, celebramos a vitória do concreto armado e concordamos que as brasileiras são as mulheres mais legais do planeta. A viagem de carro passou voando.

Quando entramos na rua onde o Boliviano morava, Antônio mandou que eu lhe entregasse os 8 mil dólares. Nada havia se modificado. Os brinquedos das crianças continuavam sobre a grama queimada, a gigantesca mangueira continuava envergada e as lagartixas espreguiçavam-se ao sol. Meus olhos procuraram o tambor dentro do qual eu esperava que o Boliviano se debruçasse logo. A avó reconheceu-me com um olhar e abraçou-me. Dessa vez, tudo se passou muito rapidamente. Uma breve saudação e, antes que eu me desse conta, o Boliviano colocou um pacotinho em minha mão. A transação durou menos de 1 minuto. Gostaria de ter checado a qualidade. Não por desconfiança, mas simplesmente por curiosidade, e, além do mais, estava louco para cheirar! Porém, como é que isso iria parecer? Como um controle.

O Boliviano foi de poucas palavras. Ele estava com o tempo contado, porque precisava voltar para sua plantação de abóboras. Nos últimos dias, havia caído pouca chuva e ele precisava urgentemente cuidar da irrigação. Sem ter sido solicitada, a avó me trouxe um sanduíche; parece que ela ainda se lembrava vividamente de minha visita anterior, durante a qual eu havia comprovado minha fama de bom de garfo.

Alegremente, agarrei meu pacotinho com a cocaína. Finalmente, eu havia conseguido o que queria. Segurava em minha mão o fruto de todos os meus esforços e sacrifícios do ano anterior. Aquilo que eu estava carregando tão descontraidamente valia 200 mil marcos na Alemanha. Com a outra mão, levei o sanduíche à boca, para não privar a avó da merecida recompensa do elogio. Antônio também ganhou um sanduíche. Esse pequeno lanche chegou em boa hora. Em função da expectativa da transação, eu havia deixado de tomar o café-da-manhã.

Poucas horas depois, fiquei finalmente a sós com o pacotinho e me sentia como um noivo impaciente antes da noite de núpcias. Com uma faca de cozinha que tomei da caixa de talheres, rasguei cuidadosamente o envoltório lacrado e soltei completamente a película externa. Precavido, havia comprado uma grande cuia de plástico, para que nada da preciosa mercadoria pudesse cair no chão. A cocaína se desfez em diversos pedaços. A prensa havia deixado o pó duro, e este tinha quase a consistência de cerâmica. O cheiro típico da cocaína se espalhou intensamente pelo ar. Eu já sabia antes de experimentar que a qualidade era fantástica. Apressadamente, retirei uma pedrinha bem pequena que esmaguei com um isqueiro para transformá-la em pó. Reduzi-o para uma textura ainda menor com uma lâmina para carpetes e me dominei para não aspirar imediatamente o material ainda grosso pelo nariz. Afinal, era a noite de núpcias. Então, a noiva fazia questão de um preâmbulo carinhoso. Aí, veio a abertura. Algo estalou no meu crânio. O meu céu da boca e toda a região da faringe ficaram quase que imediatamente dormentes. Ao engolir, o suco amargo e delicioso me desceu pela garganta. Eu me sentia como se estivesse sido puxado para cima e pudesse voar. A mercadoria era ainda melhor do que a que eu tinha conseguido com Antônio. Que sorte! A qualidade era tão boa que eu tomei a decisão de proteger minha futura freguesia de overdoses. Algo assim só podia ser oferecido de forma racionada.

Separei um pouco para mim e voltei a embrulhar o restante, que deixei imediatamente no cofre do hotel. Eu tinha muito medo de ser roubado. Não podia cometer qualquer erro nos últimos dias. Só queria levar a mercadoria para o meu quarto na véspera da viagem, para embalá-la certinho. Ainda não havia decidido onde a esconderia.

Até a véspera de minha partida, vivi como se não houvesse amanhã e reprimi qualquer pensamento num esconderijo seguro. Queria me dedicar a essa tarefa somente no último momento. Ainda assim, esse problema não resolvido ocupava um lugar cada vez maior em minha cabeça. Eu compensava a tensão com cocaína e álcool. Até então, a sorte sempre estivera do meu lado.

O quilo tinha o tamanho de um tijolo. Até o momento antes de eu tê-lo comprado, havia me parecido fácil esconder aquela quantidade. Depois, o quilo cresceu a cada dia um pouquinho mais até atingir seu tamanho real. Onde eu deveria escondê-lo? Vagamente, considerei repartir a mercadoria em vários lugares. Dentro do tubo da pasta de dentes, por exemplo, ou no frasco de creme. Eu brinquei com a idéia de fazer um buraco em um sabonete. Providenciei diversos sabonetes no supermercado. Com uma navalha afiada cortei o maior pedaço de sabão pelo meio. Fiz isso sobre o espelho, no qual também havia um montinho de coca num canto. Havia criado o hábito de retirar o espelho do armário e de bater a cocaína sobre ele. Em teoria, tudo é simples, mas já durante os primeiros cortes percebi que a prática era diferente. As duas primeiras tentativas fracassaram. Quando finalmente, na terceira vez, consegui ter duas metades limpas na minha frente, comecei a entalhar a parte interna das bandas do sabonete com um canivete pontudo. Esse trabalho avançava muito devagar. Aqui minha formação de cozinheiro me ajudou. Berinjelas recheadas eram minha especialidade. Antes de cozinhá-las, era preciso remover cuidadosamente a polpa, e o macete era deixar uma parede suficientemente espessa para que a berinjela não desmanchasse posteriormente, ao cozinhar. Não obstante, o sabão, como eu constatei rapidamente, possuía uma consistência totalmente diferente. A cada 30 minutos eu aspirava uma carreira de coca pelo nariz, para tornar o trabalho mais agradável. O pequeno montinho diminuía continuamente no decurso de meus esforços. Depois de horas, finalmente havia duas metades ocas na minha frente. Como experiência, enchi um preservativo com açúcar. No sabonete cabiam miseráveis 30 gramas. Que decepção!

Sempre que eu me debruçava sobre o espelho para cheirar mais uma carreira, um estranho me olhava de volta. Aquilo não era mais meu rosto. Meus olhos tinham uma expressão desorientada e as pupilas estavam dilatadas de tal maneira que quase não se podia mais ver o azul. Meus traços estavam torcidos e a boca tensa de ranger os dentes. Via-se saliva branca e ressecada nos lábios. Havia me desidratado em poucas horas, porque esquecera de ingerir algum líquido. A loucura seguia seu curso. Eu ficava cada vez mais parecido aos outros, lá de baixo, em Copacabana. O ponto máximo da noite foi que eu pensei que ainda havia coca no espelho. Na verdade, porém, era pó de sabonete que havia caído sobre o espelho quando eu o esvaziava e que, à primeira vista, parecia coca. Raspei tudo junto com a lâmina para carpetes, retirei cada grãozinho da moldura e aprontei com isso uma carreira bem gorda. Mal inalei essa carga, pensei que meu crânio fosse explodir. Somente então reparei que era pó de sabão. Passei uns bons 30 minutos na privada para me recuperar. Algo queimava diabolicamente em meu crânio, e eu achei que fosse morrer asfixiado.

Raivosamente, joguei o sabonete escavado contra o armário. Fiquei zangado por não ter preparado melhor essa parte do trabalho. Eu tivera um ano na Alemanha para imaginar um esconderijo razoável, e nada acontecera. Agora era tarde demais. Não me restava outra alternativa senão tirar o melhor partido possível da situação. Lamentavelmente, naquele momento eu já não preenchia mais o critério principal que determina um traficante de drogas bem-sucedido. Isto é, que não se deve cheirar pó em circunstância alguma. E, para ser completamente sincero comigo mesmo, eu nunca havia preenchido esse quesito. Agora, quando eu havia passado pela empolgação inicial do amor, minha esposa colocava as unhas de fora.

Descartei a idéia de carregar o pacote junto ao corpo. O perigo de ser apalpado era grande demais. Vivamente, me lembrava da cena inicial de *Expresso da Meia-noite*. É um filme que eu recomendo calorosamente a todos os iniciantes em contrabando de drogas. Uma das minhas falhas de caráter era que eu procurava decidir rapidamente coisas complicadas. Então, era fechar os olhos e executar. A partir de um determinado momento, em que a pressão para decidir ficou grande demais, eu me fixei arbitrariamente, só para não ter que pensar mais sobre o assunto.

Decidi, então, costurar toda a cocaína dentro do forro de meu casaco estofado Iceberg. Depois me deixei cair na cama e adormeci, exausto.

Quando me levantei, estava longe de me sentir recuperado. Em primeiro lugar, fumei um cigarro para acordar, e fui cambaleando para o banheiro. No caminho, pisei numa barata do tamanho de uma caixa de fósforos. No Rio, elas estavam em toda parte. Ouvi um estalo bem alto quando a casca dela estourou. Fiquei com uma papa entre meus dedos do pé. Repugnado, me limpei com papel higiênico, por falta de algo melhor. O cigarro queimou entre meus dedos sem ser fumado, até que eu o joguei no chão com um grito de dor. Mal-humorado, sentei-me na privada, assoei o nariz. O lado de dentro dele estava cheio de crostas de sangue.

O quarto parecia um campo de batalha. Em toda parte, havia pedaços de sabonete, inclusive no armário. Recobrei ânimo, juntei minhas forças e botei ordem nas coisas. Depois de uma ducha e de outros três cigarros, já estava me sentindo melhor. Como sempre, o Rio era deslumbrantemente bonito. Um café-da-manhã generoso despertou minha vontade de viver e os pensamentos negativos dissolveram-se lentamente, como uma neblina matinal.

Hoje eu queria fazer tudo certo e, acima de tudo, não cheirar nada. Era o dia anterior ao de minha partida.

Comprei linha e agulha num armarinho na esquina. Levei o casaco comigo, para escolher a cor certa. Ao voltar novamente para o quarto, estendi-o sobre minha cama. Agora era chegado o momento também de retirar a mercadoria do cofre. A partir daí não nos separaríamos mais. O casaco possuía um acolchoado espesso e tinha ombreiras. Abstraindo do fato de que era um esconderijo bastante inadequado, só havia uma única possibilidade: nos ombros, 500 gramas de cada lado. Era só esperar, fechar os olhos e executar.

O trabalho com agulha e linha é detalhista. Rapidamente constatei, também naquele momento, que na teoria tudo era extremamente fácil. A abertura do forro interno era delicada. Eu avançava com muita dificuldade. Embuti os dois sacos da melhor forma possível. Uma olhada para a costura era suficiente para revelar que o serviço não tinha sido executado por uma dona-de-casa prendada. Depois de 4 horas, finalmente, estava resolvido. É bem verdade que a coca não estava à vista, porém, mesmo assim, era fácil descobri-la. O casaco pendia para a frente e, ao apalpar os ombros, sentia-se imediatamente corpos estranhos. Como quando se toca em um peito com implante de silicone, só que substancialmente mais duro, porém irritante do mesmo jeito. Ignorando minhas dúvidas, deixei a coisa como estava. Comecei então a arrumar minha mala; na medida do possível, queria estar pronto para viajar. Havia muito que ficara claro para mim que essa etapa seria a mais difícil.

À minha volta reinava uma intensa movimentação pré-natalina. Em pensamentos, já me via no Intercity, olhando pela janela e vendo as paisagens nevadas passarem por mim. Pela última vez, comprei um papelote de coca. Passei a noite com Christina, queria transar até tirar o estresse da cabeça e esgotar o corpo.

Acordei ao meio-dia, depois de apenas 4 horas de um sono intranqüilo. Havia muito tempo que Christina tinha ido embora. Tomei uma chuveirada e, depois, café-da-manhã. Fui à praia pela última vez. Fechei minha conta na recepção. A bagagem estava praticamente pronta. Eu só precisava guardar algumas poucas miudezas, como escova de dentes e artigos de higiene pessoal. Coloquei meu casaco dentro da bolsa esporte. Tentei acomodá-lo de tal maneira que, ao pegar nele, não se tivesse contato com os pacotes embutidos no forro. Era impossível não sentir que algo estava errado. Reprimi o medo, atribuindo-o à paranóia. Quem é que iria verificar o casaco?

Estava na hora de encarar a "batalha". Finalmente, embora daqui. Pedi um táxi na portaria. Pensativo, meu olhar bateu sobre um espelho. Eu estava muito bronzeado, com uma cor maravilhosa, com o aspecto do clássico turista veranista. No táxi, ainda inspirei profundamente o vigoroso ar marinho. Era Natal. Que agonia! Durante a viagem, fumei um cigarro atrás do outro. Eu estava mergulhado em meus pensamentos. Naturalmente, cheguei muito cedo ao aeroporto. Meu bom Deus, faça com que eu consiga passar! Meu vôo ainda não tinha sido anunciado. Gastei meus últimos cruzeiros em expressos, que bebi com o rosto compenetrado.

Não obstante, a alegria de estar na Alemanha no dia seguinte e a perspectiva de ganhar grandes somas de dinheiro se misturaram devagar ao meu medo. Havia, naturalmente, a vontade de celebrar o Natal, talvez com uma pequena árvore e um filme bonito e sentimental na televisão. Exatamente como todos os outros, que não passavam o feriado contrabandeando drogas pela alfândega.

Fiz o check-in e despachei a mala. Natal não é um bom dia para viajar, especialmente nessas condições. O aeroporto estava mais tranqüilo que o normal. Eu estava com o meu cartão de embarque à mão. Calmamente, caminhei até o controle alfandegário. Só havia uma pequena fila. Eu estava usando uma camiseta branca, meu relógio Rolex e uma calça jeans confortável. Dessa vez, evitei o conjunto de moletom, para não chamar atenção. Ainda fumei um último cigarro perto de um cinzeiro, a 20 metros de distância da alfândega, e observei que o funcionário despachava as pessoas vagarosamente, sem muito alarde. Era só mostrar rapidamente o passaporte e pronto. Ele era do tipo acomodatício. Um sujeito gordo, que seguramente encontrava uma palavra gentil para todos.

É agora ou nunca! Deixo o cigarro cair, apago-o com o pé e me dirijo ao controle de passaportes. Há somente três pessoas na minha frente. Agora estou diante do guichê, entrego à funcionária negligentemente o passaporte já aberto. Sem nervosismo, absolutamente tranqüilo e amigável.

— Feliz Natal — ela deseja, sorrindo.

Uma brincadeira de crianças. Agora só falta o gordo. Todos os outros antes de mim não são controlados. Enfio o passaporte de volta no bolso traseiro da calça, como alguém que tem tempo e não quer levantar a suspeita de querer ir embora o mais rapidamente possível. O funcionário gordo também me olha amigavelmente, sorrindo. Ele acena para mim descontraidamente.

— Por favor, coloque a bolsa sobre a mesa. — Os outros na minha frente não tiveram que fazer isso. O perigo de ser apanhado é sensível.

— Feliz Natal! — digo com semblante amigável.

— Mas você fala bem português, ô alemão. E, então, como foram as férias aqui?

O gordo é atencioso e tranqüilo. Ele tem tempo, porque não há ninguém depois de mim. Provavelmente, ele já está, em pensamento, com a família. Meu vôo é o último naquele dia.

— Por favor, abra a bolsa.

Vagarosamente, abro o fecho ecler da bolsa esporte. Não tenho a sensação de que ele esteja com disposição de fazer um controle minucioso. Penso com os meus botões que ele tem uma cabeça de hipopótamo.

Meu casaco turbinado está em cima de tudo. Estou tenso. Ondas de pânico tomam conta de mim. Obrigo-me a ficar tranqüilo, a permanecer absolutamente tranqüilo.

Primeiro, ele retira o casaco. Fica perplexo, o segura na mão, indeciso, e o coloca inicialmente sobre a mesa. Então, ele se volta devagar para o conteúdo restante. Apalpa cada objeto superficialmente. Minha esperança é que ele se contente com aquilo. Ele volta a pegar o casaco e tateia os ombros.

— Me diga, alemão — diz, escandindo as sílabas —, por que isto aqui está tão duro? Parece meio estranho!

Eu fico fervendo.

— O que poderia ser? — digo, jovialmente. — É o acolchoado das ombreiras.

Ainda estou sob controle, mantenho-me completamente tranquilo, muito embora já tenha certeza de que somente um milagre poderia me salvar.

O hipopótamo ainda permanecia educado e mostrava um sorriso que não se alterava. Mesmo assim, ele saiu de detrás da mesa e se aproximou. Pelo canto dos olhos, vi todos os outros passageiros a caminho de seus terminais. O que eu teria dado para ser um deles.

— Arrume suas coisas outra vez. Vamos para uma outra sala. Eu acho que deveríamos ver isso tudo com mais calma!

Eu ainda podia sair correndo, mas não chegaria longe. A PM (Polícia Militar) era onipresente e pesadamente armada. E conhecida por não atirar somente nas pernas.

Segui o hipopótamo até uma outra sala. Então, minha única esperança era suborná-lo com o pouco dinheiro que eu ainda tinha. Talvez ele me deixasse passar.

No caminho para a sala de revista, passamos por diversos escritórios. Em uma das salas havia uma árvore de Natal, como eu pude ver pela porta aberta. Aqui e acolá, o gordo trocava algumas palavras com colegas que estavam em pé no corredor e fumavam.

— Bem, você não tem a menor idéia do que há aqui nas ombreiras? Então, certamente não tem nada contra a gente olhar isso mais de perto. Quanto mais rápido terminarmos aqui, mais rápido você vai pegar seu avião.

O que é que eu devia dizer? Ficar indignado? Procurar convencê-lo de se poupar daquele trabalho inútil?

— Faça seu trabalho — eu disse, com a esperança de que talvez minha segurança o detivesse.

Ele prosseguiu, pegou uma faca na gaveta da escrivaninha e cortou diretamente o forro. Segundos mais tarde, meus dois sacos estavam sobre a mesa.

— E, então, gringo, você queria levar o pó com você e revendê-lo bem caro na Alemanha?

Era inútil negar. O que me restava era a fuga para a frente.

— Tudo bem, vamos supor que haja areia de Copacabana nos sacos. É Natal. Deixe os sacos como estão. Eu os guardo novamente e lhe dou todo o dinheiro que ainda tenho. Com isso, você pode comprar algo de bonito para sua esposa e eu pego meu avião. — Só me restavam míseros 300 dólares. Não era muito.

— Dois mil dólares e deixo você ir, mas só porque hoje é Natal.

— Puxei minha carteira, abri o lado onde guardava as notas de tal maneira que ele pudesse ver as cédulas de dólares que me restavam.

— Isso é muito pouco, gringo! Dois mil dólares ou eu chamo a polícia! — O funcionário hipopótamo continuou, gentil.

— Eu não tenho mais. Podemos também dividir a mercadoria entre nós. Vamos, dê um jeito. Eu sou apenas um peixe pequeno.

— Dois mil dólares ou eu chamo a polícia!

— Eu juro que lhe mando o dinheiro assim que chegar na Alemanha. Pela vida da minha mãe. Não faça isso comigo.

— Sinto muito, alemão. Você deveria ter escondido o pó melhor. Agora é tarde demais. Tudo vai seguir seu caminho.

Um telefonema curto e, 2 minutos depois, 3 policiais militares estavam no local. Agora, realmente, tudo estava acabado. Eu não conseguiria mais me livrar.

Para o funcionário, o assunto estava resolvido. Ao sair da sala, ele acenou novamente para mim, de maneira bondosa.

— Apesar de tudo, feliz Natal, gringo!

A polícia militar assumiu o problema. Eu fiquei ali parado, enraizado, incapaz de me mover. Os policiais faziam piadas a meu respeito e os sacos de cocaína passavam de mão em mão.

— Se deu mal, gringo. Eu não queria estar no seu lugar.

Fizeram uma nova revista, inclusive no meu traseiro.

Fui levado para uma cela. Eu estava preso. Haviam-me tomado tudo, até as poucas roupas que eu estava usando. Dinheiro, meu relógio e cigarros, tudo foi confiscado. Se eu tivesse pelo menos cigarros. Eu não tinha a menor idéia de qual era a punição no Brasil para tráfico de drogas. Quem poderia me ajudar? Eu não tinha ninguém no Brasil. Considerada objetivamente, minha situação era a seguinte: eu estava sem dinheiro e sem amigos, a 12 mil quilômetros de casa e preso como um criminoso. Sentindo-me muito mal, fiquei imaginando como é que um Estado trataria os seus presos se ele permitia que crianças vivessem nas ruas. O que é que um criminoso podia esperar se a sociedade não tinha compaixão sequer por crianças inocentes?

Lembrei-me da boca desdentada de Vito. A cortina caíra. Agora já não haveria nenhum tratamento especial para o gringo do Primeiro-Mundo. Eu era um criminoso, como todos os outros. Nunca antes eu havia me sentido tão desamparado e desprotegido. O que deveria fazer? Quanto eu não teria dado para poder retroceder. Embora eu só estivesse preso havia alguns minutos, achava que ia perder o juízo. Por sorte, não precisei esperar muito.

— Levante-se, gringo, mexa-se. Preparamos uma festinha para você na praça Mauá.

A praça Mauá fica na região portuária, e quando se dizia que alguém ia ser levado para lá, isso significava que o sujeito ia ser levado para a famigerada sede da Polícia Federal.

O que me esperava era uma estadia com Belzebu. O tratamento tornava-se mais rude a cada etapa. Inicialmente, o hipopótamo gentil. Então, apertaram um pouco mais. Tive que levar uma dedada no cu. Na terceira fase, meus braços foram brutalmente puxados para trás e colocaram-me algemas de aço tão apertadas que me machucavam os pulsos.

— Não temos toda a noite aqui, seu traficante de merda!

Não era mais o tom respeitoso a que eu estava acostumado até então, como turista alemão. Sob a escolta e os olhares dos muitos passageiros que se encontravam no aeroporto, fui levado para fora apressadamente. Dessa vez, não havia táxi esperando por mim, mas a *minna** verde, em versão brasileira. E tinha tudo a ver. Era um camburão projetado para transportar 6 presos. À direita e à esquerda havia lugar para 3 "passageiros" de cada lado. Enfiavam as pessoas dentro de um baú no qual só era possível ficar numa posição extremamente desconfortável quando se tinha a minha altura. Não havia espaço algum para as pernas e, assim, não me res-

---

* *Minna*: em gíria alemã, viatura da polícia para transporte de presos, que antigamente era pintada de verde. (*N. da T.*)

tou outra alternativa senão puxar os joelhos para cima e apertá-los contra a lataria. Isso, por si só, já era doloroso. Para piorar, as algemas não eram removidas durante a viagem. O motorista também era digno concidadão de Ayrton Senna e, assim, eu batia com a cabeça a cada curva estreita. Dentro do baú estava um breu. Uma luz difusa penetrava apenas pelas fendas estreitas de ventilação. E fazia um calor infernal. Depois de poucos minutos, eu já estava completamente encharcado de suor e tinha a sensação de que ia sufocar naquele espaço claustrofóbico em que meu corpo estava exposto, sem proteção alguma, à força centrífuga. A caminho da sede da polícia, paramos 3 vezes. Cada vez que o carro parava, eu esperava poder finalmente descer. Só para logo constatar, em desespero, que ainda não tínhamos chegado ao nosso destino. O passeio era demorado. Minhas mãos estavam dormentes. Do meu nariz escorria sangue que eu não podia limpar. Minha garganta estava ressecada e, em pensamento, eu rezava o Painosso. Implorava a Deus que pusesse um fim àquela tortura e me libertasse do furgão. Depois de uma eternidade, minhas súplicas foram atendidas. Chegamos à praça Mauá. Eu mal conseguia andar. Tudo parecia morto. Apertei os dentes. Tudo, menos dar a impressão de ser fracote. Eu decidi manter certa postura. Primeiro, fui levado para o setor de carceragem, no subsolo. Desisti de fazer perguntas aos funcionários e obedecia a cada ordem sem falar nada.

Diante de mim havia um corredor escuro com 6 celas de cada lado, dotadas de portas gradeadas. Os presos podiam observar-se mutuamente através das frestas. Deram-me a última cela do lado esquerdo. Antes, retiraram as algemas. Finalmente, o sangue pôde voltar a circular em minhas mãos. Era como se incontáveis agulhas pontudas atravessassem minha pele, de dentro para fora. A pálida luz elétrica caía sobre a laje. Havia um pequeno buraco no chão para as necessidades fisiológicas, do qual saía um deplorável fedor de excremento. E também tinha uma torneira, a aproximadamente 1 metro de altura, que, como eu descobriria mais tarde, recebia o fluxo de água uma vez por dia, durante 30 minutos. Nas celas defronte havia também alguns pobres-diabos presos, que "comemoravam" o Natal ali juntamente comigo. Mal os funcionários saíram, eles começaram a crivar-me de perguntas.

— Gringo, por que você está aqui? O que fez para vir parar neste lugar de merda? Você não tem nada melhor para fazer no Natal?

Fazia-me bem que alguém falasse comigo.

— Fui pego no aeroporto com 1 quilo de cocaína. Merda!

— Merda é a palavra certa, gringo. Você está mesmo numa merda profunda. Conheço gente que pegou 6 anos por 5 gramas. Não gostaria de estar na tua pele.

— Seis anos por 5 gramas. Então, nunca mais vou sair daqui!

Meu interlocutor era um mulato vestido somente com uma cueca. Ele estava descalço e tinha tatuagens em todo o tronco. Seu rosto parecia muito maltratado.

— Você tem cigarros, gringo?

— Sinto muito. Me levaram tudo.

— Você precisa de um bom advogado, senão a coisa vai ficar preta pra você. Eles podem te dar 4 anos, ou até 12.

Quatro anos, ou até 12. Somente o pensamento de ter de agüentar 4 anos, na melhor das hipóteses, estava além de minhas forças. Até agora eu só havia visto delegacias de polícia por fora, nem se fala, então, de um presídio. Eu havia escolhido entrar na vida de presidiário da maneira mais desfavorável possível, e tinha logo passado por cima de todas as etapas e me apresentado direto para a prova de mestre.

E a comissão de avaliação já estava me esperando na sala de interrogatório. A sala não tinha janela e era bastante grande, de aproximadamente 4 por 10 metros. A falta de janela reforçava a sensação de estar perdido. Era como se uma voz me sussurrasse que eu nunca mais sairia dali. Tudo naquela sala era velho e em péssimas condições. Das paredes desprendiam-se grandes pedaços daquilo que fora outrora uma tinta verde. Embaixo, havia simples reboco. A mobília da sala era mínima. Havia um grande arquivo e uma mesa bamba de madeira, atrás da qual estava sentado o delegado, o chefe do plantão de polícia, que estava justamente ocupado em desejar aos seus filhos uma boa noite, pelo telefone.

O único ornamento na parede era uma grande foto que o mostrava em uniforme de gala e, ao contrário daquele dia, perfeitamente barbeado. Diante da escrivaninha, que estava soterrada por montanhas de processos, a cadeira para interrogatório. Não se viam instrumentos de tortura, como eletrodos. Depois da viagem na *minna* de terror, tudo parecia possível.

Adentrei o cenário e fiquei feliz que finalmente alguma coisa estava acontecendo e que já não estava entregue aos meus próprios pensamentos torturantes.

— Sente-se, gringo! Parabéns, você escolheu o lugar mais bonito da Terra. Feliz Natal!

Sentei-me, olhei cuidadosamente o delegado no rosto e deixei meu olhar vagar de um ao outro. Em pé, atrás, havia três inspetores à paisana da delegacia de entorpecentes, como eu desconfiava.

— Feliz Natal, obrigado. Eu também poderia ter imaginado algo melhor — disse, receoso.

— Escuta bem, gringo. Você só tem uma chance se quiser sair são e salvo desta situação. Você nos conta onde conseguiu esse negócio e pode se sentar no avião daqui a 3 horas. No fundo, não estamos interessados em você. Queremos os homens que estão por trás.

O delegado empurrou um maço de cigarros na minha direção e ofereceu-me uma xícara de café. Ele estava de bom humor e não me passou despercebido que todos os presentes haviam amplamente testado minha mercadoria. O delegado fungava constantemente e não se preocupava em esconder de mim que estava doidão de cocaína. Havia até vestígios de pó grudados em seu farto bigode.

— É bom o negócio que você tem aí.

Era para chorar. Ali estava eu, preso, sentado em uma cadeira de interrogatório, e aqueles que eram pagos pelo Estado para combater o tráfico de entorpecentes curtiam uma noitada boa com a minha cocaína e nem sequer tomavam providências para esconder o fato de mim.

Entregar Antônio e o Boliviano era algo fora de questão para mim. Já bastava que um de nós estivesse pendurado. A perspectiva de pegar o avião dentro de poucas horas era tentadora, mas era boa demais para ser verdade. E delatores não vivem muito no Brasil.

Num canto havia um garrafão de água e um porta-copos de plástico.

— Eu preciso beber alguma coisa. Posso tomar água? — Eu estava morrendo de sede.

— Claro, sirva-se e depois conte pra gente tudo o que sabe!

Primeiro, matar a sede. Eu partia da suposição de que a gentileza se transformaria logo, quando eu relatasse minha versão da história. Quem sabe se, depois, ainda iria poder beber tão generosamente?

— Eu comprei a coca de um mulato em Copacabana. Ele me fez um preço bom, e como na Alemanha não consigo dessa mercadoria, quis levar comigo um estoque suficiente. Isso é tudo!

O delegado e os inspetores se entreolharam, achando graça.

— Você está louco? Você não está pensando seriamente em contar pra gente uma historinha de Natal? O conto do negro que, por um acaso, oferece a um gringo a melhor cocaína. Como chama esse cara gentil e como é que ele é?

— Ele se chama Jesus e é bem escuro, tem cabelo crespo e é bem magro, talvez uns 30 anos de idade.

De repente, alguém me bateu de lado com a mão aberta no rosto, com toda a força. Caí, com a cadeira, e procurei, ao me levantar, manter a pose.

— Esta você mereceu não por causa da coca, mas por causa da história do mulato!

Minha cabeça foi puxada para trás com força. De repente, a lâmpada da escrivaninha também estava virada para mim. Uma luz forte e penetrante, não tão fraca quanto a iluminação do teto.

— É sua última chance. Nome e endereço do sujeito. Pense bem! Você não quer amargar anos de cadeia por causa dele. Depois, você pode pegar seu avião.

Eu estava com medo. Quando havia sido levado para a sala, a atmosfera estava descontraída, sim, quase alegre. Agora eu estava exposto à arbitrariedade deles. Podiam fazer comigo o que bem entendessem.

— Não posso dizer mais nada. Foi realmente assim. Não conheço o homem!

Um chute por trás contra a cadeira me jogou até quase diante do nariz do delegado. Na tentativa de me segurar, derrubei montanhas de processos no chão.

— O alemão oferece resistência e agride o delegado — gritou um inspetor de barba cheia, que até então não havia proferido uma única palavra. De todos, na realidade, ele é que tinha o rosto mais bondoso. — Talvez a gente devesse deixá-lo experimentar o cassetete.

No meu pânico, comecei a juntar os processos e os papéis espalhados, só para não aborrecer ainda mais os policiais. Então choveu pancada. Deixei que isso acontecesse com o máximo de virilidade possível. Não se pode imaginar o que o corpo é capaz de agüentar.

A posteriori, sei que o tratamento que recebi naquela noite poderia quase ser qualificado como terno, em comparação com as surras que os brasileiros levavam. Dentes eram arrancados à pancada e os golpes com o cassetete quebravam os ossos. Os guardiões da ordem não brincavam em serviço com os criminosos. Quando ainda se conseguia cambalear para fora da sala sobre as próprias pernas, era muita sorte. Eu também recebi chutes e socos, só que, comparado com o que os brasileiros tinham de suportar, podiam ser considerados palmadas inofensivas no bumbum. Somente a circunstância de ser estrangeiro me valera para que os funcionários não me tratassem de forma ainda mais brutal. Naturalmente, sabiam que em algum momento o Consulado se manifestaria.

Com o rosto contorcido de dor, eu segurava meu abdômen e procurava manter a compostura.

— E agora, gringo? Não torne a nossa tarefa tão difícil!

— Eu queria cigarros.

— Que cigarros? — perguntou o delegado, irritado.

— Eu ainda tenho cigarros na minha bagagem. Ou posso comprar alguns?

— Que bagagem e que dinheiro?

Os quatro estremeciam de tanto rir. Eu havia imaginado minha entrada no lucrativo tráfico de drogas de forma diferente.

— Mesmo que vocês me matem a pauladas. Eu não posso lhes dar nenhum nome, porque não conheço o sujeito! — Que fizessem o que bem entendessem. Eu havia chegado a um ponto em que já não tinha mais medo. Que me matassem a pauladas!

— Está bem, alemão. Você escolheu. Isto aqui foi só uma pequena amostra daquilo que ainda vem por aí. Nossas cadeias não são clínicas de repouso. Lá, as pessoas curtem carne fresca. A gente muda quando fica anos sem mulher. Você vai chupar muito pau, meu amigo! Levem ele embora!

Levaram-me de volta para a cela. Pouco tempo depois, a porta se abriu outra vez e eu fui submetido ao mesmo procedimento, mas também dessa vez permaneci firme na minha versão.

Em algum momento, eu tinha perdido totalmente qualquer noção de tempo, me enrosquei num canto da cela e adormeci no piso de pedra úmido. Eu simplesmente não agüentava mais. O medo não era palpável e o instinto de preservação entrou em funcionamento.

Eu não sabia quanto tempo havia ficado deitado ali no chão duro, mas, assim que despertei, a realidade atingiu-me como um golpe de marreta. Ao acordar, deslizei sem transição para um pesadelo pavoroso. Todas as experiências da noite anterior voltaram de repente. Meu corpo inteiro doía por causa das pancadas e também por causa do local inadequado para dormir. Cada osso doía. Minhas roupas estavam encharcadas de suor, rasgadas, imundas. Sentia uma sede insuportável e a torneira da cela estava fechada, para meu desespero. À minha volta, nas outras celas, havia grande movimentação e gritaria. Constantemente, chegavam novos detentos, entre eles, homens que eram trazidos da sala de interrogatório num estado pavoroso. Tão ruim que era preciso arrastá-los para dentro de suas celas. Os presos gritavam palavrões e ofensas contra Deus e o mundo. Uma olhada bastava para perceber que se tratava de raia miúda. Pequenos traficantes e pobres-diabos que haviam sido apanhados em flagrante pela justiça brasileira.

Eu permaneceria por 6 dias nessa carceragem na polícia. Finalmente, os funcionários deram-se por satisfeitos com as minhas declarações. Eu estava em compasso de espera, ainda não possuía uma fonte de informação confiável que poderia questionar acerca de minhas perspectivas. Tudo o que ouvira até então variava entre 3 horas, até o próximo avião, ou 30 anos, que pairavam sobre mim no pior dos casos.

A rotina estabeleceu-se. As horas podiam ser calculadas de acordo com o momento das refeições. Como a luz do dia não entrava naquele calabouço de pedra, perdia-se a noção do tempo. Cedo, havia um copo de café e uma fatia de pão com manteiga. Por volta do meio-dia, a porta era aberta pela segunda vez e um faz-tudo trazia o almoço. Era um ex-presidiário que havia sido admitido numa atividade de confiança na praça Mauá e ia buscar a comida de uma cozinha industrial nas proximidades. Deve-se dizer, sobre isso, que as refeições eram simples, mas boas.

À noite, chá, pão, um pouco de chouriço e queijo.

Na parte da manhã, a água era aberta durante 30 minutos. Esse era o momento adequado para fazer suas grandes necessidades. Por falta de papel higiênico, eu lavava meu traseiro com água. O vaso sanitário era um buraco no chão, do qual era impossível retirar água. Fedia bestialmente. Por necessidade, eu tentava manter um mínimo de higiene, que se limitava a esfregar as axilas e o corpo com água, sem sabão. Quem não recebia a visita de um advogado ou de parentes também não tinha escova de dentes. O preso só recebe alimentação. Todo o resto ele deve mandar vir de fora.

Conseqüentemente, eu não tinha escova de dentes, e a única coisa que podia fazer era enxaguar a boca com água. Não havia privacidade alguma. Todos podiam olhar quando alguém se ajoelhava sobre o buraco no chão. Meu estado de espírito correspondia a meu aspecto externo. Eu estava abandonado à quase animalidade. Eu procurava dormir o máximo possível e esperava que algo acontecesse.

Um dos guardas me deu um jornal para ler.

— Veja só, gringo. Você virou manchete!

Espantado, li um artigo sobre mim e minha prisão no aeroporto. Apresentado de forma espalhafatosa e com uma manchete gigantesca. Ao ler aquilo, parecia que havia sido preso um traficante internacional de drogas. O guarda não dava sinal de querer ir embora.

— Quanto vale essa coisa na Alemanha? — perguntou, curioso.

Eu não sabia ao certo o que devia responder. Se dissesse a verdade, então já não corresponderia à versão do consumo próprio. Mas se eu fingisse não saber, ele poderia achar que eu estava gozando com a cara dele. Respondi de acordo com a verdade:

— Duzentos mil marcos.

— Não há de ser nada. Pelo menos, você tentou. Talvez dê certo da próxima vez. Você pode guardar o jornal como lembrança.

Gestos humanos como esse aliviavam-me durante o dia. O espírito é modesto, não precisa de muito. Os outros presos interrogavam-me o tempo todo. Cada um já sabia a razão pela qual eu estava ali. Desde o início, esforcei-me para me comunicar claramente. Eu prestava muita atenção para não ser mal-entendido. Não queria criar inimigos ao falar palavras impensadas, já que estava certo de que me transfeririam para outra prisão. E muitos outros também, que estavam ali comigo na delegacia. Era melhor que não se lembrassem de mim como uma besta arrogante e antipática. Eu conhecia o artigo de jornal sobre mim de cor, bem como o resto da página. Eu ansiava pela transferência e, acima de tudo, queria finalmente saber o que aconteceria comigo. Os outros ocupantes das celas já se alegravam de sair da praça Mauá. Muitos tinham seus amigos na cadeia. Lá havia maconha e coca. Lá eles se sentiam um pouco como se estivessem em casa.

Alguns presos recebiam visita. Meu companheiro de cela também. O advogado lhe trouxe um pacote de cigarros, que ele distribuiu entre todos os presos. Ele também me deu um cigarro. Como não-fumante, a situação na cadeia era mais fácil para ele. Eu teria de parar de fumar, a não ser que ocorresse um milagre.

Com 1 dia de antecedência, fui avisado de que me transfeririam para Água Santa. Esse local tinha virado folclore no ambiente da prisão. Meus companheiros de detenção relatavam coisas terríveis de lá. Água Santa era uma penitenciária de segurança máxima e lá estavam os piores criminosos. Em parte, condenados a mais de 100 anos. Água Santa era um sinônimo de inferno, e todos que já haviam estado lá não desejavam nada com mais intensidade do que ser transferidos para outra instituição. Aquela cadeia devia se tornar minha próxima parada.

2ª PARTE

ÁGUA SANTA

De manhã, ainda teve café-da-manhã para mim na carceragem da polícia, pela última vez. Uma fatia de pão com manteiga e um substituto de café. Eu não tinha nada para levar. Haviam-me tirado meus tênis 2 dias antes, para examinar mais uma vez exaustivamente as solas, em busca de um esconderijo para drogas. Portanto, eu estava descalço e usava apenas uma cueca, uma calça jeans e uma camiseta. Fui vestido assim, com outros cinco, para a bem protegida garagem subterrânea. Com as mãos atadas nas costas, entrei pela segunda vez na *minna* de terror. Amarrado como um animal, lá ia eu para o desconhecido, com outros prisioneiros. Eles gritavam ininterruptamente e xingavam os motoristas de filhos-da-puta, e prometiam que um dia iam transar com as mães deles. Os motoristas vingavam-se com manobras bruscas, nas quais se batia com a cabeça até sangrar.

O transporte era tão apavorante que até a chegada em Água Santa parecia uma redenção. O carro parou. Já estávamos dentro da penitenciária e fomos recebidos por guardas armados com metralhadoras. Não havia um rosto gentil entre eles. Na realidade, os funcionários tinham os mesmos semblantes de criminoso que os presidiários, com a diferença de que eles usavam uniforme.

Fomos escoltados por quatro guardas para a área de acesso. Chegando a uma cela vazia, adjacente a um banheiro, fomos rudemente ordenados a tirar toda a roupa. Poucas vezes eu vira instalações tão precárias em funcionamento. Por toda parte, pedra nua, uma estrutura tão antiga que dava medo. Cada palavra produzia eco. Tudo estava enferrujado e quebradiço.

— Seus esfarrapados imundos! É hora de se lavarem. Nunca antes eu vi um bando tão piolhento e decadente como vocês, seus perdedores. É hora de uma desinfecção, para que pareçam gente novamente!

Certamente, o carcereiro dizia isso sempre que um novo grupo chegava.

O banheiro estava limpo, mas as instalações sanitárias eram aquém de qualquer descrição. Tubos enferrujados, dos quais a água saía fraca, quase relutante. Na maioria, faltava o chuveiro. Tudo era velho e torto.

As pias eram de chapa, cheias de mossas. Havia tempo que o esmalte sumira. Um cheiro intenso de suor pairava no ar, como uma redoma sobre nós. Pudemos ensaboar-nos. Foram distribuídos três pedaços de sabão. Dois presos tinham que dividir cada pedaço. A última vez que eu havia tomado banho tinha sido no meu apartamento. Já fazia sete dias. Finalmente, tomei uma chuveirada! Sentia-me como um animal. Fazia mais de uma semana que eu não cortava as unhas e, diga-se de passagem, eu sempre atribuíra grande valor a mãos perfeitamente cuidadas. Em minha bagagem havia um caro *nécessaire* para unhas que, provavelmente, o delegado estaria usando para cuidar de seus pés. Minha barba estava crescida. Não havia lâminas — nada de se barbear! Sem pente, tampouco se podia pentear-se; e se havia uma sensação que fazia com que a pessoa sentisse, conscientemente, a cada segundo do dia, o quanto estava abandonada e entregue ao apodrecimento era devido àquele gosto rançoso, nojento e pastoso na boca. Privado de higiene bucal, já não se é um ser humano, mas um bicho!

A ducha foi um alívio, e contribuiu para que meu estado de espírito melhorasse um pouco. Estava insuportavelmente quente. Não havia toalhas para se enxugar. Luxo desnecessário! Tudo parecia uma piada surrealista. A apenas alguns quilômetros, o Rio estivera a meus pés, e eu havia levado uma vida de playboy, e ali estava eu, feliz e agradecido por poder ensaboar-me. Os brasileiros riam e brincavam, falavam sobre futebol e mulheres. Em pensamento, estavam desligados da dura realidade. Eu já não tinha vontade de rir. Eu ainda não tinha a menor idéia de quanto tempo meu martírio iria durar.

— Então, seus filhos-da-puta, chega de banho. Agora vamos distribuir as suítes para vocês. Você também, gringo! Quase tão boas quanto as do Palace Hotel, só que vocês não precisam pagar aluguel!

Provavelmente, isso também era uma atitude rotineira. Todas as roupas foram levadas para o depósito, excetuando as cuecas. Os carcereiros resolveram fazer uma brincadeira à minha custa e me privaram até da cueca. Fiquei nu como Deus me havia criado. Os outros brasileiros puderam pelo menos ficar de cueca. Nos tempos antigos, os escravos devem ter se sentido assim quando eram leiloados na praça do mercado. Então, fomos distribuídos pelas celas. Um guarda me acompanhou. Meu pedido para que me deixassem ficar com a cueca não foi atendido.

— Você vai receber suas roupas mais tarde, depois que forem lavadas — foi a resposta que ouvi. Como objetei que todos os outros puderam ficar com suas cuecas, recebi um empurrão pelas costas. — Siga em frente, gringo, aqui não existe bônus para os estrangeiros.

Caso alguém me perguntasse qual foi a pior experiência durante minha detenção, eu colocaria, em primeiro lugar, a viagem na *minna* do terror. Logo em seguida, na lista, estaria minha caminhada degradante pelo presídio.

Assim que passamos pela porta gradeada do prédio principal, que vou chamar pateticamente de ante-sala do inferno, a gritaria dos condenados invadiu meus ouvidos. Entrei no pavimento térreo do setor de celas, que possuía quatro andares. De cada lado havia oito celas, nas quais estavam amontoados aproximadamente 30 presos num espaço de 4 metros por 6. Cada nova chegada era aguardada com expectativa. Na cadeia, as notícias se espalham extremamente rápido. Já se sabia com antecedência quem ia chegar. Como estrangeiro, e ainda por cima por ser alemão, eu era considerado algo especial. Minha história do aeroporto já era conhecida por todos. Naquele dia, eu era a atração, e minha chegada era aguardada com alguma curiosidade. Pode-se imaginar a cacofonia produzida por centenas de pessoas, todas gritando ao mesmo tempo. Do ponto de vista da intensidade, poder-se-ia compará-la à de uma torcida no estádio de futebol na hora do gol. Atrás das barras em treliças havia um formigueiro: rostos, corpos que se apertavam contra elas, agitando os braços. Figuras esfarrapadas, sorrisos desdentados e de escárnio, ofensas e assovios repetidos agressivamente, como se uma loura de minissaia estivesse passando diante de uma obra. Como no zoológico, quando os macacos sacodem as grades, irritados.

— Olhem só, lá vem a puta alemã. Você tem um cuzinho gostoso, precisa de uma boa enrabada. Olalá!

E eu, pelado, para a alegria de todos. O guarda andava na frente. Eu procurava manter a pose e não me movia, como alguém que, envergonhado, procura esconder sua genitália com as mãos. Caminhava atrás do guarda como se estivesse vestido. O que viria a seguir? Era impensável que eu passasse minha vida como puta da cadeia. Mas o que aconteceria quando me empurrassem para dentro de uma daquelas celas nas quais havia 30 ou mais pessoas? O que aconteceria se um atrás do outro me violentasse? "Você vai chupar muito pau, gringo", vaticinara o delegado. Minha estada em Água Santa seria assim? Resolvi, caso chegasse a esse ponto, arrancar a dentadas o pau imundo daquele que tentasse qualquer coisa, ainda que isso fosse minha sentença de morte. O guarda movia-se como um transeunte preguiçoso, que tem todo o tempo. O processo de exibição levou-me por todos os quatro andares.

Não aconteceu o pior porque eu era estrangeiro e fui colocado em uma cela separada. Gravada acima da entrada havia a palavra "Internacional". Isso é que se pode chamar de salvação em caso extremo, e foi uma surpresa com a qual eu já não contava mais. Enquanto nos encaminhávamos para a cela, eu tive um medo enorme e sentia-me como se fossem me jogar para ser devorado pelas feras.

Contrariamente ao que acontecia nas outras celas, minha chegada era esperada com curiosidade, porém não foi acompanhada de gritos e com o sacudir de grades. Imediatamente, dava para sentir uma diferença em relação às demais celas.

Entrei de cabeça erguida e procurei um cantinho onde pudesse me sentar ou ficar de pé. Muito embora logo soubesse que nada aconteceria comigo naquela cela, eu ainda estava muito irritado por causa da superexposição. Havia 5 beliches para 24 presos. Caso fôssemos distribuídos pela área disponível, na prática, cada um teria 1 metro quadrado para si. A proximidade física dos outros era tão insuportável que dava vontade de não respirar. Ao realizar qualquer pequeno movimento, podia-se invadir o território do outro. Sentia-me como dentro de um ônibus superlotado. E, além disso, eu ainda estava completamente pelado.

— Olá, gente, meu nome é Rodger — disse, para dizer alguma coisa.

De minha parte, eu não podia fazer nada mais. Esperava que os outros fossem gentis comigo e me mostrassem como me vestir e acabar com o constrangimento. Enfim, eu esperava por uma palavra amiga e uma calça, até mesmo apenas uma toalha. Uma olhada ao meu redor bastava para perceber que meus companheiros de cela eram de todos os cantos do mundo. Via-me ali no meio de nigerianos, norte-americanos, holandeses, uruguaios, argentinos, belgas, austríacos, franceses e até um velho chinês. Descobri um cantinho livre junto da parede. Sentei-me com cuidado e torci para alguém me dar um cigarro.

Naturalmente, a vida da cela não seguia seu curso habitual naquele dia. As pessoas me olhavam o tempo todo, me examinavam. Por um lado, um novo preso nunca era bem-visto, porque o local ficava ainda mais reduzido. Por outro lado, entretanto, era uma mudança no triste dia-a-dia da prisão.

Tom, um veterano do Vietnã, meu deu a mão e as boas-vindas.

— Cigarro?

Eu me senti melhor. Fumar fazia infinitamente bem. Eu estava sentado com a bunda nua no chão. Um africano muito magro se aproximou de mim sorrindo e disse:

— Vista isto aqui. Eu empresto até que você consiga alguma coisa! — Ele me jogou um velho short de ginástica desbotado no colo.

Nunca antes na minha vida eu havia recebido um presente mais valioso. Quase me senti novamente como um ser humano. Nas horas seguintes, contei o que havia acontecido comigo no aeroporto. A maior parte dos estrangeiros estava presa no Brasil por causa de contrabando de cocaína. As possibilidades de lucro eram demasiadamente atraentes para não seduzir aventureiros e desesperados: traficantes, mulas com falta de sorte e também viciados, que contavam com os preços mais baratos. Somente Helmut, um austríaco, estava preso por causa de cheques sem fundos. Mais tarde apareceu também o Bernd, que fora apanhado com um passaporte falso. Porém, todos os outros companheiros de infortúnio, sem exceção, estavam presos em Água Santa por causa de drogas.

A convivência era regulada por regras predeterminadas. Dez camas para 25 pessoas significava dormir em turnos. Os que haviam chegado por último não tinham direito algum a uma cama e deviam se contentar com o chão. Aplicava-se o princípio da rotatividade. Quem possuía meios comprava um colchonete fino para usufruir de um mínimo de conforto. Os que não tinham dinheiro, isto é, pessoas como eu, dormiam sobre a laje. A instituição não fornecia nada. Naquele tempo, eu aprendi muito sobre mim e a vida. Principalmente, quão pouco era necessário para existir. Eu sempre tivera facilidade para dormir, independentemente de estar num ambiente desconhecido ou do horário. O sono nunca me abandonara. Era muito desconfortável, mas, de alguma maneira, eu conseguia dormir. Meu corpo simplesmente se acostumou com o desconforto. Mesmo o chão sendo muito duro.

Durante o dia esforçava-me para não perturbar ninguém, e também domava minha vontade de pedir cigarros. Não queria ser visto como fracote, nem pedir favores. Resolvi ficar quieto no meu canto e aguardar. A vida num espaço tão reduzido exigia o máximo de disciplina e consideração recíproca. Cada passo e cada palavra tinham de ser bem pensados. Instintivamente, evitava-se olhar os outros nos olhos. Teria sido inapropriado lançar olhares demasiadamente curiosos. Isso também pertencia à etiqueta da prisão. Um olhar franco, que em circunstâncias normais nem sequer seria notado, podia ser interpretado como inapropriado e invasivo naquele espaço superpovoado. Mesmo assim, eu me sentia bem estando com companheiros de infortúnio. Era mais fácil suportar o pior destino, desde que não fosse sozinho. Eu era o mais novo de todos. Tratavam-me com certa consideração. Meu delito não era do tipo que as pessoas se envergonhavam. Até mesmo os brasileiros das celas vizinhas deixavam transparecer que tinham algum respeito por mim. Um quilo de cocaína não era nenhuma bagatela e, aos olhos dos brasileiros, eu não era um gatuno. Era preciso ter coragem para contrabandear drogas pela alfândega. Não era um crime "covarde". Nem gostaria de pensar como seria estar preso no Brasil por causa de estupro ou de corrupção de menores. Esses delitos não são bem-vistos em parte alguma do mundo, mas no Brasil a chance de sair vivo é, praticamente, inexistente.

Aos poucos, aprendi a conhecer meus companheiros de prisão, mas sempre me mantive reticente e nunca tomei a iniciativa de me dirigir a eles. Não que eu fosse tímido, mas porque, na hierarquia, eu era o de "nível inferior". Esse comportamento também era condizente com minha natureza individualista, e também aprendi com a vida que é sempre melhor manter a boca fechada e aguardar, observar primeiro.

Meu vestuário havia sido complementado. Agora eu usava uma camiseta que Tom, o americano, me dera de presente. Ele era um homem de poucas palavras e, como já mencionei, um mercenário. Inicialmente, nossas conversas não passavam de um sucinto "Hello". Como eu, Tom tinha sido preso no aeroporto. Com a diferença de que, no caso dele, tinham sido 2 quilos. Ele havia contrabandeado regularmente 2 quilos de cocaína para

Amsterdã. Recebia visitas de advogados e podia se dar ao luxo de usufruir de pequenos previlégios, como cigarros, roupas novas, artigos de higiene pessoal e uma comida melhor. Justamente tudo o que se pode conseguir com dinheiro dentro dos muros do presídio. Meu inglês era bom e fui até sua cama para agradecer pela camisa. Primeiro, pensei que ele não queria levantar os olhos da *Times*. Como um superior de alto escalão, que deixa que os seus funcionários de baixo nível sintam qual é a posição que ocupam e não pára de folhear seus papéis. Tom ocupava a parte de baixo de um beliche. Ficamos conversando um pouco, e no começo nos entendemos bem, até que ele começou a falar sobre o Vietnã e a se vangloriar de ter abatido muitos vietcongues. Isso não me impressionou muito e nunca nos tornamos realmente amigos. Mesmo assim, eu fiquei muito agradecido pela camisa.

Uma experiência particular foi meu encontro com Eddy. Eu sabia, pelo comentário de outros presos, que ele trabalhava com enormes quantidades de drogas, na ordem de toneladas, e era um peixe muito graúdo no negócio. Lidava com cartéis e comprava mercadoria quase que diretamente do produtor. Seu truque consistia em esconder a droga em filtros para piscinas. Eddy estava sempre com dois argentinos estranhos, que se comportavam como guarda-costas e quase nunca falavam. Minha determinação juvenil impressionou Eddy e ele me elogiou pela minha iniciativa e me incentivou a fazer melhor da próxima vez. Eddy era da Antuérpia.

Tinha 50 anos de idade e me lembrava Tim, o repórter das revistas em quadrinhos. Havia sido dirigente de um banco internacional e falava 8 idiomas fluentemente. Um verdadeiro cidadão do mundo. De certa forma, era paradoxal conhecer uma pessoa tão extraordinária em tais circunstâncias. Eddy também era uma pessoa que raramente abria a boca. Ele tinha uma aura totalmente especial, que me fascinava. Pode-se dizer que ele era a imagem de tudo aquilo com que eu havia sonhado no início de minha carreira como traficante de drogas.

Logo constatei que eu era um daqueles que melhor falavam português na cela, o que se tornaria uma vantagem enorme. Retrospectivamente, acho que esse era também um dos motivos por que Eddy, de vez em quando, se dirigia a mim. Eddy também falava um português bem razoável; não tão bem quanto eu, mas o suficiente para se virar sem a ajuda de outras pessoas. Uma vez, ele quis saber o que era o pior para mim em Água Santa.

— Não poder escovar os dentes. Eu me sinto um merda — respondi sem pensar duas vezes.

Ele levantou-se e tomou uma escova de dentes de seu *nécessaire* e um tubo de pasta de dentes já utilizado.

— Aqui, tome! Você não tem ninguém que o visite e lhe mande dinheiro? Um advogado ou o Consulado?

— Até agora estou completamente abandonado e, na realidade, não tenho a menor noção de como as coisas vão se desenrolar. — Fui sincero. Eu estava sozinho e não tinha ninguém que me desse apoio.

Depois de mim, chegou um nigeriano, que foi acolhido com grande alvoroço por dois conterrâneos que já estavam presos havia alguns meses.

Esse recém-chegado também me forneceu uma explicação para a necessidade de controlar o esfíncter. Ele tinha escondido no ânus grande quantidade de crack. Crack é cocaína enriquecida com fermento em pó, e é exclusivamente fumado. Naquela época, eu ainda não conhecia isso. No caso do nigeriano, a polícia fora negligente. Involuntariamente, eu imaginava como, durante todos aqueles dias na carceragem da polícia, ele tinha evacuado o saco e depois tornado a enfiá-lo no traseiro, com os dedos lambuzados de merda.

Os três estavam fora de si com a alegria do reencontro. Incansavelmente, davam-se tapinhas nas costas e abraçavam-se, radiantes de alegria. Então, a festa ia começar. Eles haviam se instalado confortavelmente sobre uma cama e começado a fumar crack. Um cachimbo fora improvisado rapidamente. Para tanto, bastava uma lata de Coca-Cola. Com um garfo, fizeram alguns pequenos furos no fundo da lata, que cobriram com cinzas de cigarro. Posicionaram uma pequena pedra de crack em cima; levavam a abertura da lata à boca e aspiravam com força. Imediatamente, a droga fazia seu efeito encantador. Os três nigerianos ficaram rapidamente num humor fantástico e julgavam estar no sétimo céu, pareciam ter esquecido completamente que se encontravam numa cela miserável.

O nigeriano havia guardado um torrão bastante grande no rabo. Pelo tamanho, avaliei pelo menos uns 50 gramas. Generosos, os camaradas passaram a lata para os outros detentos. Para mim também. Que coisa dos diabos! Juro que todas as minhas preocupações acabaram. Esse crack era uma coisa! Naturalmente, tratava-se de uma festa entre os nigerianos, mas, como eles também cederam um pouco da droga para os outros, logo toda a cela estava com o ânimo exaltado.

À noite, encolhi-me no meu canto, tirei a camiseta e ajeitei-a como suporte para minha cabeça. Um pouco antes tinha escovado os dentes com prazer. Para mim, isso era ainda mais sublime que a melhor cocaína do mundo. Naturalmente, a tentação de me aproximar dos nigerianos era grande. Assim como alguns outros, que nunca conseguiam ficar satisfeitos. Não obstante, decidi deitar-me. Quando a coisa está no auge, é o momento de dar o fora.

O despertar. O presídio acordava. Os funcionários iam passando na frente das celas e arrastando um porrete pelas grades, o que produzia um barulho infernal. Havia a distribuição do café-da-manhã. Uma bebida marrom que não merecia o nome de café e um pedaço de pão. A expressão *a pão e água* refere-se adequadamente à alimentação em Água Santa. Os nigerianos ainda estavam à toda, faziam circular a lata ininterruptamente e abriram mão do desjejum. Isso continuou assim: durante três dias inteirinhos ficaram sentados na cama e não fizeram nada além de fumar crack. Não haviam dormido sequer uma hora. Mas em algum momento a droga começou a chegar ao fim. O pedaço original, que tivera o tamanho de um ovo de galinha, havia derretido para o de uma bolinha pequena. A atmosfera piorou e ficou mais agressiva. Tudo apontava para um confronto. Em algum momento, também a migalha foi consumida. A sensação de ser invencível desapareceu e, em vez disso, a depressão se instalou. Agora a brincadeira havia terminado. Com o olhar desorientado, cada centímetro do chão foi inspecionado à cata de restos que podiam ter caído por descuido, quando ainda havia bastante para curtir. Os nigerianos conseguiram encontrar alguns pedacinhos, que então foram fumados em meio a gritos e brigas. Dá para imaginar três homens se arrastando pelo chão, com olhos vermelhos e mãos trêmulas, procurando restos da droga? Uma cena medonha! A situação ficou cada vez pior, já que nenhum deles queria ceder o primeiro trago ao outro. Além disso, acusavam-se de ter secretamente escondido um bocado. De que outra maneira, então, um pedaço tão gigantesco teria evaporado tão rapidamente? Eu os observava do outro lado da cela e mantinha conscientemente uma distância segura. Os outros, que durante os últimos dias haviam participado da droga, também se retraíam. Por que diabos os nigerianos simplesmente não se deitavam? Não é tão simples quando se ficou louco de tanto fumar crack!

De repente, começou a pancadaria. Como cães de briga, os nigerianos partiram uns para cima dos outros e se bateram até as cabeças começarem a sangrar. Já havia muito que todos os outros também haviam se retraído, na medida do possível. Era como se um furacão se aproximasse e, por causa disso, todos procurassem um lugar protegido para não serem feridos por objetos que voavam. Até que um dos nigerianos bateu na cabeça de um de seus companheiros com uma garrafa, que se quebrou com estrondo. O sangue escorria pelo tronco dele, abundantemente. Tinha vários cortes profundos na cabeça. A loucura brilhava em seus olhos. Então, ele se jogou sobre os dois outros, que rolavam pelo chão. Enfurecido, chutava os companheiros com os pés descalços, atingindo-os em qualquer parte. Cabeças batiam no chão de cimento e nós podíamos ouvir dedos e narizes sendo quebrados. Os barulhos que ouvíamos eram tão medonhos que provocam intenso constrangimento. Ninguém em nossa cela tentou separar os três. Somente um cara cansado de viver poderia pensar nisso. Poucas horas antes, eles ainda eram os melhores amigos do mundo. Naturalmente, o tumulto na nossa cela podia ser ouvido em todo o prédio e, rápida como o vento, espalhou-se a notícia do que estava acontecendo. De repente, apareceram carcereiros na porta de nossa cela e a invadiram. Foram necessários oito homens para separar os três nigerianos.

Os funcionários não agiam com cuidado algum, eles batiam com os cassetetes nos desordeiros como se se tratasse de expulsar o demônio. Bateram com os grossos bastões nos nigerianos até eles não se mexerem mais, ficando inconscientes. Foram arrastados para fora. Havia sangue em toda parte: dentes arrancados a pauladas e tufos de cabelos. Nem sequer um matadouro poderia ter um aspecto pior. Foi um espetáculo pavoroso que meus olhos vislumbraram naquele dia. Mais tarde, acontecimentos desse tipo iriam ser rotineiros para mim.

Normalmente, três diferentes grupos eram enviados para Água Santa: presos sob investigação, em geral, presos condenados a penas particularmente elevadas, além do grupo daqueles que não encontravam outro lugar, porque possuíam inimigos em todas as outras penitenciárias do Rio.

Para nós, gringos, tudo isso era relativamente insignificante. Mais uma vez, chegaram novos estrangeiros: um francês, chamado Frederic, que tinha uma silhueta estranhamente forte e um rosto antipático; com ele, um homem mais velho. Parecia um asiático. Mais tarde ficou provado que era japonês. O mais macabro em seu aspecto era uma prótese de madeira que ele usava na perna direita. Ele havia tentado contrabandear 2 quilos de cocaína dentro dela. Eu sentia pena do velho. Não obstante, não se podia deixar enganar, já que se tratava de um inveterado traficante de drogas e que não havia praticado esse ato pela primeira vez. Ele permanecia o dia inteiro sem se mexer em posição de lótus, nem parecia estar ali. Só muito poucas vezes eu o ouvi falar. Também se tornou uma figura fascinante que eu nunca mais esqueceria. Contrariamente ao francês, tinha estilo. Frederic queria parecer importante e dava nos nervos dos outros. Era muito vaidoso por causa de seu corpo musculoso. Desde o início, implicou comigo. Porque eu era o mais novo, achava que podia me fazer de seu lacaio. Durante três dias ele me provocou sempre que pôde.

Quando me chamou de filho-da-puta e me acusou de transar com minha própria mãe, minha paciência acabou. Eu estava justamente sentado com Tom na parte superior do beliche. Na realidade, esse acontecimento não seria sequer digno de ser mencionado. Sempre considerei brigas um horror. Contudo, até o ser humano mais pacífico perde as estribeiras quando é provocado por muito tempo. Frederic nunca havia me importunado fisicamente, mas não perdia uma única oportunidade de implicar comigo. Provavelmente, confiava em que eu não me atreveria a atacá-lo devido à sua superioridade física. Mas aí é que ele se enganara redondamente, já que, de repente, eu me lancei sobre ele como um gavião e o atirei no chão. Ele nem percebeu o que estava acontecendo. Procurei bater a cabeça contra o piso. Frederic, entretanto, logo se recobrou, porque era mais forte que eu. Minha raiva dava-me forças que eu sequer suspeitara ter. Como um louco, mordi seu nariz e seu rosto.

Pouco depois, fui tirado de cima dele por quatro funcionários. Tudo foi tão rápido que não sei direito como aconteceu. Nem sei o que foi feito dele. Apenas constatei que todos ficaram felizes por ele ter ido embora, e meus colegas de cela declararam aos guardas que as provocações haviam partido dele. Não quero, de modo algum, me vangloriar, mas esse caso mostra claramente como estava meu estado de espírito na época e também como eu estava ficando embrutecido!

Os brasileiros haviam gostado. Agora eu já não era mais a puta alemã. No dia seguinte, restabeleceu-se a rotina.

Pegar a gororoba do almoço. Na maioria das vezes, havia feijão que só se poderia qualificar como feijoada com muito boa vontade. A feijoada era o prato típico da cozinha brasileira. Uma comida saborosa e simples, nutritiva e gostosa. A feijoada da prisão, ao contrário, era aguada e sem sabor. O arroz não lavado não tinha gosto de nada. Era preciso procurar com lupa os pedaços de paio ou de carne. Não obstante, era aconselhável familiarizar-se rapidamente com os alimentos, caso você quisesse sobreviver. De acordo com o bordão: "Jumento com fome, mandacaru come." Assim, eu não podia prescindir da comida e engolia, sem me queixar, tudo o que eu conseguia.

Era altamente recomendável ter bom relacionamento com o servente. De acordo com seu humor e sua simpatia, ele tinha o poder de encher a concha corretamente ou de servir apenas a metade. Caso ele não mexesse com vontade com a concha, a gamela recebia somente um bocado aguado. Minha sorte era que os brasileiros gostavam de mim. Quando da distribuição da comida, eu fazia piadas e era sempre gentil e bem-humorado. Principalmente, os brasileiros demonstravam que gostavam de mim por eu falar tão bem o português, e desde o incidente com Frederic, ainda mostravam respeito. Eu conseguia falar quase como um carioca. Como recompensa, sempre recebia uma concha cheia até à borda na minha gamela de lata.

À noite, havia chá e duas fatias de pão com manteiga. Seria inútil continuar a comentar a qualidade das refeições. O fato é que o rango tinha um gosto pavoroso. Nós não estávamos em uma clínica de repouso, e poderia ter sido ainda pior. No sentido estrito, o alimento era suficiente para a sobrevivência, mas o corpo encontrara dificuldades para criar resistência sem nutrientes. E era melhor não ficar doente.

Após duas semanas, recebi uma visita inesperada. Um guarda conduziu-me a uma sala onde um senhor bem-vestido, de quase 50 anos de idade, cabelos ondulados, de óculos, estava esperando por mim. Ele apresentou-se como dr. Riveiro, advogado de profissão.

— Oi, Rodger, sou seu advogado. Christina, sua amiga, esteve comigo e me encarregou de visitar você.

Não conseguia acreditar na minha sorte e fiz mil perguntas de uma vez. O advogado me deixara otimista.

— Pois é, Rodger, você se meteu numa verdadeira encrenca. Os jornais estavam cheios de matérias sobre o caso. Mas isso não é tão grave. Vou explicar como a coisa se desenvolve aqui no Brasil. Caso você tivesse sido ajudado por alguém no momento da detenção, seria possível peitar o delegado e você já teria sido solto há muito tempo. Mas é tarde demais. Agora o processo está no Ministério Público, mas ali também a regra é que todas as portas se abrem onde rola dinheiro. Com um parecer favorável e uma audiência com um juiz indulgente, você talvez se livre com dois anos, que cumprirá em regime semi-aberto, podendo jogar futebol o dia inteiro e receber visitas de mulheres. Mas a coisa também pode correr de outro jeito. Sem advogado e incentivos financeiros bem dosados, você vai ficar esperando eternamente por seu processo. E se tiver azar, pode pegar dez anos, que vai ter de cumprir nos piores buracos.

Como sempre, tudo girava em torno de dinheiro. Na realidade, isso era assim no mundo todo, só que aqui no Brasil a justiça parecia estar submetida completamente às leis da economia mercantil e sequer se esforçava por, pelo menos, manter as aparências. Desde que eu havia sido preso, aborrecia-me estar naquela situação por causa de miseráveis 2 mil dólares. Às vezes, quase sufocava me recriminando. Mas de onde eu ia tirar o dinheiro? Tinha poucas esperanças de conseguir com meus pais divorciados. Meu único amigo verdadeiro estava financeiramente numa situação muito difícil e eu não podia imaginar, mesmo que ele tivesse a melhor das boas intenções, como ele poderia levantar tanto dinheiro.

— Dr. Riveiro, por favor, seja mais objetivo — eu disse. — De quanto estamos falando?

— Acho que com 10 mil dólares dá para sair dessa. Nisso estão incluídos os meus honorários e também as necessárias subvenções.

Meu primeiro pensamento foi que eu estava fodido. Não conseguiria jamais levantar uma soma dessas. Mesmo assim, precisava ganhar tempo e manter o advogado feliz.

— Isso não vai ser problema — afirmei com convicção, mas sabendo que não era a realidade. — Vou escrever para a Alemanha e pedir que me enviem o dinheiro.

— Muito bem, confie em mim. Vamos fazer o melhor possível. Estão tratando você bem?

— Sim, as pessoas são gentis e, tirando todos os inconvenientes, não posso me queixar. — Continuei fiel à minha linha, que era não fazer o papel de filhinho de mamãe. O advogado me deu esperanças e, na despedida, deixou dois maços de Hollywood, selos e um pouco de dinheiro. No Brasil, era permitido ter algum dinheiro na prisão, ao contrário do que ocorre na Alemanha, onde os presos não têm esse direito.

— Eu volto para ver você dentro de duas semanas. Christina disse que também quer vir. Não desanime, gringo!

Dessa vez, meu retorno para a cela não foi acompanhado por observações obscenas. Agora eu fazia parte da instituição, pertencia a ela e tinha um papel a desempenhar. Criei coragem e jurei a mim mesmo que não ia me deixar vencer. Primeiramente, não me sentia mais só e, em segundo lugar, agora eu tinha um pouco de dinheiro.

Dias depois fui procurado por um colaborador do Consulado alemão. Fui conduzido, novamente, à mesma sala de visita. A essa altura, eu já sabia vagamente o que me esperava. As conversas com o advogado, com os guardas, com o delegado e, principalmente, com os companheiros presos resultavam num quebra-cabeça que ia sendo completado. Agora o Consulado fechava o jogo e trazia-me a última informação.

O sr. Ebel era um tipo distante, de aproximadamente 35 anos de idade, que trajava roupas esportivas. A despeito do calor de verão, ele estava bastante pálido. Era seco e falava pouco e objetivamente.

— Isso foi a coisa mais estúpida que você poderia ter feito — foram suas primeiras palavras. — Sempre me pergunto como é que algumas pessoas tentam fazer uma coisa dessas. E, então, nós temos que ajudar!

Imediatamente percebi que poderia esperar pouco da parte dele.

— Agora já sei. Mas a situação está do jeito que está. Acredite, ninguém está mais chateado com essa história do que eu.

— Você recebe ajuda de casa? Tem advogado?

Enquanto eu explicava, ele tomava notas, numa caligrafia pequena, cheia de filigranas, com a concentração necessária a alguém que dá importância a seu trabalho e a si mesmo. Falei sobre o dr. Riveiro e os 10 mil dólares. Mas, acima de tudo, eu queria ouvir dele que minha situação não era tão desesperadora e que logo eu estaria livre.

— O que devo dizer? Se tiver sorte, o advogado vai ajeitar as coisas. Provavelmente, porém, ele só está lhe achacando e vai guardar o dinheiro para si. Para 1 quilo de cocaína, a pena varia entre quatro e 15 anos. Você deve contar com isso. É a prática.

Como ele me alegrava!

— Mas o senhor não pode me ajudar em nada? Para ser honesto, nem sei como é que vou pagar o advogado, muito menos como vou arranjar grana para subornos!

— Nisso, não podemos ajudar. Não temos obrigação de colocar um advogado à sua disposição. Você tinha que ter pensado nisso antes.

Aos poucos, comecei a me perguntar por que é que ele estava ali.

— Eu não tenho boa vontade com gente como você — continuou, olhando-me friamente. — Traficantes de drogas não merecem nada melhor. O que teria feito se tudo tivesse corrido bem? — Ele estacou brevemente e me olhou, avaliando-me. — Eu vou lhe dizer: você teria vendido a cocaína para viciar outras pessoas. Se, no canto mais recôndito do meu coração, eu consigo sentir um pouquinho de pena de você é somente por você ser ainda muito jovem e gritantemente ingênuo. Isso não poderia ter acabado mesmo bem. E se você tivesse conseguido... Em algum momento o tráfico de drogas devora todos os seus lacaios. Você é o exemplo mais gritante disso!

Eu estava quase dispensando a visita. Só faltava mesmo que ele me colocasse de castigo e puxasse minhas orelhas.

— Quer que notifiquemos alguém na Alemanha? Talvez sua mãe?

Eu havia escrito para ela dois dias antes, bem como para alguns outros amigos e conhecidos. Eram cartas desesperadas, pedindo ajuda.

— Informe minha mãe. É bem verdade que escrevi a ela, mas, se a carta se perder, não fará mal nenhum.

O sr. Ebel levantou-se, fechou seu caderno de notas e estendeu-me a mão.

— Poderia pelo menos me dar um pouco de dinheiro e cigarros? Não tenho nada e durmo no chão. Não posso sequer comprar uma escova de dentes.

— Na verdade, a contragosto. Acho repugnante lhe dar dinheiro. Mas, tudo bem, posso lhe adiantar um pouco. Assine este recibo!

Ele me entregou o equivalente a 50 marcos. Aquele homem poupava os impostos alemães. Uma quantia tão mesquinha, mas, mesmo assim...

— E para que veja que tenho boas intenções — disse e enfiou a mão na pasta —, vou lhe dar a última edição da *Spiegel*. Já li a revista toda. Vou voltar a visitá-lo. Caia em si. Aproveite o tempo e fique mais esperto, para que este seja o único erro de sua vida. Você ainda é jovem. Vai conseguir!

O Consulado, assim parecia, havia me enviado seu colaborador mais simpático. Concluí que não podia esperar grande ajuda deles.

No decorrer dos meses seguintes, pude constatar que as representações dos outros países eram substancialmente mais conciliadoras e mais generosas com seus conterrâneos. Os americanos, por exemplo, recebiam visitas semanais. Também emprestavam o dinheiro para cobrir os custos advocatícios, e o acompanhamento era, de forma geral, mais caloroso. Exatamente o contrário dos alemães. Ali era no chicote, pelo menos verbalmente. Para eles, eu era mais um processo a ser administrado formalmente do que um ser humano que se encontrava numa situação horrorosa e que procurava ajuda desesperadamente.

Todavia, me senti melhor depois daquela visita. Eu não tinha sido esquecido e não estava entregue à justiça brasileira tão desprotegido. O sr. Ebel me fornecera a última parte do quebra-cabeça, com a qual pude completar o jogo. Em pensamento, preparei-me para cinco anos!

A vida na cela era um tédio. Uma fina parede de pedra de aproximadamente 1 metro de altura servia de proteção visual quando se usava o toalete. Quando alguém se ajoelhava ali, ainda dava para ver a cabeça da pessoa. Considerando-se que havia cerca de 30 pessoas numa cela, o cantinho nunca estava vazio. Já que se dormia em turnos e que, às vezes, cada centímetro do chão estava ocupado, sempre havia alguém passando por cima dos outros para ir ao toalete. Além disso, o ar na cela estava sempre abafado e impregnado com o mau cheiro de excrementos humanos. Em algum momento, deixava-se de senti-lo. Uma vantagem para aqueles que, como nós, estrangeiros, viviam no último andar era que a parte posterior da cela estava aberta para cima, mas gradeada com grossas barras de ferro. Havia um posto da PM diretamente acima de nós. Pelo menos, dava para ver o céu, a chuva e o sol se levantar e se pôr. A maior vantagem era o ar livre. Imaginem, um pouco de ar livre, e um sopro de felicidade perpassava a alma. Mesmo assim, isso só era possível muito raramente, porque a área externa, que também não era grande, era ocupada, quase o tempo todo, por companheiros que dormiam.

Quem não tinha cama estava constantemente no caminho dos outros e tinha de pisar em ovos o dia inteiro. Quando chovia, e o espaço interno ficava ocupado, não era possível deixar de se molhar. Às vezes, isso era bem agradável, dependendo da estação do ano. Na verdade, os invernos no Brasil podem ser bem frios. Eu já vi o termômetro cair até 5 graus. As velhas paredes de concreto conduziam o frio de forma ainda mais intensa para o interior da cela. Às vezes, parecia estar numa geladeira. No inverno, cobríamos a área externa com plástico que prendíamos nas barras da grade. Isso ajudava a bloquear um pouco o vento frio. A falta de movimento também colaborava para reduzir nossa resistência.

Uma vez por dia, podíamos sair para um passeio pelo pátio. Chão de areia, desigual e acidentado. Duas balizas, feitas com sarrafos de madeira torta, pregados uns nos outros, marcavam o campo de futebol, que tinha aproximadamente a área de uma quadra de handebol. Durante o passeio no pátio, a maioria dos presos andava em círculos, conversando, e alguns corriam. Alguns estavam descalços, pois nem todos tinham dinheiro para comprar tênis. O resto ficava parado, em grupos. O ponto alto do ano era um torneio em que os melhores times jogavam entre si e para o qual também eram convidados times de fora, de outros presídios. Como já disse, somente os melhores podiam participar. Nós, os estrangeiros, tínhamos uma vaga garantida para esse torneio, mas todos os outros times precisavam qualificar-se num processo rígido de seleção.

Na minha cela, eu era quem mais entendia de futebol. Sem discussão, assumi a dupla função de treinador e de capitão. Em minha juventude, eu passava muito tempo no campo de futebol. Eu tinha quatro semanas para organizar um time competitivo. O material disponível na cela era limitado. Só havia quatro detentos que sabiam jogar um pouco de futebol: Alberto, muito bom de bola, mas fora de forma; Tom, que só conhecia futebol americano e que eu havia escalado para a defesa. "Você não pode deixar ninguém passar", eu lhe dizia; Pedro, o homem do Uruguai, nossa arma secreta; e, finalmente, eu mesmo. Eu não era nenhum Pelé, mas, sem dúvida, era melhor que os outros. Tivemos de disputar dois jogos para chegar à final, coisa que conseguimos por milagre.

Na final, enfrentamos o time de Bangu, cujo treinador era simultaneamente o chefe secreto de Água Santa. Ele era chamado de China. Dizia-se que, do lado de fora, ele havia trabalhado como matador profissional. Ele tinha o aspecto de Gêngis Khan, e pela sua idade, tinha o corpo bem treinado. Era careca e durão.

Naturalmente, ele tinha os melhores jogadores em suas fileiras, que ele comprara. Poder-se-ia compará-lo com Abraimowitch, o milionário do petróleo que mantém um clube com sua fortuna. Ele era generoso. Para ele, esse torneio era um elixir de vida. Ficava o ano inteiro esperando por aquilo. Tinha dinheiro de sobra e tempo não lhe faltava, pois fora condenado a 70 anos de cadeia.

Seu jogador mais habilidoso era Luís, o homem da cantina. Duas vezes por dia Luís anotava os pedidos dos presos. Era ele também quem entregava as mercadorias.

É necessário ressaltar que somente no caso de o preso dispor de dinheiro. Justamente ele devia se tornar a figura trágica dos pênaltis. Ele errou quando estávamos empatados, e eu, que tive de chutar o último pênalti, enfiei a bola no canto superior esquerdo. Sentíamo-nos como os campeões do mundo, e estávamos orgulhosos. Era Davi contra Golias. Obviamente, também tivemos sorte, mas o fator decisivo foi a vontade. Levávamos cada jogo a sério, não deixávamos nada seguir livremente. Os brasileiros tendem a ser presunçosos. Foi aí que quebraram a cara.

O primeiro a nos cumprimentar foi China.

— Meus parabéns, gringo. Vou mandar uma coisa para vocês, à noite, tá legal?

— Mas não precisa, chefe — respondi.

— Vocês fizeram por merecer, eu respeito.

Como prêmio, recebemos um punhado de maconha.

A partir daí, passei a ser uma celebridade em Água Santa, e todos me respeitavam. Era isso o que eu queria. Agora meu território estava demarcado. Todos sabiam do que eu era capaz. À noite, Luís trouxe Coca e hambúrgueres para todos. Depois, quase como complemento especial, ainda teve uma rodada extra de maconha.

Naquela noite, as estrelas tinham um brilho especial, pelo menos assim parecia. Olhávamos para o céu e por alguns instantes nos sentíamos felizes e orgulhosos. Aos poucos, ganhei novamente confiança e passei a encarar o futuro de maneira mais positiva. Eu era mais forte que muitos outros companheiros de infortúnio, nos quais se percebia o pânico que tinham da cadeia. Eu também tinha, mas aceitava as coisas do jeito que elas eram. O que mais poderia fazer? Alguns, simplesmente, não conseguiam se conformar com a situação, falavam em suicídio e resmungavam o dia inteiro sobre como tudo era horrível naquele lugar. Nesse aspecto, eu era parecido com o sr. Ebel. Eu tampouco tinha consideração para com as pessoas que se entregavam, e nunca tive dificuldade em aceitar que eu mesmo era o único culpado pela situação em que me encontrava. Esses eram os ossos do ofício, quando se optava por entrar no mundo do crime. O austríaco era um bom exemplo disso. Um verdadeiro resmungão! Alugava constantemente os ouvidos dos outros, dizendo que tinha saudades da namorada e que ficava dia e noite pensando se ela continuava fiel a ele. À noite, choramingava.

Eu já havia passado pelo pior. Chegara nu àquela cela, literalmente, sem nada no corpo. Mesmo assim, a vida prosseguiu, e conquistei o respeito dos companheiros de prisão pela minha capacidade de agüentar tudo valentemente. E aos poucos criou-se o hábito de me confiar missões delicadas. Os presos mais abastados tinham sempre desejos especiais. De modo geral, tratava-se de maconha ou de outras coisas que eles pretendiam obter, por vias obscuras. Adaptei-me ao papel de intermediário, negociando preços e condições. Quando Eddy precisava de alguma coisa, sempre me mandava na frente. Era uma vantagem recíproca, já que eu era mais hábil e tinha mais contatos, conseguindo as coisas mais baratas. Eddy mostrava gratidão e sempre me recompensava dando-me uma generosa parte. Poder-se-ia quase dizer que, em função de minha idade, assumi o papel de mascote. De vez em quando, curtia um baseado antes de ir dormir, e, assim, conseguia fugir um pouco do ambiente triste. A maconha era uma constante na cadeia e sentia-se seu cheiro intenso como o de esterco num chiqueiro. As drogas eram o lubrificante da prisão e determinavam a vida dos presos. Esse fato não era desconhecido pela administração da instituição, mas jamais procuraram pôr um fim a tal prática. Só quando as drogas circulavam intensamente é que a massa carcerária permanecia tranqüila, e havia menos sublevações. A direção da penitenciária comportava-se como uma mãe que, por comodismo e preguiça, senta seu filho pequeno diante da televisão. O principal é não haver bagunça.

Como prometido, meu advogado, o dr. Riveiro, voltou. Entrementes, havia ficado claro para ele que não haveria recursos generosos vindo da Alemanha. Quando perguntei quais seriam as conseqüências disso para mim, ele comentou, secamente:

— Você não vai conseguir o regime semi-aberto nem as cadeias mais confortáveis, gringo. Sua mãe garantiu 2 mil dólares e já enviou 500 dólares por carta, para o mais urgente. Com isso, podemos pelo menos conseguir que você não precise esperar demais pelo seu processo e eu lhe prometo que você vai pegar menos de seis anos.

Não era muito, mas, em caso de necessidade, a gente se agarra até a um galho seco. E, mais uma vez, constatei que sem dinheiro não se vai longe! Não deixei que ele percebesse meu desapontamento e agradeci pelos serviços prestados até então, estendi a mão e pedi, como sempre, dinheiro e cigarros. Combinamos que ele voltaria a me visitar assim que a data da audiência com o juiz fosse marcada.

De qualquer maneira, a coisa estava começando a se movimentar, e como sou uma pessoa otimista, aguardei confiante o resultado da audiência. É bem verdade que eu vivia numa insegurança constante, já que, entre dois e 15 anos, tudo era possível, mas pelo menos eu podia satisfazer minhas necessidades básicas de vez em quando. Um colchonete fino, uma escova de dentes, sabonete, cigarros e um pano fino para me cobrir. Assim, eu podia pelo menos aguardar "honradamente" minha audiência. De vez em quando, eu me concedia um hambúrguer ou uma Coca da cantina. Depois de meses da gororoba da cadeia, essas delícias explodiam de verdade na boca e eram quase obscenamente sexuais. Fogos de artifício para o paladar! Esse devia ser o gosto do néctar e da ambrosia.

Um dia, trouxeram novos prisioneiros para a cela. Um homem pequeno e robusto, quarentão, com os cabelos cuidadosamente repartidos e um tremendo nariz em gancho. Ele estava pálido como a morte, mas, fora isso, em boa forma física. Saudei-o gentilmente e dei-lhe as boas-vindas em nome de todos. Sempre quando chegava alguém, eu me lembrava da minha própria chegada e de como me fizera bem ouvir uma palavra gentil.

Alois e eu nos entendíamos em inglês, e ele contou-me tudo sobre sua detenção. Estava contente por encontrar alguém com quem podia se abrir.

Há pessoas de quem se gosta imediatamente, sem que haja uma explicação racional para o fato. Alois me pareceu simpático desde o primeiro momento, e com o passar do tempo nos tornamos cada vez mais inseparáveis, passando o dia inteiro juntos.

Alois era tcheco de nascimento, mas já vivia há muitos anos na Holanda e, conseqüentemente, também tinha um passaporte holandês. A exemplo de quase todos na cela, também era traficante de drogas, e, até então, havia sido bem-sucedido na profissão. Seis quilos da mais pura cocaína boliviana haviam sido o motivo de sua presença em Água Santa. Alois não era um pequeno traficante ocasional. Tendo como referência o mundo empresarial normal, poder-se-ia dizer que seu grupo era semelhante a uma pequena empresa de classe média. Ele passou os primeiros dias em Água Santa sem receber visitas de advogados ou amigos. Fraternamente, compartilhei com ele o pouco que eu tinha. À noite, fumávamos juntos uns baseados, de pura maconha, sem tabaco. Uma pequena trégua do horror.

De repente, fiquei gravemente doente, com febre alta e tremedeiras. Fazia algumas semanas que eu vinha ignorando algumas chagas no meu corpo, quentes e purulentas. No início, menosprezei o fato, muito embora sentisse constante moleza. Tudo me deixava cansado. No decorrer do dia, entretanto, eu sempre me recuperava um pouco, o que me tranqüilizava. Eu esperava que meu mal-estar fosse passageiro.

Quando acordei, eu estava tão fraco que preferi permanecer deitado. Meu corpo estava encharcado de suor e, ainda assim, sentia um frio insuportável. Todo o meu corpo esta ulcerado. Feridas purulentas e latejantes que doíam infernalmente ao menor toque.

Meu estado era grave, tão grave que Alois me cedeu sua cama pelo dia todo e dormiu no chão. De acordo com a rotatividade, eu já deveria ter conseguido uma cama, mas os presos mais ricos compravam o lugar para dormir, de tal maneira que era difícil subir na fila. Alois, que havia chegado bem depois de mim, conseguiu um lugar para dormir depois de pouco tempo e teve um colchonete desde o início. Meu estado era conhecido por todos na nossa cela, que percebiam que eu estava caminhando para a morte. Durante a distribuição da comida, os serventes tentavam inultilmente me fazer tomar alguma coisa. Os funcionários davam de ombros, desanimados. Alois tentava convencê-los, gesticulando com mãos e pés, procurava desesperadamente conseguir que me transferissem para a enfermaria. Ele se queixava e se indignava, e isso contagiou também os presos das celas adjacentes. Eu era benquisto pelos detentos brasileiros e eles não eram indiferentes ao meu estado. Naquele momento, eu já estava inconsciente, porém, mais tarde fiquei sabendo que os brasileiros se comportaram tão solidariamente comigo, como se eu fosse um deles. Tampouco sossegavam, e aos gritos pediam o dia inteiro um médico para mim. O funcionário não era nenhum monstro, mas, no período em que fiquei em Água Santa, não havia um único médico em toda aquela gigantesca instituição. Havia apenas dois presos que se faziam às vezes de enfermeiros e que dispunham de conhecimentos mínimos de medicina. Contudo, de que serviria até mesmo a maior habilidade de médico, se não havia remédios à disposição? Assim, o atendimento limitava-se a dar pontos em cortes, a tratar de fraturas ósseas (quase sempre sem anestesia) e a todas aquelas coisas que podiam ser resolvidas com meios primitivos.

— Sinto muito, gringo — disse o funcionário de plantão na nossa galeria a Alois, depois de certificar-se que não havia antibiótico na enfermaria. — Não há penicilina nem médico. O que posso fazer? Rezem para Deus. Talvez Ele ajude.

De todos os funcionários, o sr. Almeida era o de rosto mais gentil. Ele nunca estava de mau humor, e realizava seu trabalho da forma mais humana possível. Era amado e respeitado pelos detentos. Os salários dos funcionários eram irrisórios, tão baixos que todo mundo se perguntava como eles podiam sustentar a família com aquilo. Só era possível se tivessem um trabalho paralelo. Sem dúvida, os funcionários eram uns pobres-diabos como nós, e somente a minoria resistia à tentação de ser corrompido. Todo o sistema judiciário era corrupto, inclusive os cargos mais modestos.

Alois deu dinheiro suficiente ao sr. Almeida e pediu que ele fosse até a farmácia e comprasse antibióticos. Isso significava, naturalmente, que teríamos de esperar até seu plantão do dia seguinte. Vinte e quatro horas torturantes, e eu definhando. Os outros forçavam-me a beber água. Eu estava tão fraco que já não podia me levantar sozinho.

Finalmente, chegou a salvação. O sr. Almeida trouxe o remédio encomendado e Alois aplicou-me imediatamente uma injeção. No dia seguinte, eu já estava um pouco melhor, e consegui engolir um pouco de comida. Após três dias, a febre diminuiu, e, uma semana depois, eu já estava de pé. Magro como um esqueleto, porém vivo!

Anteriormente, se alguém tivesse me contado que pessoas morriam em presídios por falta de antibióticos, eu não teria acreditado, achando que era conversa fiada. Mas agora sei que é assim, e por causa disso, hoje, vejo o mundo com outros olhos. É simplesmente absurdo e revoltante! Sem medicamentos, eu teria morrido, como muitos outros que não foram socorridos.

Alguma coisa especial acontece quando se é salvo. Isso alimenta a crença no bem e a esperança de que talvez haja mesmo um Deus. Eu era agradecido, infinitamente agradecido, e meu coração estava cheio de amor para com aquele tcheco que havia cuidado de mim, me cedido sua cama, me lavado, me carregado no colo para o toalete e até limpado meu traseiro. Que havia me dado água na boca, me consolado e aplicado regularmente as injeções. Fazia pouco tempo que Alois estava na minha cela, e, caso se queira encontrar um sinal que indique a existência de anjos da guarda, então ali estava a comprovação. Como se uma força secreta tivesse mudado os planos de Alois e o enviado para minha cela, com a missão de me salvar.

Eu devia muito a ele. A partir de então, nos tornamos ainda mais inseparáveis. Agora era a minha vez de retribuir.

Alois tinha dificuldade em se conformar com a prisão. Ele era mais sensível que eu; achava que iria ter de suportar eternamente os tormentos. Entretanto, levava uma vida relativamente confortável. Tinha o apoio de dois excelentes advogados e, além disso, podia se permitir tudo o que se consegue na prisão com dinheiro. E, mesmo assim, sofria infinitamente mais que eu e esperava constantemente acordar do pesadelo. Em minha companhia, às vezes, conseguia superar sua depressão. Ele sempre me perguntava como eu conseguia não perder a coragem, a despeito da minha situação horrível. Eu mesmo não sabia. Alois era como um garotinho que não podia aceitar certas coisas e as rejeitava obstinadamente. Como se os fantasmas se deixassem espantar só com o fechar dos olhos.

Muito embora Alois tivesse de enfrentar uma acusação por 6 quilos de cocaína, seus advogados estavam certos de que ele iria se safar com três ou quatro anos de cadeia. Otimistas, seus defensores garantiam-lhe a perspectiva de poder cumprir pena em regime semi-aberto. Alois se agarrava a essa esperança. Sair dessa história com um machucadinho leve e, se possível, fugir. Com dinheiro e um passaporte falso, era uma brincadeira de criança. Minha própria audiência também estava se aproximando. Uma manhã, recebi a citação. Entrementes, eu já estava em Água Santa havia oito meses. Minhas perspectivas eram muito mais modestas, quando comparadas às de Alois. Meu advogado havia se conformado com o fato de que minha mãe não dispunha de muito dinheiro para enviar para nós, mas o pouco que ela realmente mandou era o suficiente para me poupar do pior. Minha grande sorte era que o advogado gostava de mim e acho até que teria me ajudado mesmo se eu não tivesse dinheiro algum. Não obstante, de jeito nenhum eu poderia esperar ser mandado para uma clínica. Com as mãos vazias, não se encontrava vaga nas melhores penitenciárias.

Com um tremor nas mãos, abri o envelope da citação e passei os olhos rapidamente sobre o conteúdo. Duas boas notícias: a primeira era que minha audiência seria em quatro semanas; a segunda, que eu era acusado somente por 500 gramas de cocaína. Obviamente, os outros 500 gramas haviam sido tomados em custódia pelo delegado, juntamente com meu estojo de manicure. Eu estava achando ótimo. Mostrei a citação aos meus companheiros de cela, porque não tinha nada para esconder. Veio a ducha fria.

— Não poderia ter acontecido nada pior — opinou Eddy secamente, e devolveu-me a citação. — Você não sabe que não há juíza mais severa em todo o Rio? Quando pode, ela aplica a pena mais alta.

— Não me venha com essa merda. Você está bem vendo que são só 500 gramas. Não pode ficar tão ruim assim. Além disso, não tenho antecedentes criminais!

— Tanto faz, ela vai dar o máximo que puder. A filha dela morreu de uma overdose de cocaína!

Isso é que era uma pancada no estômago. E agora? Meu advogado tinha de ajudar. Imediatamente, sentei-me e escrevi uma carta ao dr. Riveiro, com o pedido urgente de conseguir uma audiência com outro juiz. A fama de minha juíza era lendária dentro da instituição e não eram poucos os detentos que sonhavam noite e dia em se vingar. Eu não queria que isso chegasse a tal ponto. De acordo com o que tinha ouvido dizer, com ela eu poderia contar com pelo menos 10 anos. O regime de exceção cotidiano já havia se tornado rotina para mim. Em todo aquele caos, eu tinha conseguido conquistar um lugarzinho para mim, mas agora o medo inicial retornara e me mantinha preso em suas garras. Eu tinha esperado meses a fio por essa audiência e agora, quando a data estava marcada, precisava fazer de tudo para fugir daquela juíza.

Após semanas de incerteza, recebi finalmente a visita do dr. Riveiro. Ele havia conseguido marcar uma nova audiência para mim. Também com uma juíza, mas cuja fama era de ser mais moderada em matéria de penalização. Com ela, eu poderia esperar por uma sentença menos rígida; de acordo com o advogado, entre 4 e 6 anos. Depois das últimas semanas de espera angustiante, isso era quase igual a ser posto em liberdade. Pulei da minha cadeira, circundei a mesa e beijei-o na face. O dr. Riveiro gostava de mim porque tinha um filho da minha idade.

Pouco antes de minha própria audiência, o caso de Alois também foi julgado. Eles o condenaram a 7 anos. Depois de ouvir a sentença, ele entrou na cela branco como cera. Estava arrasado. Então, também acabaram seus sonhos de ser transferido logo para o regime semiaberto. A pena era muito elevada para isso, e do jeito que as coisas iam, ele teria de cumprir pelo menos mais 3 anos em regime fechado. Na realidade, achei que ele tinha sido bem-sucedido. Poderia ter sido muito pior.

Nos dias que se seguiram, Alois estava apático, não tinha fome e se sentia próximo à morte. Contudo, eu ainda estava ocupado comigo mesmo e desejava saber logo minha sentença, independentemente de qual fosse. Só não podia mais suportar a incerteza.

No mais, a vida seguia seu curso costumeiro. O caos diário que, olhando mais de perto, sempre seguia as mesmas regras. Aquilo que, na superfície, parecia um espetáculo de corda bamba ou uma dança sobre um vulcão, era determinado por uma lógica interna e, considerado objetivamente, era o dia-a-dia habitual da cadeia. Mesmo coisas aparentemente bizarras eram desmistificadas pela rotina.

De casa, recebi cartas acusadoras de minha mãe. Recriminações amargas de como eu pude ter feito semelhante coisa a ela. Meu pai mandou dizer que para ele eu tinha morrido; exatamente como meu irmão, acreditava que tudo estivesse em ordem e que não deixava de ser justo que eu pagasse por minhas ações criminosas. Eles tinham razão, mas mesmo assim doía. O sr. Ebel também foi me visitar. No total, tinha ido três vezes. Solicitei um atestado alemão de boa conduta, para poder provar diante da Justiça que até então eu não tinha antecedentes criminais. Como sempre, ele somente me deixou dinheiro de má vontade. De sua parte, também vinham principalmente recriminações. Mas, como eu já o conhecia, na presença dele eu fingia um pouco de arrependimento. Christina também apareceu. Pela primeira vez, fui à sala de visitas regular. As visitas de advogados e funcionários do Consulado eram realizadas em outras dependências. Ao contrário dos costumes vigentes em outras penitenciárias, em Água Santa só havia visita supervisionada. Visitas íntimas não eram permitidas. O detento sentava-se à mesa com seus parentes e amigos e o tempo de duração da visita era de 30 minutos. A sala estava absolutamente apinhada. De repente, Christina estava diante de mim. Fazia mais de nove meses que eu não a via. Eu havia passado minha última noite em liberdade com ela. Uma mulher! Uma figura de outra vida!

Primeiro, falamos sem parar para respirar, e eram palavras de alegria pelo reencontro. Pouco depois, veio a pergunta de se eu não podia lhe dar um pouco de dinheiro. Ela estava sob o efeito da cocaína e suas pupilas estavam dilatadíssimas. Ela não estava num dia bom. Voltei triste para minha cela, na qual viviam 33 homens. Triste, porque sentia que Christina estava perdida e que seria preciso um milagre para ela acordar. Infelizmente, eu não podia fazer nada por ela. O diabo não deixa tão facilmente que alguém se aproxime de suas presas.

Dois dias antes de minha própria audiência tive uma conversa com Alois.

— Ei, Rodger — disse ele —, precisamos discutir uma coisa.

Eu o olhei animadamente, peguei um cigarro que ele estava me oferecendo e me perguntei de que se trataria. Eu já conhecia Alois bastante bem. Tão bem quanto se pode conhecer alguém em circunstâncias extremas. Nos últimos dias, ele estivera calado e retraído. E sofria de estrangúria. Por causa disso, tinha de ir ao banheiro a cada 15 minutos. Eu desconfiava que fosse psicológico. Isso chateava os outros. Basta imaginar uma geral num estádio de futebol: as pessoas ficam todas apertadas e aí vem sempre o mesmo cara que se espreme pelo meio.

Eu sentia pena dele, porque percebia o quanto lutava por adiar o máximo possível a ida ao banheiro, e como a pressão da bexiga e a micção dolorosa o torturavam. Mesmo à noite, ele tinha de ir a cada instante, tomando o cuidado para não perturbar ninguém enquanto passava por cima. Desde sua condenação, estava ainda mais desesperado do que antes.

— Tenho um plano para sairmos daqui — ele disse seriamente em seu inglês correto, no qual, entretanto, se percebia imediatamente sua condição de europeu oriental. — Vamos esperar pela sua audiência, para ver o que vai dar. Se a pena for alta, então você vem comigo, fugiremos juntos!

Dia e noite, as conversas dos presidiários giravam exclusivamente em torno disso. Havia muitas possibilidades, mas não em Água Santa. Os procedimentos de segurança eram rígidos demais. Aqui estavam aqueles que haviam conseguido fugir de outras penitenciárias.

— Como é que você quer sair daqui? Impossível!

— Nada é impossível. Meu advogado me aconselhou a pedir transferência para outro presídio, com um nível de segurança inferior. Por enquanto, não vou ter regime semi-aberto. Se você quiser, aviso meu advogado e cuido para que ele faça um pedido de transferência para você. Por favor, Rodger, venha comigo. Sozinho eu não vou conseguir. Eu preciso de você!

Conspiradoramente, tragávamos nossos cigarros. Alois me olhava inquieto. O que ele estava me propondo não era um passeio. Eu esperava ser penalizado com cinco anos, no máximo; com sorte, talvez só com quatro. Eu já havia cumprido quase um ano. Com boa conduta e disposição para trabalhar, poderia poupar-me mais um ano. Se tudo corresse bem, eu poderia estar novamente livre dentro de dois anos. Em contrapartida, não havia luz no fim do túnel para Alois. Tentativas de fuga eram perigosas. A polícia não perdia muito tempo e atirava para valer nos detentos fugitivos.

— Eu realmente preciso de você. Não conheço a língua. Como é que eu vou organizar uma fuga sozinho numa cadeia desconhecida? Sem você não vou conseguir nunca!

— Está bem — disse a ele, sem pensar muito. — Vamos fazer isso juntos. Eu estou dentro, independentemente do que acontecer em minha audiência.

O que é que eu tinha para perder? A cada dia, morria gente a facada em brigas, de tuberculose ou por causa de dívidas. Não havia garantia de sobrevivência, mesmo que você fosse muito valente. Bastava que alguém não gostasse de você. Não longe de nós, a apenas três celas de distância, pouco tempo antes havia acontecido um incidente horroroso. No fim de uma tarde, um recém-chegado foi colocado em uma das celas vizinhas superlotadas. Estava tendo ali uma festa com muita cocaína e crack, todo mundo estava doidão. Dez minutos depois de o novato ter entrado na cela, já estava morto. Mais tarde fiquei sabendo como o caso ocorreu exatamente. A vítima tivera apenas o azar de parecer com outra pessoa. Pedro, achou o assassino, não estava enxergando corretamente em sua doideira. O rival, por quem sua mulher o havia deixado, estaria realmente entrando na cela? Jogou-se sobre ele e cortou-lhe a garganta. Ao ficar novamente careta, lamentou muito o erro. Não quisera aquilo. Tanto fazia, agora, acrescentariam mais 15 anos à sua pena de 120. Quanto antes eu saísse dali, melhor para mim.

Só faltava um dia para a audiência. Eu estava nervoso, mas procurava passar a imagem de descontração. À noite, meu sono foi agitado. Eu estava com calor e suava muito. O colchonete estava encharcado de suor. Os últimos meses não haviam sido fáceis e meu desejo mais ardente era de ser libertado. Eu imaginava como seria sair do tribunal como homem livre. Eu já havia sofrido o suficiente por aquela pequena quantidade de cocaína.

Seis horas. Despertar ensurdecedor. O monstro acordava para a vida. Distribuição de café e uma fatia de pão com um pingo de manteiga. Um cigarro. Estava na hora! Meus companheiros de prisão me cederam a vez para a higiene matinal, porque eu tinha audiência. Era o costume. Havia uma expectativa tensa no ar. Quantos anos eu receberia? Eu me lavei como se nunca mais fosse voltar para aquela cela. Queria causar uma boa impressão na juíza e alimentava a esperança de que ela gostasse de mim. Eu sempre havia gozado de boa influência sobre as mulheres. Um guarda veio buscarme. Deixei a cela sem dizer uma palavra. Eu estava me cagando de medo! Pelo caminho, fui acompanhado por palavras bem-intencionadas, ditas por múltiplas vozes provenientes das outras celas. Todo mundo sabia que era meu dia. Embaixo, a *minna* do terror me aguardava. Pensei em fugir. Talvez surgisse a possibilidade de sair daquela situação.

Como sempre, a viagem foi claustrofóbica e torturante. Depois de 20 minutos, chegamos ao Palácio da Justiça. Então, pude dar alguns passos em liberdade. As algemas estavam apertadas. Na rua havia trânsito barulhento, os ruídos de uma megalópole. O que não teria dado para ser um dos muitos transeuntes! Com saudade, lembrei-me de outros dias mais felizes que eu havia passado no Rio. A sala de audiência ficava no segundo pavimento. O prédio era imponente e solene. Os construtores haviam se inspirado nos pomposos palácios romanos, para mostrar inequivocamente que o direito se sobrepõe a tudo. O foro, através de uma imponência que provocava medo, exortava à humildade. Eu me sentia pequeno. Não era um lugar alegre.

Tiraram-me as algemas na sala de audiência. Meu advogado já estava presente e havia se acomodado no banco dos réus. Diante dele havia um processo, uma caneta e um cinzeiro.

— Olá, Rodger, tudo bem? Você quer um cigarro?

Aceitei, agradecendo. Ainda havia tempo. Discutimos os últimos detalhes. Meu advogado me fez prometer que eu o deixaria falar e que só abriria a boca se a juíza assim determinasse. Os minutos passavam como horas. Então, a grande porta de madeira abriu-se e a juíza adentrou a sala, juntamente com quatro jurados. Era uma mulata elegante, que trançara os cabelos severamente para trás. Ela podia ter 30 ou mesmo 50 anos de idade. Eu estava sentado ao lado de meu advogado. O funcionário que havia me tirado as algemas posicionou-se atrás de mim, numa diagonal. A sala de audiência era pequena.

Meu processo foi anunciado. Levantamo-nos. O olhar da juíza era severamente dirigido para mim. Uma avaliação muito rápida. Agora o processo adquiria um rosto. Os documentos se transformavam numa pessoa.

Assumi uma postura humilde, porque queria causar a impressão de um coroinha. Nada de provocações nem de gestos duvidosos. A juíza deveria me ver sob uma luz propícia. O promotor público procedeu à leitura do libelo de acusação num tom sóbrio.

Como é que a coisa iria prosseguir? A juíza tomou a palavra. Ela segurava meu processo na mão direita.

— O senhor não tem vergonha? — ela começou voltada para mim. Não é que estivesse falando sobre mim na terceira pessoa, não, dirigiu a palavra diretamente para mim. — O senhor não tem vergonha de causar tanta preocupação à sua família? O tráfico de drogas é um dos piores crimes que há. O senhor não tem decência? E já não é mais criança! O senhor se tornou réu por uma ação muito reprovável!

— Senhora juíza... — comecei. Mas não fui adiante, porque imediatamente ela me tomou a palavra e instruiu que eu só poderia falar se fosse convidado a fazê-lo. Isso soou severo, e estremeci. Queria apenas revidar que não pretendia revender a cocaína, que a tinha comprado para o meu consumo. Meu advogado agarrou-me firmemente pelo braço.

— Fique bem quietinho, Rodger. Cale a boca!

Veio o discurso do meu defensor. Em linhas gerais, permanecíamos fiéis à minha versão do homem negro desconhecido que me havia vendido a droga. E, principalmente, meu advogado sublinhou que eu era dependente. O advogado realçou minha pouca idade e o fato de que se tratava de um único passo em falso, já que até então eu não havia cometido qualquer ação criminosa.

O promotor público tinha outra visão, completamente diferente. Aos 21 anos, eu era adulto e tinha de me comportar como tal. Eu premeditara tudo e o que me interessava, principalmente, era o dinheiro fácil. Silenciosamente, pensei rapidamente: que farsa! Especialmente no que dizia respeito ao meu estojo de pedicure e aos 500 gramas que o delegado, juntamente com os outros homens da lei, havia guardado para si generosamente. Eu não tinha o menor sentimento de culpa.

O promotor continuou seu discurso e qualificou-me como mácula da sociedade, que era preciso castigar exemplarmente. Ele exigia 6 anos pela minha ação e ainda acrescentou que eu estaria sendo tratado com grande indulgência, na medida em que ele também reconhecia que era meu primeiro delito e que eu ainda era jovem. Além disso, considerou que seguramente minha estada na condição de "gringo mimado" no Brasil não seria fácil.

No finalzinho, a juíza perguntou-me se eu tinha algo a declarar. Levantei-me e respirei fundo:

— Prezada corte, estimada juíza. Eu me tornei réu. Não há nada que possa atenuar tal fato. Hoje eu mesmo não me entendo mais. Não posso voltar atrás, mas lamento profundamente minhas ações, e me arrependo delas. Nunca mais voltaria a fazer uma coisa dessas. Os últimos 9 meses foram um inferno para mim. Quase morri de uma infecção. Não há pior lugar na Terra do que Água Santa. — Estaquei brevemente, tão nervoso que mal podia falar. Tinha a sensação de que minha voz falharia. Eu sabia que seriam as últimas palavras, sim, seria a última possibilidade de garantir uma avaliação favorável da juíza. Mais uma vez, investi tudo o que podia. — Tenho vergonha de ter causado tanto mal à minha mãe e de estar sentado diante da senhora. Senhora juíza, só me resta olhar para a frente e permanecer honesto daqui em diante. Por isso, eu lhe peço, a despeito da gravidade de minha ação, para pronunciar uma sentença clemente e não destruir minha vida. Eu sinto muito, do fundo do meu coração!

De cabeça baixa, retomei o meu lugar.

— Rodger — sussurrou meu advogado —, Rodger, com seu talento você deveria se tornar ator. Sua fala foi primorosa!

A corte se retirou. Meu advogado e eu fomos para a cantina, sempre sob a supervisão do funcionário da execução, que nos seguia, mas parecia bem-intencionado, tanto que não me colocou as algemas e me sorria animadoramente. Eu saboreei um hambúrguer e um suco de laranja. Depois, um café. Agitado, dava seguidas tragadas no meu cigarro.

O que você acha, dr. Riveiro?

— Vamos aguardar, Rodger.

Depois de vários cigarros, minha garganta estava irritada. Finalmente, chegou a hora do pronunciamento da sentença. Resolvi ficar calmo. Aceitar a pena com serenidade, independentemente de qual fosse. Aprume-se, incitava a mim mesmo.

A sentença foi de 4 anos e 6 meses. Seguiu-se a justificativa. Fiquei paralisado. Quatro anos e 6 meses!

Agora, finalmente, eu sabia.

— Não é o fim do mundo — murmurou o advogado, e apertou minha mão. — Poderia realmente ter sido pior. Mais uma vez, você teve muita sorte!

Ainda que eu tivesse me preparado para 5 anos, a pena me pareceu alta. Mais um último cigarro sem algemas, e lá ia eu de novo para o buraco.

Nem tomei consciência da viagem de volta na *minna* do terror. A partir de então, só haveria um pensamento para mim: fuga. Mesmo que eu me arriscasse a morrer na tentativa.

Na cela, comportei-me de maneira tranqüila, satisfiz a curiosidade dos outros e liberei Alois para que mexesse os pauzinhos a fim de que fôssemos transferidos juntos para outra penitenciária. Galpão era o nome do presídio para o qual queríamos ser transferidos, e se tornou sinônimo de Terra Prometida para mim. O Galpão ficava no centro do Rio e tinha uma fama ruim, mas era substancialmente menos vigiado do que Água Santa. Já haviam ocorrido diversas fugas espetaculares de lá. A forma mais comum no Galpão era cavar um túnel. De vez em quando, dezenas de detentos fugiam de uma só vez dessa maneira.

Comportávamo-nos tranqüilamente e aguardávamos a hora da transferência. Agora que eu sabia da minha situação, sentia-me melhor. Conformei-me rapidamente com minha pena. Sim, quase me sentia como antes. Meu otimismo contagiou também Alois. Agora estávamos ambos no mesmo barco.

Depois de 4 semanas, mandaram que arrumássemos nossas coisas em 15 minutos. A transferência veio do nada. Precipitadamente, juntamos nossos pertences. A coisa andava.

Batidinhas no ombro, abraços e apertos de mão. Nossa cama ficou livre. Agora outros poderiam usá-la. Os brasileiros despediram-se freneticamente de mim. Desejaram tudo de bom para nosso futuro e que não nos deixássemos desmoralizar. Eu tinha um nó na garganta. Essas figuras miseráveis, que Alois chamava depreciativamente de macacos, gostavam verdadeiramente de mim. Comovi-me quando, à minha passagem diante das celas, incontáveis mãos se estenderam em minha direção. Todo o presídio estava agitado.

— Você parece ter uma porção de amigos aqui — comentou o carcereiro, que andava na minha frente e virou-se rapidamente para mim. — Mas seu gol na final foi só sorte, gringo. Você sabe que nós, brasileiros, somos os melhores jogadores de futebol!

— Com certeza, eu jogo tão bem quanto vocês.

Embaixo, junto do portão onde a *minna* me esperava, ele me deu a mão.

— Desejo tudo de bom para você, alemão. Muita sorte!

Estas foram as últimas impressões que eu fiquei de Água Santa. Já acostumado, entrei na *minna*. Destino: Galpão.

3ª PARTE

GALPÃO

O Galpão era um caixote retangular e, à primeira vista, parecia uma grande fábrica. Não fosse o muro externo alto, ninguém pensaria que se tratava de um presídio. Um tijolo de aproximadamente 200 metros de comprimento por 50 de largura. Trinta metros de altura, telhado de chapas onduladas. Nossa nova casa!

Alois, quatro outros detentos e eu fomos admitidos juntos. Passamos pelo procedimento normal de triagem e ouvimos as mesmas advertências idiotas dos guardas, que já conhecíamos de Água Santa. Mesmo assim, o tom era um pouco mais familiar. Estávamos cumprindo sentença. Todos os detentos tinham sido condenados e eram presidiários experientes. Alois se apoiava em mim como um cego a um cão. Para os brasileiros, nós éramos animais exóticos. Havia poucos estrangeiros no Galpão e os que ali estavam tinham o mesmo objetivo que nós. E se em Água Santa éramos cuidadosamente protegidos dos nativos, essa separação não era adotada no Galpão. Alois sentia-se desconfortável. Para ele, o contato com os brasileiros era desagradável. Ele não sabia como se comportar e, além disso, continuava sem entender uma palavra em português. Os brasileiros são um povo curioso. Alois era estrangeiro, e isso já era motivo para que puxassem conversa com ele. Na maioria das vezes, eram assuntos sem importância, completamente tolos, e ele não tinha outra alternativa senão agitar as mãos em desamparo e gaguejar alguma coisa em inglês. "I'm sorry! I don't speak portuguese!" Quando o outro insistia, Alois perdia a paciência. Com freqüência, virava-se simplesmente e dava as costas para o "interlocutor". Não por falta de educação, mas por incapacidade de se comunicar. Assim, não dava para fazer amizades e às vezes eu tinha muito trabalho para apaziguar os com-panheiros detentos brasileiros e explicar-lhes que Alois não tinha más intenções. Já para mim era o oposto. O contato com os brasileiros era como me misturar com iguais. Eu realmente falava como um carioca da gema. Tão bem que alguns acreditavam que eu fosse realmente brasileiro. Isso era bem-visto em toda parte. Assim, Alois dependia de mim como uma criança que precisa de proteção. De certa forma, eu era como um guia que ia abrindo caminho a machadadas pela mata fechada e impraticável do presídio. Não havia qualquer esclarecimento por parte dos funcionários. Tirar a roupa, tomar banho, vestir a roupa e entrar na cela. Troquei umas palavras com um guarda e pedi que ele me colocasse junto com Alois numa mesma cela, porque éramos amigos e, principalmente, porque Alois não falava nem uma palavra de português e não conseguia se virar sozinho.

Nosso pedido foi atendido sem muito problema e, assim, minha primeira impressão de que aqui a coisa era mais suave foi confirmada. O que chamava principalmente minha atenção, naturalmente, era a vigilância. Isso era o que mais me interessava. Seria realmente mais fácil fugir dali? O muro externo era muito alto. Somem-se a isso seis torres de observação, mais ou menos distribuídas como as caçapas de uma mesa de bilhar. Minha primeira sensação me dizia que era possível, mas não sem apoio.

Entramos em nossa cela. Era totalmente diferente daquilo que havíamos imaginado. As celas eram bem grandes, de aproximadamente 10 metros por 4, e em cada uma havia dez beliches. Era o "modelo" tradicional de concreto, que eu já conhecia de Água Santa. No Galpão, ninguém precisava dormir em turnos. No fim da cela havia a área de higiene. Eram seis tubos a 2 metros de altura, dos quais saía água três vezes ao dia, durante 30 minutos. No canto, uma fossa.

Desde o início, fiquei surpreso com a disposição do setor das celas. Não que se tratasse de um presídio de diversos pavimentos, como se poderia pensar em função da altura do prédio. Não, só havia o pavimento térreo. O interior era dividido como uma caixa de tipógrafo. As celas eram separadas umas das outras por paredes de 4 metros de altura e abertas na parte de cima. Portanto, podia-se ver o telhado a 30 metros de altura e, de alguma maneira, não se tinha uma impressão tão claustrofóbica.

Nossa cela só estava ocupada pela metade. O chefe era um velho magro que quase não tinha cabelos e que todos chamavam de Quarenta-e-três. O que significava apenas que ele já se encontrava no estabelecimento havia 43 anos. Quarenta-e-três foi extremamente gentil conosco. Ele saudou-nos cordialmente e mostrou as camas. Eu já estava familiarizado com a mentalidade dos brasileiros e, inicialmente, mantive-me reservado, porém gentil. Eu tinha certeza de que ele alimentava esperanças de que entraria dinheiro em seu caixa. Éramos estrangeiros e Alois não era nenhum pobretão. Experiente como era, logo havia percebido que meu companheiro tinha algo para dar. Ele me pareceu um pouco arrumado demais, e suas palavras soavam falsas. Quase não tinha dentes e era tatuado de cima a baixo. Era magro e musculoso, e a pele, repuxada sobre as costelas. Ali, mais do que nunca, tratava-se de prestar atenção a cada palavra. Um olhar para sua cama bastava para ver que ele não era um detento pobre. Possuía uma televisão em preto e branco e um fogareiro a gás, e seu armário estava repleto de coisas que tornam a vida numa prisão mais suportável. As paredes estavam cobertas com fotos de garotas nuas, louras, com as pernas convidativamente abertas. Como era triste a existência sem mulheres!

Veio a primeira divergência. Quarenta-e-três decidiu que tínhamos de pagar pelas camas e pela eletricidade. Nas celas havia tomadas às quais se podia conectar um fogareiro ou uma televisão. Quarenta-e-três se dirigiu a

Alois, que naturalmente não entendeu nada. Eu demonstrei claramente meu pensamento. Ninguém devia achar que iríamos deixá-los fazer qualquer coisa conosco. Com palavras claras, disse a Quarenta-e-três que não concordava. Por que deveríamos pagar por leito e eletricidade? Ele também não pagava nada.

— Quarenta-e-três — eu disse —, para que a coisa fique clara, nós não pagamos nem 1 cruzeiro. Esquece! É mais fácil você me matar. Tem que ter um limite.

Ele deixou por isso mesmo, pois sentiu que eu estava falando sério. Há pessoas que eu qualifico, cá com os meus botões, de vítimas. Não sei a que isso se deve. Pessoas desse tipo devem, provavelmente, emitir sinais subliminares de que se pode fazer qualquer coisa com elas. Atraem magicamente pancadas e humilhações. Eu estava cheio de energia e de força de atração e o papel de vítima simplesmente não me assentava. Alois estava se cagando de medo, temia que talvez a coisa mais certa fosse pagar.

— E o que virá depois? — perguntei a Alois. — Se ele amanhã chamar você, vai chupar o pau dele e lavar a cueca dele?

O incidente foi esquecido rapidamente. Fora isso, nós nos entendíamos. Quarenta-e-três me dava a impressão de ter pacto com o demônio, um artista da sobrevivência que estava preso desde o início dos anos 1940. Ele nunca falava sobre o que fizera, mas todos sabiam que ele havia assassinado muita gente. Muito embora eu não o achasse simpático, ele me fascinava.

Como é que se podia sobreviver tanto tempo assim atrás das grades? De acordo com ele, a cadeia se tornara um local de descanso. Nada que se comparasse a antigamente, quase como um hotel. Quarenta-e-três era como uma erva daninha, que não morre de jeito algum, uma autêntica excrescência da cadeia. Curiosamente, ele havia ficado bem-impressionado comigo. Uma vez, ele me disse:

— Você está agora com 21, Rodger. Quando me prenderam, eu tinha exatamente sua idade!

A maneira como ele lidava comigo denotava respeito. Não era condescendente nem tentava me fazer de bobo. De forma geral, os brasileiros demonstravam certa tendência à ironia sutil. O fato de Quarenta-e-três abrir mão de fazer insinuações indiretas, especialmente em relação a um estrangeiro, já era por si só um sinal de respeito. Ele ignorava Alois o máximo possível. A cela era bem mais confortável que a de Água Santa, e como não estava lotada, eu tive a sorte de ocupar a parte inferior de um beliche. Note-se que se tratava de uma cama própria, que pertencia somente a mim durante as 24 horas do dia. Os leitos inferiores eram cobiçados por três razões: em primeiro lugar, porque não se ficava molhado. O telhado da prisão, que era de chapas onduladas e de lâminas translúcidas, tinha goteiras em muitos lugares. Em segundo lugar, ficava-se protegido de corpos em queda. De modo geral, os detentos eram abandonados a si mesmos. Como já mencionei, as paredes tinham 4 metros de altura e os brasileiros deslizavam por cima delas como formigas. As portas eram trancadas, mas, dentro do Galpão, podia-se chegar a qualquer parte sem que a direção do presídio proibisse tal prática. Não raro, porém, alguém caía, e caso se tivesse azar, podia ser direto na cama da gente, se fosse a de cima. Mas havia ainda um terceiro ponto, que para mim era o mais importante: quem ficava embaixo podia criar um pouco de privacidade. Para tanto, eram necessários apenas alguns panos, esticados ao redor da cama. Nos últimos 10 meses, não tinha havido uma única vez em que eu pudesse me masturbar satisfatoriamente. Em Água Santa, nunca havia momentos de total privacidade. Nem no banheiro, nem na cama. Na realidade, também nunca percebi os outros se masturbando. No total, eu havia buscado alívio umas quatro ou cinco vezes em Água Santa. Eu possuía uma colcha fina e havia estimulado meu membro com movimentos em câmera lenta, para que os companheiros de cela não percebessem. Na minha cabeça, eu fazia um malabarismo espiritual. Por um lado, eu dava asas à minha imaginação e, por outro, eu prestava atenção para perceber se alguém observava. O momento mais tranqüilo era quando o dia clareava, mas, ainda assim, alguns sempre estavam acordados, e se havia algum momento que eu não queria ser observado, seguramente era ao me masturbar. Era uma questão muito delicada!

Quando comparadas com Água Santa, as circunstâncias aqui eram paradisíacas. A partir de então, minha mão direita pôde tornar-se mais segura e trabalhar com mais intensidade. De forma geral, eu tinha afastado de mim qualquer preocupação. Alegrava-me com a fuga, por si só uma aventura que eu perseguia obsessivamente. Minha pena havia sido determinada, e eu me sentia bem. Muito embora as condições de detenção fossem terríveis, a maioria dos outros presos sofria principalmente pela separação de seus amigos e da família. Ali, ser solitário, sem relação fixa nem família, demonstrava ser uma vantagem. Eu era livre e desimpedido. Sentia-me quase como se estivesse num filme sobre a cadeia. Desde o início, a estada no Galpão havia sido empolgante e aventureira. Não tão restrita e regulamentada como em Água Santa, onde os guardas mandavam em tudo. A Polícia Militar ditava as regras no lado externo do muro, e os criminosos, do lado de dentro. A diretora desempenhava apenas um papel formal. Os detentos organizavam quase inteiramente a vida em comum, de acordo com regras e leis próprias. O verdadeiro rei era um criminoso, que governava a instituição com mão de ferro. Seu nome era Carnisso, e mais adiante falarei a seu respeito com maiores detalhes. Era ele quem controlava o tráfico de drogas, organizava as fugas e detinha o poder de matar qualquer um, sempre que desejasse.

Eu não tinha medo de altura e, depois de poucas semanas, procurei imitar os brasileiros. Era mais fácil escalar as paredes junto das duchas. Um impulso para cima e já se chegava ao topo. Primeiro, era preciso sentar sobre o muro, que tinha aproximadamente 60 centímetros de largura. Então, era necessário levantar cuidadosamente e procurar o equilíbrio, ao ficar de pé, e andar passo a passo; o melhor era não olhar para baixo. O telhado ficava 26 metros acima. Em alguns momentos, os muros eram freqüentados como parques de diversão. Resolvi praticar primeiro e dei a volta na minha própria cela. Era fascinante ver como os brasileiros eram hábeis. Graciosos como gazelas, eles corriam sobre os muros estreitos como se fossem calçadas amplas. Eu dizia a mim mesmo que não me faria mal aprender a fazer aquilo também. Infelizmente, Alois não somente evitava o contato com os outros detentos, mas também se mantinha afastado dos muros, por medo de altura, conforme alegava. Eu sempre havia gostado de mergulhar da plataforma alta e não sentia dificuldade em olhar para baixo. E meu equilíbrio era muito desenvolvido por causa do futebol.

Desde que chegamos ao Galpão, eu incentivava Alois a aprender português. Por mais que eu estivesse agradecido por ele ter salvado minha vida, aborrecia-me muito seu desinteresse. Ele odiava tudo o que estava relacionado com o Brasil e não queria saber das pessoas e, muito menos, aprender a língua do país. Em compensação, eu amava os brasileiros e sua mentalidade, e sentia-me bem em sua companhia. Eles riam freqüentemente, e isso me agradava. Mas Alois acabou convencendo-se, depois de muita insistência, e comecei a lhe ensinar. Até que ele se interessou de fato, mais do que eu havia pensado, e os outros detentos também se esforçavam para lhe ensinar alguma coisa.

A vida desenrolava-se unicamente com os detentos. Não havia passeio no pátio nem a possibilidade de praticar esporte. Entretanto, a cela era mais espaçosa e, assim, comecei a me exercitar fisicamente. Fazia flexões, elevações e ginástica, para voltar a ficar em forma. Isso era necessário, porque eu estava bastante enferrujado. A infecção que quase me havia custado a vida me debilitara. Contudo, o que mais me sacrificava era a alimentação deficiente. Embora eu praticasse higiene bucal regularmente, o estado dos meus dentes piorou. Antes de estar no Brasil, sempre havia me orgulhado dos meus dentes, que escovava dedicadamente pelo menos três vezes ao dia. Eu ia regularmente ao dentista e, agora, constatava que estava com dor de dentes cada vez com mais freqüência. Minha gengiva havia se retraído consideravelmente. Isso já tinha acontecido durante minha primeira estada no Brasil, em que eu havia pintado o sete durante três meses. Por causa do abuso de cocaína, minhas gengivas haviam se retraído naquela época, mas se recuperaram durante os dois anos seguintes. Agora, porém, eu não podia pôr a culpa na cocaína. No início, o processo foi progressivo, mas não intenso. Quando eu escovava com força demais, as gengivas começavam a sangrar, e eu sentia como se alguns dentes estivessem bambos. É desnecessário comentar que não havia dentista na instituição. Nem em Água Santa, nem no Galpão. Caso as dores se tornassem realmente insuportáveis, só se podia esperar uma extração — naturalmente, sem anestesia. Por esse motivo, os presos com dentes intactos eram exceções. Era algo parecido com o que acontece com as árvores, nas quais se pode descobrir a idade pelos cernes, só que ao contrário. Quanto menos dentes, mais anos de cadeia. Sem contar que muitos detentos perdiam os dentes a pancadas quando eram presos, como no caso de Vito.

Eu fazia o que podia, e me esforçava pelo melhor. Graças ao dinheiro de Alois, agora podia alimentar-me razoavelmente. Havia uma cantina onde era possível comprar cebolas, alho, temperos, carne e outros alimentos, para incrementar um pouco a gororoba da cadeia. Era imprescindível ter um fogão, fosse a gás ou elétrico. Naturalmente, os fogões a gás eram um luxo. Os mais comuns eram os de fabricação própria. Tijolos embutidos com metal, conectados à fiação elétrica. Ou um fervedor de imersão caseiro. Eram necessários dois cabos elétricos e uma lâmina de barbear. Pronto! A comida no Galpão era um pouco melhor e, tendo ingredientes extras à disposição para complementá-la, dava para produzir uma refeição gostosa.

As cordas dos varais se estendiam para todos os lados, os fogões estavam constantemente acesos e as televisões funcionavam o dia inteiro. Nosso dia-a-dia era assim. A densa fumaça de maconha era onipresente e subia das celas como balões, formando uma espessa nuvem no teto. Nossos companheiros detentos brasileiros estavam ali pelos mais diversos crimes — a maioria era inocente, de acordo com suas alegações. Assassinos, assaltantes, traficantes de drogas, ladrões que haviam sido condenados a penas impressionantes. Para mim, era um mistério como as pessoas não perdiam a vontade de viver tendo sido condenadas a mais de 100 anos de prisão! Em comparação, minha pena não passava de um curto intervalo. O dr. Riveiro tinha razão. Poderia ter sido muito pior. Um exemplo drástico disso era Alfredo, um jovem mulato. Ele se parecia com um camundongo, seus olhos eram sempre errantes e ele me causava a impressão de estar absolutamente desprotegido. Deram 18 anos ao pobre coitado por causa de 2 quilos de cocaína. Diga-se de passagem que ele tivera o "privilégio" de ter audiência com a juíza que havia sido indicada originalmente para mim. Realmente, corri um risco muito grande.

Eu mantinha os ouvidos abertos, observava os acontecimentos e ficava pensando em como poderia começar a transformar meus planos de fuga em realidade. Por mais que houvesse grande liberdade dentro dos muros do presídio, era impossível fugir por conta própria. Eu só via duas possibilidades: através da ou com a ajuda da Polícia Militar, que se dizia ser facilmente subornável. Alois confiava plenamente em mim e esperava que eu solucionasse o problema. Rapidamente, tive certeza de que, na verdade, só havia um caminho para nós e que ele passava pelo chefe da cadeia, Carnisso. Desde o início, eu havia ficado um tanto fascinado por ele. Os brasileiros eram muito comunicativos e logo pude fazer uma imagem dele. Era uma lenda, um verdadeiro criminoso que dirigia seus negócios da cadeia. Além disso, também iria passar sua vida inteira atrás das grades, na medida em que não pretendia fugir. Era um homem rico, e caso se queira comparar sua situação com uma posição fora do presídio, poder-se-ia dizer que ele era o administrador de um grande grupo. Sua principal fonte de rendimento era o tráfico de drogas. Considerando-se que éramos aproximadamente 800 detentos, tratava-se de um mercado imenso para abastecer. Um tipo como ele recebia a droga diretamente da Polícia Militar ou da direção da instituição. Aos quilos.

Carnisso possuía um exército de soldados e sua organização chamava-se Comando Vermelho, representada em todas as instituições do Rio. Carnisso, portanto, não era o chefe da organização, porém um dos líderes. Estes, por sua vez, agiam de forma independente, e não havia direção centralizada. Os vendedores de Carnisso recebiam a mercadoria em comissão e a distribuíam pela instituição A maioria dos detentos era viciada e fazia praticamente qualquer coisa para se anestesiar por algum tempo e obter um pouco de felicidade no triste dia-a-dia. O pior erro que se podia cometer era comprar cocaína ou maconha a crédito. Caso ficasse devendo dinheiro, o devedor perdia a vida. Os que suportavam as conseqüências eram as mulheres e as famílias, que precisavam arranjar o dinheiro de qualquer maneira. Algumas mulheres prostituíam-se apenas para financiar o vício de seus homens e, paralelamente, ainda tinham filhos para sustentar. Se o devedor não arranjasse o dinheiro, já era, independentemente do fato de tratar-se de 1 ou de 10 gramas. Os intermediários estavam na mesma situação. Caso não acertassem as contas corretamente com Carnisso, o mesmo destino os aguardava. No fim, cravavam-lhe uma faca no corpo, e era isso. Freqüentemente, vi com meus próprios olhos como certos detentos choramingavam, desesperados por uma transferência. Quase sempre encontravam ouvidos de mercador. Os funcionários afirmavam que os presidiários deviam acertar suas divergências entre si. Ninguém derramava uma lágrima por um criminoso. Mas mesmo uma transferência fazia pouco sentido, já que o braço de Carnisso se estendia a todas as penitenciárias.

Todo mundo sabia quem eram os sequazes de Carnisso, e era justamente com eles que eu queria entrar em contato. Durante a distribuição da comida, as portas ficavam abertas. Sempre surgiam oportunidades para uma conversa particular. O Comando Vermelho era onipresente também em nossa cela. Quarenta-e-três pertencia a ele e tinha, por assim dizer, a função de um gerente de divisão, e por isso mesmo era temido. Agora poder-se-ia perguntar por que se deveria temer um velho. Simplesmente porque ele também tinha seus soldados, na sua maior parte jovens condenados a absurdas penas de prisão e que lhe eram dedicados como cães. Que não conheciam nada além do mundo da cadeia e que queriam conquistar um lugar na hierarquia e estavam prontos a realizar qualquer trabalho sujo. Se quisesse, Quarenta-e-três poderia ter mandado me matar. Qualquer um dos rapazes teria aceito a incumbência por alguns gramas de cocaína. Sem pestanejar e sem escrúpulo. Por aí se vê que grande risco eu corri quando me recusei a pagar pela luz e pela cama. Por volta das 20h, sempre era feita a contagem. Depois, a cadeia era entregue a si mesma, até a hora de acordar. À noite, muitas visitas realizavam-se por cima dos muros. Ali, também, eu tive muitas oportunidades de observar os soldados de Carnisso e de conversar com eles. Minha vantagem era ser bem recebido por todos os brasileiros. Em mim eles não viam o filhinho de mamãe que recebe tudo prontinho de casa. Não, eu conquistava meu espaço como eles, e por isso era respeitado.

Obviamente, pessoas como Quarenta-e-três ou Carnisso também tinham uma vida amorosa ativa. No Galpão, havia um trecho onde se alojavam somente travestis. Eles gozavam de um status especial e não se agregavam a nenhum outro grupo. É claro que os travestis eram tão ágeis nos muros quanto todos os outros, e punham seus corpos à disposição de clientes em condições de pagar. Uma noite, chegou uma bicha, como eram chamados, para visitar Quarenta-e-três, que havia solicitado sua presença. Como um homem de negócios que manda vir uma prostituta visitá-lo no hotel. Eu e Alois quase caímos para trás. Era simplesmente impossível adivinhar que se tratava de um homem. Short justinho, peito enorme e uma cara de anjo. Ela se recolheu com Quarenta-e-três à cama, logicamente escondidos de nossos olhos curiosos por panos. Falando honestamente e sem poder alegar uma perturbação dos sentidos por causa de minha vida monacal, uma bicha daquelas teria despertado meu interesse mesmo fora dos muros da prisão.

Pegando-a por trás e, ao mesmo tempo, ainda olhando os retratos das mulheres peladas nas paredes, isso devia ser um sexo muito bom. A bicha era simplesmente deslumbrante!

Eu ainda não conhecia toda a cadeia. Minhas excursões sobre os muros limitavam-se às imediações, principalmente porque eu queria ter certeza de não estar invadindo o território alheio por desconhecimento.

Ainda havia muito para descobrir. Carnisso, por exemplo, eu só conhecia de ouvir dizer, o mesmo acontecendo com o setor dos travestis, no qual eu teria ficado mais do que feliz em fazer uma parada. Naturalmente, isso era impossível sem ser anunciado. Por esse motivo, eu controlava minha curiosidade e aguardava pacientemente.

Resolvi tomar uma decisão logo e não perder mais tempo. Era óbvio que a fuga só podia ser realizada por meio de Carnisso. Nos dias seguintes, eu queria abordar um de seus capangas e combinar um encontro. Não queria envolver Quarenta-e-três, para não me encontrar na situação precária de ter que lhe explicar por que queria falar com seu chefe. Era melhor um homem neutro, que não faria perguntas. Eu já escolhera um deles, Eduardo, um rapaz de pele clara com o qual eu filosofava freqüentemente sobre futebol e que não parecia ter outros interesses além desse. Eu queria pedir que ele combinasse um encontro com o chefe, para mim e Alois. Alois estava de acordo com essa forma de proceder. Ele continuava sendo passivo como antes e, mesmo no futuro, nada devia mudar. Ele confiava em mim cegamente e podia comprovar com seus próprios olhos como eu me dava bem com os outros.

Procurávamos levar a vida da forma mais agradável possível. Através de Quarenta-e-três, comprávamos fumo regularmente. Um bagulho ótimo que nos garantia um sono agradável. Por assim dizer, como um chá calmante. De vez em quando, as noites eram horripilantes. Ao contrário do que ocorria em Água Santa, nunca a instituição estava realmente silenciosa. Isso se devia principalmente ao fato de que era possível deslocar-se para qualquer lugar por cima dos muros. As noites eram terríveis porque, freqüentemente, eram interrompidas por urros que gelavam o sangue nas veias e que podiam ser ouvidos em todos os lugares, por causa das condições acústicas. Gritos de alguém prestes a ser assassinado. Não como se via no cinema ou na televisão. Os gritos eram tão verdadeiros e apavorantes que nunca mais saíram da minha cabeça. Depois que ocorria, acabava o sossego por toda a noite. O pensamento de que a poucos metros uma pessoa estava sendo assassinada de maneira bestial era terrível! Mesmo assim, eu me livrava rapidamente da angústia. Alois não conseguia reagir, e depois desses incidentes, caía em profunda depressão. Ele era simplesmente sensível demais para viver na cadeia. Acontecimentos assim atiravam-no para o fundo do poço, e eu tinha muita dificuldade para levantá-lo de novo, para que ele não fosse de vez para o brejo. Os casos macabros acumulavam-se, o que fez com que, depois de certo tempo, eu passasse a considerá-los rotineiros. Alois se agarrava cada vez mais em mim. Ele tinha fixação por mim e só aceitava contrariado que eu também passasse meu tempo com os outros. Era quase como uma mulher ciumenta. Tinha de acontecer alguma coisa, e rápido.

No dia seguinte, procurei Eduardo. Estava na hora da distribuição da comida e demorou um pouco até que todos fossem servidos. Essa era a melhor oportunidade para apresentar-lhe meu pedido. Primeiro, eu levei a conversa para o futebol.

— Na Copa do Mundo, os argentinos ganharam sem merecer. Foi simples sorte e não entendo de jeito nenhum como é que chegaram até o jogo final. Além do mais, os melhores tempos de Maradona já se foram. Os argentinos me dão no saco.

— Exatamente — respondeu Eduardo. — Jogadores de meia tigela, que tiveram a sorte de se classificar.

— Agora eles são os campeões do mundo e agem como se tivessem inventado o futebol. Mas, mudando de assunto, Eduardo, eu tenho que conversar uma coisa com você. Alois e eu precisamos falar com seu chefe, Carnisso. Você pode lhe dar um recado?

— Mas claro que posso!

— Diga que é importante e que eu quero falar com ele pessoalmente. Você pode fazer isso por mim?

Eduardo coçou o saco e me olhou firmemente.

— É realmente importante?

— Caso contrário eu não diria isso.

Eduardo continuava a coçar o saco. Ele usava uma bermuda e sandálias. E mais nada, a não ser uma corrente de ouro com um crucifixo.

— Olhe, na próxima Copa do Mundo, o Brasil é que vai ganhar. Eu aposto.

— Esquece. Se alguém ganhar, vai ser a Alemanha.

Apertei-lhe a mão, agradeci e voltei para minha cela, para informar Alois, que estava como sobre brasas. Finalmente, a coisa andaria.

Aos sábados e domingos havia visita. Contrariamente ao que acontece na Alemanha, era regulamentada generosamente. No Galpão, tampouco havia visita íntima não supervisionada, como é costume em muitas instituições no Brasil. Contudo, parentes e amigos podiam levar comida. Coisas preparadas na véspera pela mãe e outras delícias. Nos dias de visita, centenas de pessoas juntavam-se diante da penitenciária e aguardavam pacientemente a hora da entrada. Mulheres com seus filhos aos berros, pais e amigos que chegavam cedo e aguardavam muitas horas, enfrentando chuva e vento. Era por esse caminho também que drogas chegavam ao presídio. É bem verdade que havia controle, mas, com aquela quantidade de gente, limitavam-se a buscas ao acaso. Teria sido impossível checar todos os orifícios dos corpos. Depois que as drogas chegavam à sala de visitas, o resto era brincadeira de criança. Para garantir, era só enfiar o negócio no traseiro ou subornar um dos guardas, que então contrabandeava as coisas para dentro da instituição. Todos os funcionários sabiam o que acontecia. O mesmo vale para a Polícia Militar e para a administração. Era algo tolerado e sacramentado. Esse clima de aparente tolerância havia sido, em última instância, aquilo que me havia embalado na falsa crença de que eu estava cometendo um crime de colarinho-branco.

O Estado e seus órgãos estavam sobrecarregados. A maioria de seus representantes estava concentrada em encher os próprios bolsos. A justiça não era independente, e quando se via que as ações criminosas mais graves eram cometidas dentro dos presídios, tais como assassinato e homicídio — inclusive pela polícia —, então tudo, no fundo, não passava de uma farsa.

Nos dias de visita, reinava a paz na cadeia. Eram os dias mais tranqüilos. Os detentos viam seus entes queridos, podiam beijar suas mulheres e seus filhos e estavam mais equilibrados. Principalmente, porém, as drogas garantiam a paz. Era um tempo de pausa, quase como no Natal, quando se deixava a vida cotidiana correr e cada um se recolhia. Isso agradava à administração, que ficava contente porque naqueles dias não aconteciam assassinatos ou confrontos entre quadrilhas rivais. Nos fins de semana, praticava-se o armistício. Nas noites dos dias de visita, de todas as celas erguiam-se nuvens de fumo. Quase tão densas quanto a fumaça de gelo seco durante os shows de rock. Naqueles dias, somente os mais pobres dos detentos apresentavam-se para a distribuição de comida. Aqueles que não recebiam visitas. Eu era um deles. Os outros consumiam as delícias trazidas pelos visitantes. Lá pelo meio da semana o ânimo dos viciados piorava sensivelmente. As reservas tinham terminado. O tom dos detentos entre si tornava-se mais agressivo e o ar ficava funestamente carregado. A situação seguia assim até o fim de semana, quando o ciclo recomeçava e uma bondosa mão parecia afagar o presídio. Era algo horrível! A cocaína era consumida de duas maneiras: cheirada ou injetada. O crack, na minha época, ainda não estava na moda, e era praticado unicamente por uma vanguarda. Era um vício relativamente novo que chegara dos Estados Unidos e que, felizmente, ainda não havia se alastrado. Várias seringas para insulina circulavam e eram utilizadas de maneira comunitária. Alguns até haviam se especializado em fabricar seringas. Para tanto, apenas uma caneta era necessária. Só isso. Com a carga, os camaradas produziam cânulas ao remover inteiramente a tinta. Estas eram apontadas e utilizadas como agulhas. Essas canetas especiais eram transparentes e muito usadas pelos detentos. Aqueles que produziam as seringas, com muita habilidade manual, ofereciam-nas completas, carregadas com uma dose. Pode-se imaginar o quanto era anti-higiênico uma seringa desse tipo circulando por toda parte. Saía de uma veia e entrava em outra. Inclusive, era um verdadeiro banho de sangue, já que não era algo fácil enfiar uma cânula tão grossa na veia. Esse foi o tempo em que a Aids começou a ser percebida pelas autoridades como uma epidemia. Anos mais tarde fiquei sabendo que na Alemanha a dra. Rita Süssmut havia mandado distribuir material informativo para todos os lares. No Brasil, naquela época, as autoridades ainda não se esforçavam em conscientizar as pessoas sobre esse perigo.

Em geral, eu mantinha distância da cocaína. De vez em quando, ofereciam-me. Na maioria das vezes, eu recusava, e só decidia participar em pouquíssimas ocasiões, somente com pessoas em quem eu confiava. Naturalmente, eu consumia o pó da maneira costumeira, pelo nariz. Eu sempre havia sentido aversão por injeções. Graças a Deus, porque senão hoje eu não estaria mais vivo para escrever este livro. Já na minha época as pessoas começaram a morrer de Aids e a ficar vegetando em enfermarias que não mereciam esse nome. "Incapacidade para cumprir pena de reclusão" era uma expressão desconhecida no Brasil. Morria-se atrás das grades.

Num desses dias de visita, de repente Eduardo apareceu na minha frente, na cela. Ágil como um acrobata, ele desceu pela parede.

— Rodger, vai acontecer. Carnisso está esperando por você. Vem comigo.

Lancei um olhar inquisidor para Alois e percebi que precisava ir sozinho.

Eduardo subia no muro como um relâmpago e deslizava como uma lagartixa. Eu ia atrás dele. Menos elegante, porém decidido. Quando fiquei em pé no topo, ele já havia percorrido uns bons 30 metros na minha frente.

— O que é que há? — ele perguntou, e riu. — Se os alemães jogarem futebol assim como você caminha no muro, vejo um futuro negro para vocês na próxima Copa do Mundo.

Ele podia falar à vontade. Eu o seguia tão rapidamente quanto podia e, principalmente, sem nunca olhar para baixo. Depois de uns poucos metros, minha camiseta já estava empapada de suor. Pelos cantos dos olhos, via o que estava acontecendo nas outras celas. O cheiro intenso de maconha misturava-se aos cheiros da comida que borbulhava nos fogões. Carnisso ficava exatamente do lado oposto, a uns 100 metros da minha cela. Aproximar-se sem ser anunciado teria sido impossível. Olheiros observavam qualquer movimento suspeito. Todos os que circundavam Carnisso eram soldados confiáveis e fiéis, sempre vigilantes para proteger a vida do chefe. Carnisso possuía muitos inimigos.

Finalmente, cheguei à cela dele. Para tanto, precisei de pelo menos 10 minutos. Em comparação com os outros, eu era uma lesma paralítica, mas, mesmo assim, havia conseguido, sem cair. Desci junto dos canos das duchas. Primeiramente, fui revistado para ver se portava armas. Muitos detentos carregavam facas de fabricação caseira. Havia até revólveres circulando dentro dos muros. Eu estava tenso e curioso e achava fascinante conhecer pessoalmente uma pessoa como Carnisso, sentir sua aura. Carnisso havia se apossado de um beliche inteiro num canto e, quando cheguei, ele estava justamente fazendo os pés com duas bichas. Ele era um homem magro, de estatura média, de aproximadamente 35 anos, e tinha um bigode grosso. Sua pele era tão escura que se poderia tomá-lo por africano.

— Você é que é o gringo que quer falar comigo?

Levantou-se indolentemente, fez um movimento vago com a mão na direção das bichas e estendeu-me a mão, condescendente como um senhor fendal. Imediatamente, podia-se ver que aquele homem dava valor a unhas bem manicuradas. Um verdadeiro coronel, como nas novelas brasileiras. Retribuí o aperto de mão com força.

— Obrigado por ter concordado em me receber. Podemos conversar tranqüilamente? — perguntei, olhando em volta.

— Aqui estamos entre nós. Fique tranqüilo. São todos amigos.

Carnisso foi até a mesa, pediu-me que me sentasse e ofereceu-me um pedaço de torta de maçã. Sem perguntar, serviu-me um copo de bebida, claro que nada da aguardente ordinária chamada de pinga, que representava mais um pilar de sustentação para a vida regrada atrás das grades. Era um legítimo Jim Beam. A torta era ótima. Sem esconder o orgulho, ele me contou que sua avó fizera, e que não havia ninguém no mundo que fizesse doces melhores. Engoli o uísque em dois goles e garanti a Carnisso que a torta era realmente excelente.

— E, acredite, eu entendo bastante de cozinha. Sou cozinheiro formado!

Os outros permaneceram em pé à minha volta e nos olhavam com curiosidade. Eu olhava, mas para uma das duas bichas que, aos meus olhos, se tornou um sonho masculino materializado em carne e osso e que parecia exatamente uma das infinitamente belas garotas das praias do Rio, tão encantadoras que faziam a pessoa pensar seriamente se queria mesmo voltar para a Alemanha.

— Você gostou da pequena. Ela é linda. Talvez eu possa dar uma força para você.

Era melhor eu não dizer nada. Carnisso estava sendo educado, mas eu não sabia o que ele estava pensando. No fim, acabava me matando porque eu estava olhando a namorada dele.

— E, então, Mônica, você gosta do alemão? — Carnisso olhava para a bicha.

Ele voltou a encher os copos. O álcool começou imediatamente a produzir efeito. Eu não tinha muita resistência, sempre fui um bebedor moderado. Mônica levantou-se, aproximou-se de mim por trás e debruçou-se sobre mim.

— Eu bem que poderia gostar de alguém como você. Você tem olhos azuis maravilhosos.

Eu sentia suas madeixas na minha face e não sabia mais o que fazer. Em circunstâncias normais, estando sozinho com ela, teria me comportado de outra maneira. Mas, naquelas circunstâncias? Mônica acariciou meu peito com a mão. O toque era macio como veludo e foi totalmente inesperado. Mônica debruçou-se ainda um pouco mais para a frente e tateou por baixo de minha bermuda até alcançar meu membro, que já havia dado sinais de vida própria.

— Então, alemão, o que você quer de mim? — Carnisso, diante de quem toda a instituição tremia, me olhava fixamente e agia como se não tomasse conhecimento de Mônica. Ela sabia como proceder.

— Alois e eu queremos cair fora do Galpão. Por isso estou aqui!

Eu transpirava, Mônica sentou-se no meu colo e esfregou seu traseiro para um lado e para outro. Seus lábios estavam entreabertos e lascivos. Em seus olhos brilhava a cocaína. Ela tomou um gole do meu copo, deu-me um beijo e retirou-se para a cama de Carnisso. E disse:

— Talvez eu vá visitar você um dia. Então você vai poder me mostrar se os alemães são bons!

— Queremos cair fora daqui — repeti mais uma vez.
— Você pode nos ajudar?

Carnisso fixava-me intensamente. A 2 metros de distância, havia um televisor a cores, não um pequeno como Alois ou o Quarenta-e-três tinham, mas um aparelho realmente grande. Estava passando um show de samba. Involuntariamente, pensei numa ocasião em que, não muito tempo atrás e não longe dali, eu também havia assistido a um show de samba no Plataforma 1.

— Vocês têm dinheiro?
— Temos!
— O suficiente?
— Depende.

— Isso vai lhes custar 5 mil dólares, uma televisão a cores e 100 gramas de cocaína. Vamos escavar um túnel. O trabalho já começou. Pode levar alguns meses. No total, 20 homens vão fugir.

— Por que tão caro? — perguntei. Mais para mostrar que não estava disposto a aceitar qualquer valor.

— Porque vocês vão ganhar um bom lugar. É como no teatro. As fileiras da frente são as mais caras. Os primeiros dois que vão desaparecer pelo túnel são meus próprios homens. Os lugares três e quatro pertencem a vocês. Tudo está rigorosamente dividido. Vocês têm lugares no camarote!

Alois podia arranjar a soma sem problema, eu sabia, mas mesmo assim queria discutir o assunto com ele antes de concordar. Nem pensar em não poder manter minha palavra.

— Eu acho que pode ser, mas preciso primeiro dar um retorno ao meu amigo, porque o dinheiro é dele.

— Você está esperando o quê, gringo? — Carnisso levantou-se e apertou minha mão. A entrevista parecia terminada. — Vai até lá, conversa com ele e, mais tarde, dê notícias.

Como a um comando, as bichas voltaram a ocupar-se dos pés de Carnisso. Não havia mais nada a dizer. Sem demora, peguei o caminho de volta. A prática faz o mestre. Além do mais, eu estava eufórico. Se tudo corresse bem, dentro de poucos meses eu estaria em liberdade. O álcool fez o resto, e eu me equilibrava sobre o muro, movendo-me rapidamente.

Naturalmente, Alois estava de acordo com o plano e deu sinal verde. Que noite! Sem demora, movimentei-me novamente sobre o muro. Dessa vez, a coisa foi ainda mais fácil. Quando se adquiria experiência, tudo ficava muito simples. Bastava andar como se a passagem tivesse 2 metros de largura e não 20 centímetros.

Quando da minha segunda visita, Carnisso estava sentado à mesa. A sessão de pedicure tinha terminado e o conteúdo da garrafa havia baixado. Diante dele, havia agora um montinho de cocaína.

Sem falar uma palavra, ele entregou-me uma nota.

— Você não consegue cocaína melhor em todo o Rio!

Ele fez um gesto convidativo com a mão, encheu mais um copo para mim, dessa vez até a borda. Que luxo inédito, passou-me pela cabeça. Eu estava com vontade de cheirar. Mônica era linda demais. Que coisa! Ali estava ele novamente, o diabo que havia me conduzido para aquele lugar. Quem incorrer no erro de experimentar cocaína uma vez na vida vai perceber, durante o resto do caminho, que a droga aparece nos lugares mais inesperados, e vai lançando armadilhas. Sentia-me quase como se não estivesse na cadeia. Mônica era estonteante, e quem não a viu com seus próprios olhos nunca vai me compreender. Ela parecia uma deusa.

— Conversei com Alois. Aceitamos suas condições — disse para ele, para voltar ao assunto.

Carnisso acenou com a cabeça. O assunto estava resolvido.

Mais tarde, na minha cela, ainda fumei um baseado grosso e me deitei feliz na cama, querendo aliviar meu desejo carnal. Pelo menos, de forma rudimentar. Eu imaginei Mônica e completei sua "diferença física" com uma das muitas imagens que podia buscar em minha memória. Veio a surpresa seguinte da noite. De repente, a cortina abriu-se e um corpo quente deitou-se ao meu lado, justamente quando eu estava quase no ponto.

Era Mônica que se deitava na minha cama.

— Então, cheguei bem na hora.

Imediatamente, ela começou a me chupar, bem devagar, e com infinita ternura. Juro que naquele momento eu não queria estar em nenhum outro lugar. Justamente o local mais absurdo, a mistura de álcool, cocaína e bagulho e o romantismo da tenda improvisada compunham o encanto daquele encontro. De alguma forma, era romântico. Mônica beijou-me com força e murmurou no meu ouvido que nunca estivera com um homem tão bonito antes. Ela sentou-se sobre o meu membro e devorou-o com sua bunda escultural. Então, deu-me as costas, para me poupar de ver seu sexo. Quando terminamos, ficamos deitados quietos um ao lado do outro, fumamos e não dissemos nada. Era uma noite especial, eu olhava o futuro com mais otimismo e estava agradecido pela ternura de estarmos juntos em silêncio. Quanto tempo fazia que eu não era acariciado por uma mão. Ali estava eu, deitado na cama com um homem. Era inacreditável! E estava feliz. Alois roncava na cama ao lado e sonhava provavelmente com a liberdade. Em algum momento, Mônica desapareceu. Fiquei sozinho e me masturbei, para conseguir finalmente adormecer.

No dia seguinte, Alois fez contato com seu advogado. Agora estava na hora dele tomar providências. Duas das condições eram fáceis de preencher. Mas como conseguir 100 gramas de cocaína? Eu propus providenciar a droga por meio de Christina e escondê-la no televisor. Alois não tinha contatos no Brasil e a única pessoa que eu me lembrei para fazer-nos esse favor foi ela. Seria necessário subornar um guarda para que ele não fosse muito severo no controle do aparelho. Alois estava de acordo com esse modo de proceder. Depois de uma semana, já estávamos com os 5 mil dólares, que o advogado levou em sua visita e que Alois contrabandeou para a cela dentro do sapato. Eu admirava seu poderio financeiro. Ele parecia dispor de uma fonte inesgotável. Desde que havia sido preso, não lhe faltara nada. Os advogados caros e todas as vantagens adicionais de que gozava diariamente já deviam ter-lhe custado uma fortuna. Nisso, também, eu podia perceber quão pequeno eu era no negócio da droga. Alois era um agente global. Certa vez ele me contou como conseguia transportar grandes quantidades da América do Sul para a Holanda. Como se empacotavam 6 quilos? Ele subornava a alfândega na Bolívia assim como em Schipol, o aeroporto de Amsterdã. É dessa forma que trabalham os comerciantes bem-sucedidos.

Conversei rapidamente com Eduardo (sobre futebol, naturalmente) e, depois, me pus a caminho da cela de Carnisso, com ele, como da primeira vez. No topo do muro, ele constatou, com elogios, que eu já estava bem mais seguro. A distância entre nós ficou menor.

— Se os alemães jogarem na próxima Copa do Mundo como você anda sobre os muros, talvez haja alguma esperança de que vocês cheguem às oitavas-de-final.

— Você tome cuidado para que da próxima vez eu não ultrapasse você — retruquei.

— Você não ultrapassaria nem minha avó!

De forma geral, os outros detentos também me incentivaram, todos impressionados com o meu progresso. De toda parte, chegavam vozes: "Vê se não cai, gringo" ou "Vamos, mostre para esse fanfarrão como se faz!".

Carnisso estava sentado à mesa, jogava xadrez, e diante dele havia uma garrafa de Absolut Vodka. Eu fiquei ali a noite inteira. Carnisso queria que eu lhe falasse sobre a Alemanha. Primeiro, porém, entreguei-lhe os 5 mil dólares, queria finalmente me livrar deles. Ele jogou o bolo de notas sem contar sobre a cama.

— Para o televisor e a cocaína vamos precisar ainda de um pouco de tempo — relatei, antecipando-me de forma serviçal.

— Não tem pressa, alemão. Até que tudo esteja pronto, ainda faltam 3 meses. Pelo menos.

Carnisso tinha uma estante de livros e não fiquei pouco surpreso de encontrar ali *O tambor* e *Effi Briest*. Ele gostava de ler e era apaixonado pelos clássicos. Agora tornou-se vantajoso o fato de eu também, desde a juventude, ter me interessado por literatura e de conhecer muitos dos livros que ele possúia. O amor à palavra escrita era uma união entre os povos, um poço comum do qual todos os homens do mundo extraíam seu quinhão. O caminho de Carnisso era pavimentado por cadáveres, e ali estava ele pontificando sobre a novela de xadrez de Stefan Zweig que, diga-se de passagem, também está entre os meus livros preferidos. Como por um passe de magia, apareceu novamente um montinho da melhor cocaína sobre a mesa. No xadrez, eu não tinha a menor chance contra ele e, além disso, minha atenção não estava no jogo. Ele me fazia perguntas seguidas e queria saber como eram as mulheres alemãs que, para ele, representavam a beleza feminina em função de seus cabelos louros.

— A enrabação não é uma opção a longo prazo — declarou Carnisso num tom neutro. — As bichas se esforçam, chupam bem, mas não há nada melhor que uma boa xoxota, meu amigo. Diga-se de passagem que Mônica ficou encantada com você.

Naquele dia não havia bichas presentes. Por um acaso, estava passando justamente na televisão um documentário sobre o Holocausto. Era um assunto que o fascinava.

— Hitler cometeu dois grandes erros: primeiro, não deveria ter matado os judeus com gás e, segundo, deveria ter se dado por satisfeito depois de vencer a França. Então, os americanos não teriam construído a bomba atômica, e sim os alemães!

— Fique satisfeito por ele não ter chegado a esse ponto, ou você acha que os brasileiros corresponderiam a seu ideal de superioridade humana?

— Assim é que são as coisas. O mais forte submete o mais fraco.

Assim era o mundo de Carnisso: reduzido a uma fórmula.

A noite passou voando e, pouco antes do despertar, eu estava no caminho de volta. Sentia-me quase como depois daquelas noites que eu havia passado com Antônio na favela e regressado para casa de manhã, bêbado e cheio de coca.

As semanas voavam. Estávamos só esperando e queríamos matar o tempo da maneira mais agradável possível. Nesse meio tempo, também havíamos conseguido o televisor. O advogado dera dinheiro suficiente a Christina para providenciar os 100 gramas e, como recompensa, ainda a havia presenteado com 500 dólares. Agora a passagem estava garantida. Pelo nosso lado, havíamos preenchido as condições. Sabíamos que o trabalho de escavação se desenvolvia com muito vagar. Eu desconfiava que o túnel estava sendo cavado a partir de uma das celas mais próximas ao muro externo. É só imaginar os problemas logísticos a serem enfrentados para fazer passar uma galeria de 15 metros de comprimento por um terreno duro. E, isso, sob os olhos da Polícia Militar. Naturalmente, a cela estava constantemente em perigo, e era uma empreitada cheia de riscos.

Perguntava-me como sumiam com a terra, sem despertar suspeitas. E como se podia manter algo assim em segredo durante tanto tempo. Aí se vê a diferença entre alemães e brasileiros. Os alemães têm a inclinação a denunciar e tendem a prejudicar os negócios uns dos outros. Primeiro, denunciam-se e, depois, vão fazer o passeio no pátio com quem denunciaram. Esse já não é o caso dos brasileiros, para os quais a delação vinha logo a seguir da corrupção de menores. Os delatores eram mortos sem apelação, mesmo quando tinham a sorte de serem transferidos para uma prisão de segurança especial, onde as condições de detenção eram ainda mais desumanas. Eles ficavam escondidos ali e nunca deixavam suas celas. E, mesmo assim, em algum momento, a morte os alcançava. Muito justamente, eu acho, porque não se deve dedurar ninguém. Isso é uma questão de caráter. Os detentos do Galpão agiam corretamente, tanto que os trabalhos prosseguiam. Não obstante, a tensão crescia, dia após dia. Vivíamos sempre com medo de que o túnel fosse descoberto por qualquer motivo.

Alguma coisa não estava certa. Aparentemente, o dia-a-dia transcorria como de costume. No entanto uma tensão como eu ainda não havia visto estendia-se sobre a instituição. Como em noites abafadas, quando tudo está calmo mas se pode sentir o furacão se aproximando, embora não haja vento algum. Algo estava a caminho. A intervalos de dias alguém morria esfaqueado, nas contendas comuns, por causa de dívidas de drogas, ciumeiras ou outras contas pendentes de outros tempos. Era sempre o mesmo ciclo, de fim de semana a fim de semana, regular como o vai-e-vem das marés.

Imperceptivelmente, começou a tomar corpo um novo grupo dentro da penitenciária, em torno de um homem que, ao que parecia, se mudara para assumir o poder no Galpão. A posição de Carnisso não estava garantida por nenhuma proteção legal e sempre era possível que novas alianças se formassem. Como Carnisso dizia tão bem: o mais forte engole o fraco. O homem novo também tinha soldados em torno dele. Gente que via nele o novo líder e que estava farta de se submeter às exigências de Carnisso. Muitos precisavam pagar Carnisso por proteção e temiam constantemente por suas vidas.

Como eu mantinha olhos e ouvidos bem abertos, percebia essas correntes como um sismógrafo. Detentos de muitos anos já conheciam situações parecidas e informavam-me acerca da política da prisão. Alguma coisa estava para acontecer. No fim, um dos dois seria morto.

Os capangas de Carnisso esforçavam-se para se manter sempre em grupos, evitando cruzar sozinhos o caminho dos outros e sempre mantendo suas facas escondidas na mão, prontos para atacar imediatamente. Carnisso não saía de sua cela quase nunca. Naturalmente, isso não passava despercebido dos funcionários, e parecia que eles também eram partidários da seleção natural. No fim das contas, a preocupação era somente que alguém mantivesse a ordem na prisão e cuidasse para que não ocorressem rebeliões ou ataques contra os guardas. Pode-se dizer que se admitia a atividade ilegal em troca da própria segurança. A profissão de agente penitenciário é muito arriscada. Do ponto de vista da instituição, Carnisso fazia bem seu trabalho. Tudo estava relativamente tranqüilo, pois não se matavam guardas, e não poucos constavam em sua lista de pagamento e podiam, vez ou outra, ganhar alguma coisa extra. Carnisso pagava melhor que a justiça e muitos guardas só trabalhavam em penitenciárias por causa dos lucrativos serviços paralelos.

A vida continuava. Eu me mantinha distante de tudo e nunca assumia uma posição. Eu era estrangeiro. O que é que eu tinha a ver com os jogos de poder? Mesmo assim, cada um estava em estado de alerta de alguma forma. Numa escala de 1 a 3, já se havia chegado ao nível 1, e a tendência era crescente.

Distraía-me com coisas mais agradáveis. Enquanto isso, Mônica passou a lavar minha roupa, de graça, o que equivalia a uma declaração de amor. No início, achava um tanto engraçado vê-la sumir por cima dos muros com minha roupa, porém acostumei-me muito rapidamente a encontrar tudo lavado e passado sobre a minha cama, no dia seguinte. Quarenta-e-três acenava para mim com aprovação. Os outros pareciam um pouco enciumados pelo fato de eu estar sendo paparicado daquela maneira. Sim, era uma vantagem ser louro.

Até então, eu sempre havia lavado minhas coisas com sabão de coco e a roupa nunca tinha um cheiro realmente de limpeza. Eu simplesmente nunca estava satisfeito com o resultado da lavagem. O pior era que o Galpão se tornava infernalmente quente. Isso não é exagero. Quando o tempo estava quente, o Galpão convertia-se num forno. O telhado de chapa parecia reter o calor e a má ventilação fazia o resto. Quase se sufocava. Ficava tão quente que dava a impressão de estar na garganta de um dragão. Eu suava da manhã à noite. As pessoas com problemas de circulação passariam muito mal no Galpão. Na verdade, todos usavam apenas bermudas curtas, o resto era dispensável.

E se, às vezes, faltava refrigeração em função do material que conduzia o calor de maneira indesejável, nos dias de chuva o telhado reservava outras surpresas. Ele não era impermeável e a água escorria e encharcava os detentos, cuja única possibilidade para não se molhar era refugiarem-se na cama inferior do beliche. Por isso, guarda-chuvas eram mercadoria cobiçada, pela qual se pagava caro. Por sorte, o telhado acima de nossa cela não tinha goteiras. Seja como for, Mônica lavava minhas roupas e também trazia pequenos presentes, como uma camisa nova ou sandálias. Ela também melhorava habilmente as roupas mais velhas. Através dela, pude também satisfazer minha curiosidade em relação à seção dos travestis, pela qual eu me interessava ardentemente. Não por necessidade física, mas porque queria simplesmente saber que tipo de pessoas eram, como viviam e como sobreviviam no mundo carcerário.

Mônica me contava como ela se arranjava. A julgar pela sua freguesia e levando-se em consideração que ela entrava e saía constantemente da cela de Carnisso, podia-se afirmar que era uma prostituta de luxo. Também atuava como lavadeira, costureira e cozinhava por encomenda. Naturalmente, a prostituição era o negócio mais rentável, e não eram poucos os detentos loucos por ela. Do ponto de vista da segurança, eu não teria confiado nela, caso Carnisso não a tivesse enviado para a minha cama. Confusões envolvendo ciúmes estavam na ordem do dia. E sempre giravam em torno de uma bicha. Mônica era natural do Recife e tinha vindo tentar a sorte nas ruas do Rio. Ela teve um namorado fixo, o amor de sua vida, como dizia. O motivo pelo qual ela foi parar no Galpão era o ciúme dele. A cada dia, ele fazia cenas quando ela se aprontava para trabalhar nas ruas. Acusava-a de não amá-lo e de sentir prazer ao fazer sexo com os fregueses. Uma noite, ela entrou no carro de um cliente e foi para um estacionamento vazio. De repente, o namorado dela apareceu, ao lado do motorista, abriu a porta e apontou uma pistola para a cabeça do freguês. Mônica estava sentada ao seu lado, com a blusa desabotoada, as mãos na braguilha do homem.

— Passa o dinheiro, seu porco — gritou. — Me dê logo seu dinheiro e tire as mãos imundas de cima da minha mulher!

Mônica gritou com ele e o mandou desaparecer. O homem não percebeu o perigo, viu no namorado de Mônica apenas um jovem inexperiente que não era preciso levar a sério e começou a rir. Fora de si de raiva, ele descarregou a arma. Então, meteu a mão no bolso traseiro do morto, pegou a carteira e correu atrás de Mônica, que já havia fugido tão rapidamente quanto podia, com a blusa aberta e aos gritos. O Rio não tinha dado sorte aos dois. Por um acaso, uma viatura de polícia estava nas proximidades, e ambos foram presos a pouco mais de 100 metros do local do crime. Durante a audiência, o namorado manteve a versão de que Mônica não tinha nada a ver com o caso, mas ninguém acreditou, e sua declaração foi encarada como uma tentativa de protegê-la. Ele também declarou que não teria disparado se o outro não tivesse gargalhado de modo tão provocador. O fim da história foi que ele pegou 15 anos por homicídio e Mônica 8, por cumplicidade. Era rotineiro travestis envolvidos em casos de assaltos para que se desse ouvido às alegações de Mônica. Eu acreditei na história dela. Realmente, a coisa poderia ter acontecido desse modo. Sem advogado e sem o apoio da família, ela não tivera chance, e ninguém derramava uma lágrima por um travesti. Eles chegavam a cada dia ao Rio aos montes, vindos de todas as partes do gigantesco país. Mônica estava com 23 anos. Eu sentia pena dela. Uma pessoa frágil que dava a sensação de estar tão fora do lugar no Galpão como uma pele de visão. Como a maioria dos detentos, ela também gastava todo o dinheiro em drogas. E, mandava os guardas trazerem hormônios femininos para ela. Isso era quase mais importante que as drogas. Ou ela deveria deixar crescer a barba? Eu tirava meu chapéu para ela, pois se virava maravilhosamente bem no duro universo da cadeia.

Com Mônica, eu podia atrever-me a visitar a cela dos travestis. Aqui também era costume não aparecer sem ser esperado. É bem verdade que as bichas tinham o aspecto feminino, porém eram extremamente perigosas, e no que diz respeito à índole violenta, elas não ficavam atrás dos outros. Cada uma estava armada de faca ou navalha, e não hesitavam em usá-las. Não dava para se enganar. Eram víboras mortíferas que, na hora do perigo, atacavam logo. Eram pessoas acostumadas a lutar contra obstáculos de todo tipo — durante toda a vida.

Elas formavam um grupo aceito pelos outros presos e ninguém as ridicularizava. Ao aproximar-se das bichas, via-se, já a alguma distância, uma luz vermelha de advertência. Parecia quase um pequeno bordel sórdido numa região industrial decadente. Um local que era a matriz de todas as doenças sexuais do mundo. Na verdade, todos os travestis estavam alojados em duas celas. No total, aproximadamente 30 pessoas. Havia chegado a hora. Eu comecei a descer, mergulhei na luz vermelha e fui cercado quase imediatamente pelas bichas e saudado com todo tipo de brincadeiras obscenas. Era como num documentário, quando um branco aparece numa aldeia africana e é cercado por uma horda de pessoas curiosas. À minha volta havia exclusivamente bichas, fortemente maquiladas, como se estivessem se arrumado para ir à discoteca. Desde as mais novas às avós. Por sorte, eu estava com Mônica, que me protegia. Sua atitude sinalizava que eu era o homem dela, e as outras não podiam encostar o dedo em mim. Contrariamente à nossa cela, as paredes eram cobertas com homens nus e atores bonitos. Arnold Schwarzenegger como Conan, o Bárbaro, Dolph Lundgren, esse tipo de homem.

Sentia-me como um objeto sexual. As bichas tiravam-me a roupa com os olhos e lançavam-me olhares lascivos, ajeitavam os peitos, mexiam nos cabelos e batiam os cílios de tal maneira que fiquei envergonhado. Que espetáculo! Sobre os armários, havia máscaras e batons. Nas paredes, espelhos. Nós, em compensação, só tínhamos um caco quebrado, que mal dava para se barbear. As lâmpadas eram recobertas com panos vermelhos, que não deixavam um excesso de claridade iluminar o local. Timidamente, sentei-me a uma mesa. A toda hora, as bichas passavam as mãos pelos meus cabelos, fascinadas pelo tom louro-claro. Muitas tinham os cabelos tingidos e juravam que dariam qualquer coisa para serem louras.

Mônica ofereceu-me uma aguardente de fabricação caseira, que queimou minha garganta como fogo.

— Então, aqui é que eu vivo. Esta é minha casa. O que você acha?

O que é que eu podia dizer? Estava impressionado. Quando a primeira agitação passou, as bichas voltaram a se ocupar dos afazeres que haviam interrompido quando de minha chegada. Havia muita atividade. Duas estavam às voltas com a lavagem de roupas para fora, que realizavam em duas grandes bacias de plástico cor-de-rosa. Em uma, havia água com sabão e, na outra, água limpa para o enxágüe. Não longe dali descobri uma tábua de passar roupas de fabricação caseira e um ferro de passar roupa de verdade. Em toda a cela, reinava uma confusão de varais de roupas, que faziam com que fosse preciso eu me abaixar constantemente. Um cheiro agradável de roupas recém-lavadas chegava ao meu nariz e trazia lembranças bem antigas de minha infância, quando ajudava minha mãe a pendurar as roupas na corda. Faziam-se remendos, consertos e costuras. As bichas mantinham impecáveis suas roupas e vestiam shortinhos justos dos quais se esperava, involuntariamente, que explodissem a qualquer momento, de tão apertados na bunda. E tops tão pequenos que pareciam que os seios iam pular para fora. Onde a natureza não havia providenciado formas femininas, as bichas davam um jeito. Elas podiam agradecer principalmente ao silicone o fato de terem o aspecto de mulheres e faziam generosamente uso dele, injetando-o em toda parte onde a natureza havia deixado faltar alguma coisa. Na bunda, nas coxas e no peito, mas também nas bochechas e nos lábios. Bocas à la Brigitte Bardot eram cobiçadas.

Elas eram como escultores, modelavam o próprio corpo de acordo com seus desejos. No entanto, nem tudo eram flores. As bichas mais velhas sofriam as penas do inferno, porque antigamente o silicone era de qualidade inferior e se deslocava pelo corpo. Inflamações e dores eram as conseqüências. Na minha presença, uma das bichas, que tinha um rosto de tartaruga e a idade de Miss Marple, injetou silicone com uma seringa nos lábios de um travesti muito jovem, que quase não tinha seios ainda, e que havia puxado os cabelos para trás com um lenço e fazia caretas com o rosto como se fosse a virgem sofredora de Orléans. "Miss Marple" conseguia que um guarda contrabandeasse o silicone para dentro do presídio. Esses tratamentos eram muito caros e sabe Deus como é que as bichas arranjavam o dinheiro para ele. Todas estavam de acordo com o fato de que não desejavam nada mais ardentemente do que ser mulher, e essa tarefa representava todo o conteúdo de suas vidas.

Outras fontes de renda importantes eram cozinhar por encomenda, fazer doces e destilar pinga.

O mais lucrativo, porém, era a prostituição. As bichas eram cobiçadas e desenvolviam sua atividade abertamente. Os brasileiros pareciam ser mais tolerantes nesse aspecto e nem pensariam estar eles próprios se tornando homossexuais com tal prática. De qualquer maneira, não era nada de que se precisava ter vergonha. Mônica ganhava bem e podia escolher a freguesia. De todas, era a mais encantadora. É bem verdade que havia algumas ainda mais novas, mas elas se pareciam mais a veados, por assim dizer, ainda na fase da metamorfose, ou, ainda, num estágio pouco avançado no caminho para se tornarem mulheres desejáveis.

Desde o início, alguém que estava de cama e evidentemente era tratado pelas outras havia chamado minha atenção. Quando olhei naquela direção, Mônica me pegou pela mão.

— Vem, eu quero apresentar Jaqueline a você!

Hesitantemente, eu a segui.

Jaqueline era um velho travesti, magro como um esqueleto, e possuía somente metade do rosto.

— Ela não tem mais muito tempo. Câncer. Na realidade, deveria ir para a enfermaria, mas nós prometemos aos guardas que iríamos cuidar dela. Ela não pode morrer sozinha.

Eu engoli. Tremendo, Jaqueline estendeu-me sua mão, coberta de manchas escuras. As unhas estavam pintadas de vermelho, e o crânio, ou aquilo que ainda restava dele, estava calvo, com exceção de algumas mechas cinzentas. A fronte estava molhada de suor e a respiração silvava. Eu segurei sua mão, reprimi o impulso de estremecer e sentei-me na borda da cama. Forçava-me a olhar Jaqueline no rosto deformado. Que mundo era esse no qual não havia compaixão por aquela criatura? Eu estava próximo de perder a razão, de tão horrorosa que era a visão. Mais tarde, descobri que Jaqueline havia perdido a metade do rosto em um tiroteio. Em vez de nariz, ela só tinha um buraco, faltava o olho esquerdo e toda a bochecha esquerda estava destruída. Além disso, ela estava com câncer no estágio final. Que crime podia ser tão grave que não se podia soltar Jaqueline? Ela ainda tinha que cumprir 2 anos e já estava ali havia 10. Eu queria gritar de indignação, mas não saía uma palavra de minha boca. Ao nosso redor, intensa atividade. Os brasileiros são comunicativos e as bichas mais ainda. Elas tagarelavam sem parar nem para respirar e dava a impressão de estarmos numa feira. Música e diferentes programas de televisão duelavam entre si. E eu estava ali sentado com aquela bicha velha, como se o tempo tivesse parado. Ela continuava a segurar minha mão e puxou-me um pouquinho mais para perto dela.

— Você é um garoto muito bonito — disse com voz fraca, e sorriu para mim. Sua boca estava desdentada e fortalecia ainda mais a sensação de que um cadáver se levantava, ou pelo menos uma pessoa que já estava familiarizada com a decadência da morte, para me puxar para o túmulo. "Horrível" é uma palavra amena. Ela voltou a abrir a boca. Mônica enxugava-lhe repetidamente a testa. — Você sabe, antigamente eu também era bonita como a Mônica. Os homens enlouqueciam por mim. Eu tinha um namorado, um francês. Ele chegou a me levar para Paris. Eu falo bem francês, você pode acreditar. O nome dele era Jean-Luc. Ele era parecido com você. Ele também tinha lindos olhos azuis, como você. Eu gosto de você. Você é um rapaz gentil.

Pálida, ela deixou-se cair de volta na cama, mas continuou a segurar minha mão. Debrucei-me sobre o rosto dela e beijei-a duas vezes, com muita ternura. Era um impulso. Queria ser bom para com Jaqueline, tinha infinita pena dela e sentia-me inclusive culpado, porque, de vez em quando, eu me lamentava sobre o meu destino, que às vezes me parecia insuportável. E, agora, isso! Como eu não tinha nada mais para lhe oferecer, beijei-a, larguei sua mão e voltei para a mesa. Eu estava chorando. Pela primeira vez desde que havia sido detido. Eram lágrimas não para mim, mas por aquele homem velho que não queria se deixar morrer dignamente. Fez-se silêncio naquela comunidade normalmente tão alegre. As lágrimas escorriam dos meus olhos e eu não podia fazer nada para impedi-las. Era como se eu sentisse as penas do mundo e o próprio desamparo diante da morte. Eu não me envergonhava. As outras bichas também ficaram constrangidas, mais pela minha reação, provavelmente, do que pela situação, com a qual conviviam dia e noite. Estávamos num lugar em que uma vida humana não valia nada e onde cada um só pensava em si. Entretanto, também havia gestos humanos, como, por exemplo, desses travestis que não se esquivavam e se dedicavam a cuidar daquele homem velho até a morte. Eu estava pasmo como a direção podia permitir uma coisa daquelas. Ficava estremecido com tamanha indiferença, essa forma de não tomar providências. Quando já não tinha mais lágrimas, preparei-me para ir embora e apertei muitas mãos. Mônica me deu um pudim de presente e despediu-se de mim com um sorriso triste. Resolvi conversar com um guarda acerca de Jaqueline no dia seguinte. Talvez pudesse haver alguma ajuda.

Só consegui adormecer por volta do raiar do dia, porque estava sendo perseguido por imagens que não me deixavam em paz. Então, hora de acordar. Eu estava monossilábico. Alois percebeu logo que alguma coisa não estava bem. Não era meu costume. Gaguejando, relatei os acontecimentos da noite anterior. Contei sobre minha pequena excursão, que Alois acreditava ter sido coroada pelo prazer sexual e não por um encontro com a morte. Ele ficou tão chocado quanto eu de como se podia deixar um ser humano vegetar daquela maneira. Prometeu imediatamente sondar seu advogado sobre o assunto. Talvez houvesse alguma possibilidade de provar que Jaqueline estava incapacitada para cumprir sua pena. Veio a distribuição do café-da-manhã. As celas estavam abertas, dois funcionários estavam de pé num canto e batiam papo.

Dirigi-me a eles, a alma repleta de queixas e de recriminações.

— Desculpem, por favor. Podemos falar rapidamente?
— O que é que há, gringo?

Eu tive que me dominar e respirar fundo para que as palavras não saíssem atropeladamente.

— Bem, trata-se de Jaqueline, a bicha velha. Eu acho que...

O funcionário me cortou a palavra.

— A Jaqueline? De onde você sabe? As novidades se espalham muito rapidamente entre vocês, malandros. Mal morre um e toda a cadeia já sabe!

— Como? — eu disse, incrédulo. — Ele morreu?

— Exatamente, meu jovem. Morreu esta noite. Deus seja louvado! É melhor assim.

O advogado tinha se tornado desnecessário. Senti um frio no estômago. Poucas horas antes, Jaqueline ainda estava viva. Era tarde demais. Mas eu também fiquei aliviado. Assim, eu não precisaria mais pensar o tempo todo no sofrimento de Jaqueline. A morte não libertou somente ela, mas também todos os outros que haviam sido capazes de uma atitude humana. Onde o corpo seria enterrado?

A vida continuava, e eu pressentia cada vez mais intensivamente que uma desgraça estava a caminho. Os soldados de Carnisso pareciam estar ainda mais nervosos, olhavam constantemente em volta e ficavam à espreita. A escala imaginária que eu tinha em minha cabeça indicava agora o nível 2. Carnisso já não possuía mais total controle sobre a instituição. Havia detentos que não obedeciam às suas ordens, se opunham às suas leis e buscavam um confronto aberto. Não se tratava mais de atitudes cuidadosas e conspiradoras, era comparável a uma declaração de guerra.

Esse desdobramento não me agradava nem um pouco. Tínhamos apostado em Carnisso, e o que ia acontecer se ele fosse derrubado? Nossa fuga dependia dele. E se acontecesse uma guerra e o túnel fosse destruído? Não dava nem para pensar!

No Brasil, a teoria da expiação era preponderante. Isso valia especialmente para o Galpão, onde havia pouco trabalho para os detentos e, aparentemente, tampouco havia preocupação de ressocializar as pessoas de alguma maneira. Amontoava-se todo mundo e deixava-se que se virassem por conta própria. Não havia passeios no pátio, nem quadra de esportes. Com exceção de algumas penitenciárias-modelo, só disponíveis para um grupo exclusivo de pessoas mais favorecidas, era como se a tarefa da justiça se esgotasse no ato de trancafiar. Depois do incidente com Jaqueline, desapareceu também o último resquício de convicção de ter que expiar uma culpa perante a sociedade. Eu precisava sair o mais rápido possível. Se tudo corresse bem e chegássemos do outro lado do túnel sãos e salvos, queríamos ir para o Paraguai pela fronteira verde e, de lá, pegar um avião para a Europa. Alois conhecia muito bem aquela fronteira, que ficava entre Foz do Iguaçu e Porto Strössner. Ele estivera lá uma vez e fizera uma excursão para ver as Cataratas. Naquela época, segundo ele, simplesmente havia se deslocado entre o Brasil e o Paraguai de táxi, sem que tivesse sido submetido a qualquer controle. Nós queríamos fazer o mesmo. Eu ainda não sabia como conseguiria um passaporte, mas achava que isso era secundário. Primeiro, era preciso sair do Galpão. Dava-se um jeito para o restante. Eu confiava em que, com a ajuda do dinheiro de Alois, poderia arranjar um passaporte.

Eu evitava preocupar Alois com meu temor de que estava se configurando uma tentativa de derrubada. Ele já estava tão certo com a fuga próxima que eu não tinha coragem de colocá-lo a par dos acontecimentos. Quase como se costuma esconder notícias ruins da mãe anciã, por medo de que ela possa não agüentar. Alois agarrava-se demais ao pensamento da liberdade que agora lhe parecia tão concreta. Entretanto, ele estava uma pilha de nervos e eu precisava tranqüilizá-lo constantemente para que não perdesse o juízo. Antes do tempo que passei no Brasil, eu era mais impaciente e dividia as pessoas em categorias. Para mim, só existia preto ou branco. Naquela época, eu o teria qualificado imediatamente de resmungão e não teria me preocupado mais com ele. Por mais que tivesse se destacado no tráfico de drogas, faltava-lhe jogo de cintura. Depois de ter sido arrancado de suas estruturas habituais, ele já não conseguia mais se encaixar. Eu tinha tudo o que faltava a ele, e era por isso que formávamos uma equipe excelente. E nas ocasiões em que, não obstante, eu perdia a paciência, bastava lembrar-me de sua solicitude para me acalmar. Ele tinha bom coração, era o que contava.

Além de mim e Alois, havia ainda dois estrangeiros no Galpão. Um deles chamava-se Francesco e era italiano, ou, para ser mais exato, siciliano. Era sempre a mesma história: ele também estava preso, como nós, por causa de cocaína. Francesco tinha aproximadamente 40 anos de idade, era calvo e tinha cabelos grisalhos. Do ponto de vista financeiro, encontrava-se numa situação parecida à de Alois e, ao contrário de meu amigo, tinha se enturmado muito bem. Passava-me a impressão real de estar de férias. Tudo o deixava impassível. Ele puxava fumo da manhã à noite e recebia visitas das bichas regularmente. Não fazia nenhum mistério disso e contava seus encontros nos mínimos detalhes. Quase me lembrava um pouco Horst, da gráfica, que a cada dia relatava suas aventuras amorosas no trem. Francesco falava com entusiasmo das maravilhosas "bundas de cadeia", que lhe davam tanto prazer. Naturalmente, sem deixar de indicar que se tratava de uma solução provisória. Ele era um tipo alegre, que não deixava que nada estragasse seu bom humor.

E também havia um austríaco. Seu nome era Helmut. Ele tinha tentado assaltar um hotel, foi pego no ato e recebeu 8 anos. Helmut era vienense e me irritava. Ele estava alojado em uma das celas vizinhas e grudava em mim e em Alois como um chato. Até certo ponto, permitimos que ele agisse assim e também demonstrávamos certo grau de solidariedade com ele. Não por simpatia, mas somente porque era estrangeiro como nós. Ele queria ter razão em tudo. Principalmente, carecia de delicadeza e de sensibilidade para saber quando era chegada a hora de se retirar discretamente. Ele tinha um jeito rancoroso de ser. Repugnava-me sua intimidade grosseira e, diga-se de passagem, seu sotaque vienense tampouco soava como música aos meus ouvidos. De vez em quando, providenciávamos juntos alguma coisa para fumar ou o mandávamos comprar carne. Fazíamos isso porque eu sentia, lá no fundo, que toda a sua atitude era só fingimento e que ele só queria disfarçar seu medo. Pode-se dizer que o agüentávamos por compaixão. Jamais contamos a ele sobre os nossos planos.

Em contrapartida, Francesco divulgava abertamente que estaria indo embora de qualquer maneira dentro de 2 meses. Ele estava de prontidão, parecia já ter arrumado as malas. Guardava para si de que jeito pensava fugir, mas eu não duvidava de que ele transformaria suas palavras em ação.

Os detentos não eram especialmente interessados em política e, caso se ouvisse a opinião predominante, nunca alguma coisa iria melhorar. Não obstante, um vento de esperança soprava pelo presídio. Depois de 20 anos de ditadura militar, fazia alguns meses que o país tinha um presidente democraticamente eleito e não poucos nutriam a esperança de que haveria uma anistia geral ou, pelo menos, uma redução das penas. Neste ponto, eu não alimentava grandes ilusões. Pelo contrário, eu temia que tudo se tornasse ainda mais caótico. Se toda a estrutura estivesse claudicando, os presos seriam a última das preocupações. Até agora eu havia sentido pouco a presença da ditadura. No Brasil, não reinavam condições como no Chile ou na Argentina. A Polícia Militar estava presente, mas não reprimia as massas com violência aberta. Contudo, o país foi sangrado financeiramente durante os anos e mergulhou na miséria. A inflação grassava, e quando o Estado não sabia mais como proceder, normalmente imprimia mais dinheiro. O Brasil fazia exatamente isso. O cruzado substituiu o cruzeiro, sem que se pudesse sentir uma consolidação. Praticava-se uma política liquidacionista e os melhores benefícios eram despachados para o estrangeiro.

Essa foi a época em que toda a América do Sul se libertou de seus grilhões. A ditadura era um modelo esgotado, não era mais eficiente no mercado mundial e muito menos adequado para corresponder às exigências iminentes do século XXI. Já estava na hora de mudanças. Talvez, num futuro não muito distante, quando a Terra estiver superpovoada, surja uma nova era de ditaduras e escravidão, para manter as massas sob controle. Mas ainda não chegamos lá.

Nesse aspecto, Quarenta-e-três era substancialmente mais esclarecido e ainda se lembrava bem de quando os militares haviam tomado o poder, nos anos 1960. Naquela época, ele já estava havia mais de 20 anos na cadeia. A exemplo do que estava ocorrendo atualmente, os detentos haviam nutrido esperanças de uma anistia, de forma não totalmente injustificada, já que as condições escandalosas dos presídios eram justamente uma preocupação particular dos militares. Realmente, a situação dos detentos era tão ruim antes da tomada do poder que Quarenta-e-três utilizava a expressão "regime de aconchego" quando ele a comparava com as condições atuais "parecidas com um hotel". Celas em que eram acomodadas 100 ou até 200 pessoas não eram raridade.

— Não houve anistia naquela época, Rodger, e também não vai haver agora. Você vai ver!

Era uma pena que ele não falasse muito. Eu teria gostado muito de ouvi-lo falar das coisas de antigamente, mas Quarenta-e-três se limitava a proferir poucas frases, apenas o necessário.

— Seria melhor que os militares ficassem — era seu mote. — Eu sei como era antes.

Abstraindo a incerteza, eu estava muito bem. Não passava fome e alimentava a esperança de ter de aturar só mais algumas semanas. Em pensamento, já me encontrava na Alemanha e às voltas com os problemas que me esperariam por lá. Procurar um apartamento e ler os classificados. Eu me armava contra as críticas de minha família e esperava superar logo essa história triste. Agora eu já conhecia a vida maravilhosa de traficante de drogas e sabia que o meu futuro não estava ligado a essa profissão. Primeiro, eu trabalharia como cozinheiro, pois sempre há trabalho para um cozinheiro. Não me preocupava com isso.

Nossos dias transcorriam em meio a uma nuvem de maconha. Eu procurava não me envolver com nada. Mantinha um contato superficial com Mônica, deixava que ela cozinhasse e me paparicasse um pouco. No mais, exercícios físicos, leitura e assistir televisão. Assim transcorriam meus dias. Haviam-se passado 3 meses desde que reserváramos nossa passagem com Carnisso. Agora não devia faltar muito. Como eu tinha nostalgia de uma mulher de verdade, uma voz feminina! Nesse ponto, as bichas não podem competir!

Eu devia testemunhar um assassinato. Muito embora a morte fosse uma constante ao meu redor, até agora eu não a presenciara com meus próprios olhos. Do que eu tinha tomado conhecimento eram os gritos aterrorizantes no meio da noite. Às vezes, eu também via, de manhã, os serventes levarem um cadáver, coberto apenas por um lençol. Na maioria das vezes, os lençóis eram muito curtos e os pés brancos e frios ficavam à mostra. Era uma acusação muda. Contra quem? Contra Deus e o mundo! A morte havia se tornado banal dentro dos muros do presídio. Não havia nada de reconfortante no caminho para o descanso final. Nesses dias, a vida tinha sabor amargo e o que restava era a esperança de um fim mais glorioso.

Se um grito de morte era chocante, muito pior era quando se tinha que ver com os próprios olhos uma pessoa ser assassinada.

Aconteceu pouco depois da distribuição da comida. As portas estavam abertas e os detentos formavam fila para receber uma concha de feijão. Um dia como outro qualquer. Confusão de vozes e sempre as mesmas queixas sobre a comida horrorosa. A isso se somavam as piadas bobas dos guardas e dos serventes. Havia tensão no ar. Retornei para a cela. Engoli a sopa ainda de pé e em 2 minutos eu havia terminado. O principal era encher a barriga. Eu estava de pé na proximidade da grade e vi

Horácio, o homem que pretendia suceder Carnisso, a somente 3 metros de distância. Até então, só o havia visto de longe, e de relance. Era um sujeito forte, com barba, barrigudo, e de olhos frios. Tinha tanto cabelo que parecia um macaco, inclusive nos ombros e nas costas, quase como pelagem. Não longe dele estavam alguns adolescentes. Poucos tinham mais de 20 anos. Camaradas franzinos, fracotes. De repente, eles se puseram em movimento como um enxame de abelhas e, rápidos com um raio, correram até Horácio, que aparentemente não havia percebido perigo algum e estava sozinho, sem o casulo protetor de seus soldados. Foi um erro capital de avaliação. Estava claro que Carnisso ia tentar de tudo para se ver livre da concorrência. A vida de Horácio estava por um fio. Eu avalio que foram pelo menos 20, se não 30, os detentos que se lançaram sobre ele, com uma gritaria ensurdecedora. Cada um não passava de um moleque que Horácio poderia intimidar com uma bofetada.

Por um instante, isso me trouxe uma recordação. Eu já vivenciara algo parecido. Conheci uma vendedora simpática numa loja de roupas em Copacabana e convidei-a para sairmos. Uma garota boazinha e decente, que não freqüentava a vida noturna nem usava drogas. Passeamos juntos um pouco, na praia. De repente, surgiu um garotinho diante de nós e pediu-me um cigarro. Eu não sou avaro, nem moralista, mas avaliei que o menino devia ter 6, no máximo 7 anos de idade. Naturalmente, percebi logo que estava lidando com um menino de rua. Não lhe dei cigarro. Nessa idade, não se deve fumar. Ele barrou-me a passagem e queria de qualquer maneira que eu lhe desse um cigarro. Rindo, passei por ele e continuei meu caminho. Andamos uma dezena de metros e, então, senti uma dor na coxa. Não é que o sujeito tinha mesmo atirado um pedaço de pau em mim! Aí, acabou a brincadeira. A perna doía bastante e, com raiva, apanhei o pau e parti para cima dele ameaçadoramente. Não para bater, mas para conversar e perguntar o que aquilo significava. Eu estava bastante nervoso. O garoto não fez menção de fugir. Quando o agarrei pelo ombro, de repente me vi cercado por umas 12 crianças, sendo que nenhuma delas devia ter mais de 10 anos. Pequenas feras, que formavam um círculo à minha volta; cada uma armada com uma pedra ou uma faca e todas prontas para me agredir imediatamente, ou me jogar uma pedra na cabeça. Ao nosso redor, muitos transeuntes lançavam um olhar para ver o que estava acontecendo, mas iam embora apressadamente. Era uma coisa de louco. Sol radiante, diante de nós, inúmeros cariocas se bronzeando, passando, carros barulhentos, brisa de verão, e eu encurralado por crianças famintas que batalhavam por seu direito de sobrevivência. Fiz a única coisa certa, levantei as mãos de maneira tranqüilizadora e dei ao pequeno que me jogara o pedaço de pau o maço inteiro de cigarros, abrindo mão de adverti-lo a respeito do perigo do fumo. Dei também alguns cruzeiros. Eu tinha medo, mas percebi instintivamente que eles me deixariam ir embora. E, felizmente, foi o que aconteceu. Fiquei calmo, ainda que soubesse perfeitamente que não teria nenhuma chance contra eles. O bando dissolveu-se e minha acompanhante e eu seguimos nosso caminho. Eu entendia aqueles sujeitos. O que podiam fazer, sozinhos e sem pais? Do ponto de vista deles, tratava-se de legítima defesa. Moralmente, eles tinham direito, e só estavam buscando o que lhes era negado pelos adultos. Indivíduos assim só podiam acabar num único lugar, no Galpão! Ou numa instituição similar. Com 8 ou 10 anos, mesmo para o Brasil, ainda se era novo demais para a cadeia, mas alguns anos mais tarde eles formariam o contingente dos expurgados pela sociedade, muito embora tivesse de acontecer o contrário. A simples existência de crianças de rua já era como um tribunal denunciando a sociedade de forma geral.

O número faz a força! Horácio aprendeu isso na própria pele. Lançaram-se sobre ele como um bando de piranhas e o golpearam com suas longas facas. Inúmeras vezes, como num delírio de morte. Outra vez, e outra ainda, voltavam a mergulhar as compridas lâminas em seu corpo. Gritando: "Morre, seu filho-da-puta!" Horácio guinchava como um porco. Foi um banho de sangue. Os assassinos afastaram-se com a mesma rapidez com que haviam se jogado sobre ele. A violência empregada era suficiente para matá-lo uma centena de vezes. Foi uma execução bárbara, e os assassinos estavam tão descontrolados que parecia que queriam esquartejar o corpo de Horácio e não apenas matá-lo. Partiram em todas as direções, como um grupo de pombos afugentados enquanto comem. Eu estava de pé junto à grade, hipnotizado com a cena. Horácio estava morto. Tão morto como alguém poderia estar depois de centenas de facadas. A certa distância estavam dois guardas, que, como eu, haviam assistido ao massacre, mas não intervieram, o que equivaleria aproximadamente a meter voluntariamente a mão numa serra circular. Contrariamente a mim, os guardas estavam acostumados com aquilo. O que se seguiu era rotina. Uma poça de sangue espalhando-se pelo chão. O cadáver de Horácio estava completamente deformado, uma massa ensangüentada, com os olhos perfurados, o rosto irreconhecível. Nesse caso, até mesmo o mais profissional dos agentes funerários não teria qualquer chance de restaurar o corpo para um enterro decente. Restava uma pilha de carne com as extremidades terrivelmente contorcidas no chão, e era algo tão terrível de se ver que a razão ameaçava falhar. Essa violência durou no máximo 2 minutos, se tanto. Carnisso era o vencedor, e a ordem estava restabelecida. Essa ocorrência me abalou, mas não senti a mesma compaixão que sentira por Jaqueline. Horácio havia jogado e perdido. O forte elimina o fraco!

Um alarme ensurdecedor disparou. Sirenes tão altas que parecia que meus tímpanos iam explodir. O telhado alto não somente aumentava o calor do verão, mas também favorecia a acústica. Agora os funcionários entravam em ação e trancavam todas as portas. Os assassinos já estavam em suas celas. Para onde mais poderiam ir? Provavelmente, estariam limpando a si mesmos e suas roupas ensangüentadas. Recuei um pouco. Felizmente, já havia engolido a sopa. Provavelmente, não sentiria fome depois do que assisti. Todos estavam excitados. Alois parecia aflito. O que ia acontecer? Quarenta-e-três estava calmo, habituado a tudo. Eu também estava agitado e tinha medo de que o túnel acabaria sendo descoberto, em função do que podia acontecer. Quarenta-e-três empurrou apressadamente sua televisão para baixo da cama e os outros detentos também começaram a se movimentar freneticamente. Cada um esforçava-se por esconder seus pertences o máximo possível. Agora ia acontecer. Pude ver com meus próprios olhos como a instituição foi tomada de assalto pela PM. A Polícia Militar restringia-se à segurança externa do presídio e só invadia o prédio quando algo drástico acontecia. Mas um líder da facção rival tinha sido morto e isso exigia certo procedimento. Como uma apresentação de teatro dividida em atos e pontos altos. Uma coreografia determinada com exatidão. A Polícia Militar formou no corredor, com metralhadoras, cassetetes e com viseiras de combate. Então, abertura. Cela por cela. Tirar a roupa e sair. Contagem! Eu estava ao lado de Alois, as mãos diante da genitália e a cabeça baixa, imobilizado como uma estátua de sal, controlando a respiração, procurando tornar-me invisível ao máximo. Choveram pancadas com os cassetetes. Indiscriminadamente. Nós mantínhamos a posição de descanso, tomando o cuidado de não provocar. A PM entrou em nossa cela e quebrou tudo o que havia para quebrar. Depois de terem concluído seu trabalho de destruição, saíram todos. Ofensas, pancadas, e voltamos para as celas. Eu tive sorte e apanhei pouco. Nada de grave, no máximo algumas manchas roxas. Alois saiu até totalmente ileso. Vestir-se e respirar aliviado. Escapamos da violência sem grande prejuízo. A cela se transformara em ruínas, com todos os nossos pertences espalhados e destroçados. Eu não possuía muita coisa e, por isso, consegui colocar rapidamente tudo em ordem no meu setor. Alois estava arruinado. A televisão fora destruída, bem como seu caro fogão a gás e seu barbeador elétrico. Quarenta-e-três não se saíra melhor. Também ele teria que recomeçar do nada. Lamúrias e indignação. Para que servia aquilo? A PM sabia exatamente o que havia acontecido. Além disso, guardas haviam estado presentes e observaram o assassinato em todos os detalhes. Por que a agressão? Por que destruir o patrimônio daqueles que, obviamente, não tiveram nada a ver com o assassinato? Simplesmente pelo fato de que pertencia ao ritual, era parte dele. Tão certo quanto dois e dois são quatro! Todo mundo devia ter consciência das conseqüências que a insubordinação trazia consigo. Prevenção geral, punição coletiva, defesa de casta ou puro vandalismo cego de frustrados servidores do Estado. Era só escolher o que mais se adequava. Essas buscas eram ainda piores quando a PM estava procurando por armas, e realmente virava a cadeia de cabeça para baixo. Comparei o modo de proceder da polícia com uma peça de teatro quando não se havia chegado ainda ao ato final. A cortina só caía quando se tivesse escolhido um culpado, mas isso também constituía parte de um roteiro previamente determinado. Carnisso era quem estava por trás de tudo, e era ele quem devia se responsabilizar por aquilo. Todos sabiam que tinha sido um assassinato por encomenda. Não faltavam elementos dispostos a cumprir o esperado. Havia muitos que estavam presos sem perspectiva de serem soltos. Para eles, era importante subir na hierarquia e fazer carreira, pelo menos atrás das grades. Para tanto, era preciso ser corajoso e destemido, estar pronto para a violência e não ter escrúpulos, além de certa dose de inteligência. Antes de tudo, porém, era preciso ser leal a Carnisso, incondicionalmente. Era dessa maneira que se tornava alguém no Galpão.

Depois que a PM terminou sua obra de destruição, mandaram chamar Carnisso. Naturalmente, sua cela foi preservada da ação. No escritório do diretor, procurou-se uma solução conjunta com a polícia. Carnisso indicou o nome de um preso, com o qual ele já havia combinado anteriormente que arcaria com a culpa. Esse detalhe era imprescindível, já que a sociedade e a justiça exigiam um culpado que pudesse ser levado a julgamento. Nesse caso, a honra coube ao meu amigo Eduardo. Ele não tinha ainda 20 anos, mas já havia acumulado considerável pena de 83 anos de prisão. Agora sua pena seria elevada em mais 15 anos. Nos próximos dias, ele não poderia assistir aos jogos de futebol, já que enfrentaria 30 dias de solitária. Essa também era uma parte obrigatória da encenação bizarra. Na realidade, Eduardo era um daqueles que haviam esfaqueado Horácio. Mas, do mesmo jeito, todos os outros poderiam ter sido apresentados ao carrasco. Contudo, a justiça era modesta e se contentava com apenas um bode expiatório.

Antes de se despedir de seus interlocutores, Carnisso ainda ganhou uma garrafa de cachaça do diretor, em reconhecimento por seu comportamento de cooperação e pelo rápido esclarecimento do assassinato. Uma piada.

No dia seguinte, os moradores do Rio leram um artigo espantoso em O Globo. Ali eram denunciadas a violência nos presídios brasileiros e as condições escandalosas que exigiam um procedimento mais decidido. Esse era, então, o último ato. A cortina se fechava. A normalidade voltava. A incerteza havia acabado e os opositores não tinham outra alternativa senão entenderem-se com Carnisso. Os campos estavam delimitados.

Aos meus olhos, Carnisso era um homem do diabo. Um simples assassinato seria o bastante, mas o negócio dele era o simbolismo. Todos deviam saber ao que levava a resistência. Eduardo estava numa cela de isolamento. Por sorte, nunca cheguei a conhecê-la por dentro. Por curiosidade, uma vez havia pedido a um funcionário que me deixasse vê-la, quando por acaso passávamos por ela. Um calabouço desagradável, quase um breu, sem cama, tudo cimento puro. Três vezes ao dia, alimentação reduzida, e isso também somente através da portinhola, como se estivessem alimentando um animal selvagem. Como se a penetração da luz fosse uma concessão absurda. Mas os brasileiros eram duros na queda. A cela preenchia todos os quesitos da tortura, mas na minha época era assim.

Quando o delinqüente cumprisse seus 30 dias, era reintegrado ao regime normal. Em algum momento, também haveria uma audiência, mas isso era secundário para alguém que já estava condenado a 83 anos. Em compensação, sua situação de detento melhorava. Agora ocupava um patamar um pouquinho mais alto na carreira. Paralelamente, havia também outras vantagens, como, por exemplo, tórridas noites com as bichas, um pouco de cocaína e, como prêmio máximo, talvez um fogareiro a gás. Aos olhos dos outros, Eduardo era um homem feito. Era bem-sucedido e um exemplo a ser seguido. A vida no Galpão era determinada por uma lógica pavorosa. Ao se criarem as condições propícias, as pessoas se desenvolviam como animais.

Dias depois pudemos finalmente respirar aliviados. A construção do túnel continuava, sem problemas. Tivéramos sorte.

Os detentos iam e vinham. A miséria estava em constante rotação. Quando um novo chegava, era sempre um acontecimento aguardado com expectativa, menos para mim e para Alois; mas os brasileiros ficavam sempre alertas. Haveria alguém que se conhecia de antes? Haveria perigo de inimigos? A fama precedia os garotos particularmente duros. Manter a visão geral sobre o caos e saber o que estava acontecendo eram coisas que podiam prolongar a vida. Não obstante, havia também um outro grupo de detentos, aos quais determinada forma os destacara: os estupradores e os pedófilos. Para chegar logo ao ponto, se havia alguém na pele de quem eu não gostaria de estar, era justamente dos criminosos sexuais. Nada podia ser pior!

No que dizia respeito a essas pessoas, a sociedade e os detentos estavam de acordo em sua aversão. Eles eram selvagens, entregues ao abate. Sobre eles se derramava o ódio coletivo.

Um dia, um guarda chegou com um novo detento à nossa cela, um homem de uns 50 anos, quase nu. Ele estava coberto de manchas roxas e mancava. Sua perna direita estava estranhamente retorcida, provavelmente, em minha opinião, por uma fratura malconsolidada. Cada um dos seus movimentos tinha algo de resignado e de definitivo. O medo brilhava em seus olhos.

Quarenta-e-três pulou da cama.

— Um papa-anjo não entra na nossa cela — gritou Quarenta-e-três. — Por Deus, eu juro que ele não vai sobreviver à noite!

Seguiu-se uma discussão com o guarda. Ameaçadoramente, todos os detentos da nossa cela juntaram-se diante do funcionário. Alois e eu ficamos sentados e não tomamos parte naquilo.

— Tirem esse papa-anjo asqueroso da minha vista — berrava para os funcionários.

Eu nunca tinha visto Quarenta-e-três naquele estado. Ele sempre permanecia calmo e retraído, mas agora mal se podia reconhecê-lo. Gritaria e palavrões chegavam também das celas adjacentes. O carcereiro cedeu. Quarenta-e-três dispunha de bastante autoridade e o funcionário não queria detonar uma briga à toa. Mancando, o homem saiu de nossa cela. Ele não articulara sequer uma palavra. Por fim, foi alojado numa cela vizinha. Sua recepção não seria diferente.

No Brasil, ser acusado e condenado por crimes contra a moral equivale, para a pessoa em causa, a ser entregue para ser devorado por animais selvagens. Se uma pessoa dessas seria morta ou não, era decisão dos guardas. Não deviam, de maneira alguma, deixar transparecer o motivo pelo qual o camarada se encontrava preso. Caso tivesse muitíssima sorte, então poderia passar despercebido ao contar para os outros que estava preso por roubo ou por outro "delito conceituado" qualquer. Naturalmente, isso só era possível se o caso não tivesse sido tratado pela imprensa com muito alarde. Nesse caso, ele podia se jogar no chão de gratidão e louvar o Senhor. Tudo era diferente quando ficava claro desde o começo o motivo pelo qual tinha sido condenado. A despeito de todo o caos, a vida atrás das grades é espantosamente previsível. O mesmo acontecia com os estupradores. Eles também eram, aos olhos dos outros, baratas que mereciam ser esmagadas.

Depois que o homem coxo foi levado para sua nova cela, ergueu-se uma gritaria ensurdecedora. Toda a cena repetiu-se. Mas agora o funcionário estava cansado e deixou Armando para trás. Entregue sem proteção. Para mim, aquilo era extremamente desagradável. Não que eu quisesse defender esse tipo de gente, mas quem éramos nós para julgar? Quem poderia dizer com toda certeza que ele não tinha sido vítima de um erro judiciário?

Da cela vizinha podia-se ouvir tudo. De todas as outras celas também provinha uma gritaria carregada de ódio.

Atmosfera de linchamento!

Ouviram-se terríveis gritos de dor. Esse era o som da voz de um criminoso sexual no Galpão.

Para começar, ele foi espancado por todos. Esses criminosos não eram mortos imediatamente. Seria um destino brando demais. Os funcionários olhavam ostensivamente para o outro lado. Comportavam-se como os três macacos: não ouviam, não viam e não diziam nada.

Armando se deu mal na cela vizinha. Ficou amarrado o dia inteiro do lado da fossa. Cada um que ia fazer suas necessidades batia e pisava nele ao passar. Cuspiam e urinavam nele, ou ele era obrigado a engolir o mijo, ajoelhado. Não havia cama para ele, mas só a dura e fria laje. Ele encontrava-se numa posição tão aviltada que sequer foi feito escravo da cela. A cada dia que passava seu aspecto ficava mais pavoroso; reduzido a um estado horroroso pelas muitas pancadas de que era vítima. Aparentemente, porém, isso ainda não bastava para apaziguar os ânimos. Freqüentemente, era obrigado também a comer fezes. Na cela vizinha, não podíamos deixar de ouvir o barulho produzido pelo sufocamento e ânsia de vômito. Em vez de comida, seus companheiros de cela defecavam em sua tigela de chapa e obrigavam-no, sob a gritaria de todos, a engolir toda a merda, até que nada sobrasse. Todo dia era a mesma coisa. Era horrível, porque eu ficava sabendo exatamente de tudo e as conversas em nossa cela só giravam em torno de especulações a respeito de quanto tempo ele ainda agüentaria. Quanto tempo uma pessoa poderia resistir a uma tortura daquelas? A partir de qual quantidade as fezes se tornavam fatais? Silenciosamente, eu desejava que a situação chegasse a um fim, só para não ter que continuar a acompanhar aquele horror. E isso não demorou muito. Uma manhã, ele foi encontrado no corredor com a garganta cortada. Estava acabado!

Não se fez nenhum alarido. No fundo, todos estavam contentes que ele estivesse morto, inclusive os funcionários. Moral da história: desaconselho qualquer um a se deixar envolver com o tráfico de drogas no Brasil, mas, certamente, desaconselho mais ainda a cometer crimes contra a moral. Turistas como Volker nem desconfiam do perigo mortal a que se expõem.

Acontecimentos desse tipo mantinham os detentos ocupados por algum tempo e os distraíam de seu próprio sofrimento. Havia um assunto sobre o qual todos podiam falar à vontade. Depois de um assassinato desses, todos estavam novamente mais relaxados e os traços dos rostos mais descontraídos. A pressão excessiva tinha sido liberada. Violência como válvula de escape era benéfica para o estado de espírito, para a renovação espiritual, ainda que num nível extremamente baixo. Era algo similar às execuções públicas dos tempos antigos, realizadas na praça do mercado para o regozijo de todos. Logo depois, a Igreja saía para distribuir um lenitivo para a multidão enraivecida. Reconstrução horripilante para a alma. Eu não queria ver sangue. Diariamente, eram-me infligidos novos ferimentos invisíveis e eu teria de passar o resto dos meus dias com essas lembranças. Há não muito tempo eu ainda ocupava uma carteira na escola profissionalizante. E onde me encontrava agora? Nunca me queixava da pena a que havia sido sentenciado, mas as coisas que eu era obrigado a presenciar chegavam ao limite do tolerável!

Só muito raramente recebia correspondência da Alemanha. Para os detentos, a distribuição das cartas era o ápice do dia, devido à ansiedade. Na nossa cela, havia um escrevente, um homem pequeno e magérrimo, que havia sido professor. O vício das drogas também o levara para o Galpão. Ele escrevia cartas para outros presos, que não sabiam ler nem escrever, e ganhava algum dinheiro dessa maneira. Ele tinha uma letra maravilhosa e seus serviços eram muito solicitados. Para os mais simples, ele assumia também a formulação do texto. Às vezes, lia as respostas para os analfabetos e alegrava-se como uma criança pequena quando as mulheres anunciavam seu encanto pelas suas belas palavras. À noite, ele relatava os acontecimentos do dia numa espécie de agenda. Sempre quando o observava fazendo isso, eu tomava a decisão de começar também um diário, e até hoje me arrependo de nunca tê-lo feito. Havia muito para ser visto e registrado. Eu, simplesmente, era preguiçoso demais, para dizer a verdade, e agora, 20 anos depois, estou recuperando o tempo perdido e escrevendo este livro.

Eduardo saiu do buraco. Ele cumpriu seus 30 dias e estava debilitado. Seu reingresso na vida comunitária foi saudado por gritos de boas-vindas. Ele era um herói, e a partir daquele momento era preciso respeitá-lo. Seus sacrifícios tiveram fim. Ele recebeu de volta sua cama e, à noite, teve uma festa louca, com coca e bichas. Ele estava como sempre. Os 30 dias de detenção na solitária não lhe haviam tirado o equilíbrio e ele tampouco parecia desperdiçar tempo pensando na próxima audiência. O que mais o interessava eram os resultados do futebol no último mês.

Pouco tempo depois, finalmente chegou a hora. Eduardo me disse de manhã que devíamos estar prontos no dia seguinte, por volta das 21 horas. Lá íamos nós!

Meu último dia no Galpão ia começar, e esperávamos estar no Paraguai no mais tardar em dois dias. Uma estranha comichão apoderou-se de meu corpo. Alegria antecipada pela liberdade por vir, quase palpável. Eu estava eletrizado. Os nervos de Alois, em contrapartida, estavam em frangalhos. Eu havia combinado com Eduardo que ele chegasse antes para nos mostrar o caminho para a cela em questão e minha preocupação maior era realmente com Alois, já que eu sabia que ele não tinha experiência alguma em se equilibrar em cima de muros altos. Em pensamento, preparei-me para o fato de que ele só conseguiria progredir muito lentamente e, lá no fundo, até temia que ele talvez não conseguisse. Agora aborrecia-me por não ter exigido mais energicamente que ele treinasse andar sobre os muros. Contudo, era tarde demais. A coisa tinha de dar certo! Eu não queria nem pensar no que iria acontecer caso eu tivesse de deixá-lo para trás. Mesmo assim, eu estava com a corda toda. A fuga era uma verdadeira aventura, algo que nós poderíamos contar mais tarde. No cinema, é sempre visto como uma aventura, mas é somente uma fraca imitação daquilo que se sente quando se vive o drama na pele. De todo modo, eu tinha certeza de estar fazendo a coisa certa, e queria aproveitar minha chance. Sentia-me como naquele dia em que tentei passar pelo controle da alfândega. Tenso, mas otimista e decidido a tudo!

Agora que a data estava determinada, o tempo passava tão lentamente, de modo torturante. Tinha dificuldade para comportar-me como sempre e fazer com que os outros detentos não percebessem nada.

Pegar a gororoba. Esperar. Contrariamente ao nosso costume, fumávamos um baseado atrás do outro — simplesmente para ter o que fazer. Normalmente, só fazíamos isso antes de ir dormir. Era impossível ler e também não tínhamos interesse nos programas de televisão. À noite, tive uma pequena discussão com Alois. Eu queria convencê-lo de qualquer maneira a tentar andar pelo menos um pouco sobre o muro. Alois era teimoso como uma criança pequena e alegava que conseguiria. Que Deus ouvisse suas palavras. A última noite chegou. Fiquei deitado bem quieto, não conseguia pensar em nada mais senão na liberdade, e rezei o Pai-nosso. Não era religioso, nunca havia sido, mas em momentos assim surge a devoção. De qualquer maneira, isso não me prejudicaria. Mesmo assim, não consegui dormir. Bem tarde, uma surpresa. De repente, Mônica estava diante de minha cama. Estava séria, contrariamente ao seu costume. Deitou-se ao meu lado e sussurrou ao meu ouvido:

— Rodger, eu sei que vocês vão se mandar amanhã e eu queria me despedir de você!

Irritou-me um pouco que ela soubesse de nossos planos. Tranqüilizei-me, porém, com o fato de que ela só podia ter sabido disso por meio de Carnisso, e julguei que ficaria quieta.

— Sim, Mônica, vamos embora amanhã e esta é a minha última noite neste buraco de merda. Gostaria de levar você comigo. — Não é que eu quisesse construir uma vida em comum com ela, mas me doía saber que ela continuaria naquele inferno. Era uma boa pessoa e merecia coisa melhor.

— Prometa que você não vai me esquecer e, quando estiver na Alemanha, escreva um cartão para mim, para que eu saiba que você está bem. — E, depois, com mais tristeza: — Então, você já não vai mais precisar de alguém como eu!

— Não diga uma coisa dessas. Eu nunca vou esquecer você, que me ajudou neste tempo difícil. Vou escrever de qualquer maneira e talvez voltemos a nos ver, quem sabe na Alemanha. Vai chegar a hora em que você também vai ser posta em liberdade!

Um soluço seco no meu ouvido. Ela se levantou de repente e pareceu-me não querer uma triste cena de despedida.

Agora, definitivamente, meu sono já era. Meus pensamentos giravam intensamente e se debatiam como loucos em minha cabeça. Alois roncava como uma morsa e rolava irrequieto de um lado para o outro. Também ouviam-se grunhidos das outras camas. Choveu, e havia as reclamações dos que se molhavam. Por desespero, ainda fumei um baseado e tentei, em seguida, masturbar-me até ficar cansado. Quando o dia raiou, peguei no sono, extenuado, mas acordei logo depois, moído. A hora da verdade estava próxima!

Esperar novamente. Nem a maconha ajudava. Os minutos prolongavam-se como se fossem horas. Pegar novamente o rango, andar por aí, manter conversas superficiais. Quarenta-e-três deitado na cama, ouvindo atentamente as notícias. Quatro detentos estavam sentados à mesa, jogando cartas a dinheiro. O escrevente estava sentado em posição de lótus em seu colchonete fino, compenetrado num trabalho encomendado.

Outro companheiro de cela estava deitado na cama, amarrando o braço com uma borracha. A dobra de seu braço estava quase preta de tantos hematomas. Procurava desesperadamente uma veia. Fazia sempre novas tentativas para posicionar a agulha rombuda. Depois de ter tentado inutilmente, soltou resignado a borracha e atou-a no outro braço. O sangue escorria, sujando seu lençol. Praguejava o tempo todo, porque o corpo se recusava obstinadamente, não aceitava mais ser maltratado. Então, finalmente, obteve sucesso. O sangue misturou-se ao conteúdo da seringa. Uma pressão sobre o êmbolo e seguiu-se uma transfiguração quase divina. Um camarada que definhava estava agachado sobre a fossa. Era pele e osso. Havia dias que estava com diarréia e corria constantemente para lá. A água no Galpão era péssima para estômagos sensíveis. Alois, com olhos errantes. Excitado como um animal, incapaz de qualquer ação. Uma bicha indo trabalhar. Seu freguês era um mulato careca. Ele terminou com um grunhido e esguichou seu sêmen na boca da bicha, que logo em seguida o cuspiu na pia, ajeitou os cabelos e se pôs no caminho de casa, satisfeita. Fiquei calmamente sentado na cama, observando as atividades. Mais uma vez, registrava tudo, porque queria me recordar daquele dia. As pessoas ao meu redor eram muito importantes para mim. Eram companheiros de jornada, que eu não queria ver mais, é bem verdade, mas que, de uma maneira pérfida, haviam se tornado queridos. Em silêncio, prometi a Deus abandonar o tráfico de entorpecentes, oferecendo-Lhe alguma coisa em troca de sua benevolência.

Outra vez o rango. Esperava que pela última vez. O jantar era composto de algumas fatias de pão com carne ou, opcionalmente, com peixe. Somente com muita fome era possível engolir aquela refeição. A carne não parecia saborosa nem convidativa. Mais para velha e coberta com uma gordura fosca e amarelada. O peixe estava quase estragado. Podia-se optar entre peste e cólera!

Alois e eu nos contentamos com pão seco, que recobrimos com fatias de tomate. Por cima, ketchup. No dia seguinte, iríamos comer melhor. Esperamos que os funcionários abrissem a porta pela última vez, para a contagem. Somente então Eduardo chegaria para nos buscar. Pensei com meus botões que a futura apresentação de Alois sobre o muro certamente não ia convencer Eduardo positivamente em relação às qualidades futebolísticas dos tchecos. Então, a contagem, realizada negligentemente como uma obrigação enfadonha. Sair da cela e confirmar rotineiramente seu nome. O tilintar das chaves quando a grade era trancada atrás de nós pela noite. Estávamos prontos! Ambos vestíamos nossas melhores roupas. Todo o resto ficava para trás. No bolso de Alois, um maço de notas de dólares.

— Rodger, eu preciso dizer uma coisa a você. — Alois fitou-me seriamente, sem pestanejar nem demonstrar medo, como fizera nas últimas horas. Prosseguiu: — Eu não sei no que isso tudo vai dar, mas agradeço por você ter trilhado o caminho comigo até aqui. Espero que amanhã estejamos fora, mas nunca se sabe. — Alois meteu a mão no bolso e entregou-me metade de seu bolo de notas. — Caso eu não consiga, salve pelo menos sua pele. Com esse dinheiro, você vai poder chegar facilmente à Alemanha!

Abraçou-me e apertou-me firmemente.

— Eu amo você, Rodger. Sem você, eu teria morrido. Obrigado, meu amigo!

Fiquei perplexo. Não esperava tal demonstração de afeto. Quando alguém diz, do fundo do coração, estas três palavras: "Eu amo você", é emocionante. Provavelmente, eram exatamente essas coisas que me recompensavam pelos anos de cadeia e que eu podia escrever a meu favor. O momento era solene e eu sabia que teria dado a vida por aquele homem e que nunca o teria deixado sozinho, mesmo se pudesse ter sido bem-sucedido na fuga sem ele. Há momentos em que se deve assumir uma postura clara.

— Alois, tome seu dinheiro de volta. Você pode me dar mais tarde, quando estivermos do lado de lá do túnel. Ou ambos damos o fora daqui ou ficamos juntos. Nunca deixaria você sozinho. — Ele olhou para mim com lágrimas nos olhos. Segurava o dinheiro na mão, indeciso. Energicamente, peguei o maço e enfiei as cédulas em seu bolso. — Vamos conseguir fazer isso juntos. Não tenha medo. Em algumas horas, estaremos fora daqui!

De repente, Alois estava mudado. Toda sua insegurança desaparecera e também não pestanejava mais nervosamente com os olhos. Encontrara paz e estava pronto para enfrentar a fuga. Cresceu minha esperança de que ele conseguiria percorrer o caminho sobre os muros. De repente, ele passou a transmitir determinação, ficou combativo e desvencilhou-se da apatia dos últimos meses. De um momento para o outro, tornara-se um novo homem.

Se antes os minutos passavam como se fossem horas, agora arrastavam-se como dias. A segundos de intervalo, olhávamos para o relógio e esperávamos que Eduardo aparecesse. De repente, Quarenta-e-três teve vontade de jogar conversa fora e queria que eu falasse sobre a Alemanha e as garotas legais de lá. Como sempre, ele vestia somente uma bermuda e estava sentado em sua cama. Tinha pele de velho, dura como couro e coberta de tatuagens horrorosas de cadeia, a maioria sem cor. Eram antigas, do início de sua carreira. De um tempo em que a única tinta à disposição era uma espécie de graxa para sapatos que os detentos roubavam da sapataria do presídio. Ele só poupara o rosto e as mãos. De alguma maneira, eu tinha a sensação de que Quarenta-e-três sabia exatamente o que ia acontecer naquela noite. Era indiferente para mim, e eu falei que não estava com vontade de bater papo. Nove horas da noite! E ainda nenhum sinal de Eduardo. Eu tinha medo que a coisa não fosse dar em nada. A cada minuto que passava, ficava mais desconfiado. Inúmeros cigarros. Um atrás do outro. Abrimos mão do recheio de maconha. Tratava-se de manter a cabeça no lugar. Mesmo assim, tomamos um gole da pinga de produção caseira, para dar mais ânimo.

— Vamos embora, subam — chamou Eduardo, que de repente estava em cima do muro e não fazia menção de descer. Fumava negligentemente um cigarro, enquanto Alois começou a escalar o muro. Encostei-me à parede, ali onde os canos dos chuveiros saíam da alvenaria velha e quebradiça, e ajudei-o fazendo um apoio com as mãos. Deixei que ele subisse nos meus ombros para conseguir alcançar o tubo com mais facilidade. Acanhado, ele estendeu as mãos, que Eduardo agarrou, puxando-o resolutamente para cima. Finalmente, Alois sentou-se sobre o muro. Podia ser que a coisa desse certo! Então, foi minha vez, rápido e decidido. Tendo chegado ao topo, procurei ajudar Alois a levantar-se. Ele ergueu-se, inseguro. Eduardo observava os trêmulos esforços de Alois repuxando os cantos da boca ironicamente. Alois balançava de um lado para o outro e segurava-se desajeitadamente em mim. Meu ânimo estremeceu. Fiquei com um vago temor de eu mesmo cair, como um guarda-vida que corre o risco de afogar-se ao tentar tirar uma pessoa da água, porque ela se agarra a ele em pânico. Era evidente que não podíamos carregá-lo. Alois tornou a sentar-se e segurou-se ao muro como se nunca mais fosse soltá-lo. Era muito alto. Eu desconfiava que ele já pudesse ouvir o barulho dos seus ossos quebrando.

— Fiquei o tempo inteiro martelando isso para você — disse, repreendendo-o. — Se você tivesse me escutado!

— Nós não temos a noite inteira — disse Eduardo. — Vou andando na frente e espero vocês perto da cela.

Alois se pôs a caminho arrastando-se de barriga, como alguém que não tivesse pernas. Eduardo já havia alcançado a cela e acenava para nós. Faltavam ainda cerca de 100 metros. Avançávamos com muita dificuldade, para alegria de todos, que estremeciam de rir quando viam Alois no muro, encharcado de suor e com uma expressão decidida no rosto. Mesmo assim, seus movimentos tinham algo de resoluto e inflexível. Ele se movia de uma maneira animalesca, desesperado e com toda a força de que era capaz. Sua vida dependia daquilo. Já que queria sair, a oportunidade tinha chegado. Eu ia à frente, permanecendo sempre próximo dele. Só podia ajudá-lo indiretamente, ao falar de maneira tranqüilizadora, elogiando seu progresso e dizendo que não precisava ter medo, que logo estaria terminado. Só mais um pedacinho. Eu falava das mulheres bacanas que esperavam por nós do lado de fora e de todos os outros prazeres que se desfruta em liberdade. Teimosamente, Alois continuava se arrastando e mantinha os olhos fixos no destino. Havíamos percorrido metade do caminho e parecia-me que ele agora ia se deslocando mais rapidamente. A jornada mais longa começa com o primeiro passo e, finalmente, chegamos à cela.

Eduardo ainda nos desejou muita sorte.

— Não se deixem pegar. A propósito, a próxima Copa é do Brasil. Pense nas minhas palavras quando você estiver na Alemanha diante da televisão!

O pior havia ficado para trás. Alois estava deitado no chão, cansado como um maratonista depois da chegada. Tinha a respiração difícil. A falta de movimentação o deixara frouxo, apesar de ele ter apenas 40 anos. A cela era igual à nossa, com a diferença de que possuía uma saída para a liberdade. Naturalmente, os homens que haviam cavado o túnel também fugiriam. Não podiam ficar, de jeito nenhum. No dia seguinte, quando a fuga fosse percebida, seguramente a PM colocaria toda a prisão de cabeça para baixo. Que Deus tivesse misericórdia daquele que ainda se encontrasse na cela. Nós estávamos um pouco adiantados. A fuga deveria ocorrer somente por volta das 23 horas. Um mulato de cabelos grisalhos explicou-me que estavam aguardando um sinal de fora. Para ser exato, um tiro com uma bala traçante que anunciaria que ninguém estava patrulhando e que o caminho estava livre. Só então poderíamos nos atrever a cruzar o túnel definitivamente. Era arriscado, pois a PM tinha uma boa visão a partir do seu posto, e eu esperava sair num local protegido onde não fôssemos descobertos imediatamente e que teríamos pelo menos alguma dianteira antes de o alarme ser disparado. Aos poucos, cada vez mais detentos deslizavam pelos muros e se deixavam escorregar suavemente para dentro da cela. Os brasileiros só chegaram tarde, por assim dizer, no último minuto. Estávamos todos presentes. Um deles assumiu a distribuição dos lugares. Como prometido, devíamos ficar com os lugares 3 e 4. Alois queria que eu entrasse no túnel antes dele. Mas onde estava o túnel? Curioso, fiquei olhando ao meu redor, mas não conseguia descobrir coisa alguma.

O túnel fora cavado debaixo de uma cama e a entrada estava escondida tão perfeitamente que só podia ser descoberta quando se sabia exatamente onde ela se localizava. Os camaradas tinham confeccionado uma tampa de pedra quadrada que ocultava o buraco perfeitamente.

Fiquei impressionado. Realmente, não dava para ver absolutamente nada. Quatro homens tinham que fazer força juntos para retirar a tampa. De qualquer maneira, embaixo da cama a escuridão era maior, e agora, depois que a luz fora apagada no presídio todo, só se via difusamente um buraco negro, estreito e que inspirava medo. Os cigarros reluziam como vaga-lumes, ora mais forte, ora mais fraco. Como enfeitiçados, olhávamos fixamente para o telhado, para as telhas translúcidas, e aguardávamos a bala traçante que daria o sinal de partida.

Ninguém falava. De repente, o céu tornou-se vermelho por um momento. Fogos de artifícios que iluminavam o Galpão. Os camaradas puseram-se em movimento. Formamos uma fila, como se estivéssemos esperando por uma concha de sopa. Um deles nos advertiu que mantivéssemos certa distância dentro do túnel e que fizéssemos o mínimo possível de ruído. No total, éramos 28 homens. O primeiro rastejou para dentro do buraco de cabeça. Diante dele havia uns bons 20 metros, que ele tinha de percorrer em absoluta escuridão, como todos nós. Parecia apertado demais, como eu podia perceber de onde estava. Esperava que o túnel não desabase. De repente, lembrei-me de relatos sobre acidentes em minas e fiquei com medo de ser soterrado e morrer miseravelmente asfixiado. Enterrado vivo por pedras e terra. Pouco depois, desapareceu o segundo. Eu era o próximo; ajoelhei-me e deitei sob a cama, procurando uma posição favorável para iniciar. Com cuidado, arrastei-me para dentro e, de um segundo para outro, não vi mais nada. Tive que reprimir o impulso de me retrair. Estava quente. Havia poeira no ar. Diante de mim, ouvia nitidamente os dois colegas que se arrastavam na escuridão e emitiam xingamentos abafados. Eu já estava no buraco até a bunda. Depois de ter entrado, não havia mais como voltar! De repente, ouvi tiros, através da galeria. Traição, passou-me pela cabeça. Traição! O túnel fora descoberto. Enlouquecido pelo medo, me arrastei para trás. Alguém me puxava pelos pés. Era Alois, que gritava com voz precipitada que precisávamos sair dali o mais rápido possível. Uma agitação começou. Nervosamente, os outros escalavam as paredes e corriam instantaneamente de volta para suas celas.

Alois e eu também nos pusemos a escalar o muro, tomados pelo pânico. Repetidamente, ouviam-se tiros isolados. Uma angústia mortal tomou conta de nós, e não se deve subestimar como isso pode fazer acelerar o andamento. Embora Alois se pusesse a caminho rastejando, eu tinha a impressão de que ele sequer tocava no muro. Fiquei o tempo todo logo atrás dele e reprimi o desejo de correr mais rapidamente de volta para a minha cela. Corríamos pela nossa vida. Quando a PM entrasse no Galpão, atiraria em nós sem hesitar. Ainda não havia caído completamente a ficha de que a fuga tinha fracassado. Primeiramente, tratava-se de me salvar. O medo nos dava asas, no sentido mais verdadeiro da palavra. Isso não era apenas uma citação, conforme podia ver no exemplo de Alois, que abria caminho quase como um trator e tentava desesperadamente percorrer o caminho num tempo recorde. Seus braços remavam como as asas de um moinho de vento. Acenderam-se as luzes de todo o prédio. Alarme! Sirenes dispararam! Inquietação em todas as celas. Os detentos estavam agitados como galinhas quando uma raposa entra no galinheiro. O ritmo ficou frenético. Finalmente, chegamos à nossa cela. Tiramos a roupa e deitamos em nossas camas. Independentemente do que iria acontecer, resolvemos ficar deitados e aguardar. Nossos companheiros estavam numa agitação desesperada e ocupados em esconder seus poucos haveres da melhor forma possível. Meu coração batia tão rápido que eu temia que saltasse do peito. Tinha que pensar nos camaradas que haviam entrado no túnel antes de nós. Não podiam nem voltar, nem seguir adiante. E, mesmo que tivessem conseguido rastejar para trás de alguma maneira, o caminho estava barrado para eles, já que havia muito que os outros tinham posto a placa de volta sobre a entrada e agora rezavam para que acontecesse um milagre. Um barulho infernal de botas e a chegada marcial da força do Estado. Sair da cela nus e tomar pancadas. Por turnos. Cela por cela. Mais uma vez, pude assistir a como tudo era revirado. Normalmente, assim me parece, os policiais deveriam procurar aqueles que queriam fugir. Normalmente! Mas não se tratava disso quando a PM tomava a instituição de assalto. Aos seus olhos, todos eram culpados e, conseqüentemente, as pancadas sempre atingiam os caras "certos". Imóveis, permanecíamos nus, diante das celas. O barulho durou até às 3h. Tornaram a nos trancafiar. O castigo passara. A cela de fuga pagaria o preço. Deitamo-nos na cama. Não tomamos parte das conversas dos outros e procuramos dormir. Aqui ficava demonstrado que os brasileiros tinham caráter. Qualquer um poderia nos entregar, se quisesse. Todos sabiam que Alois e eu queríamos fugir e, mesmo assim, ninguém abriu a boca. Ninguém disse uma palavra. Todos ficavam calados e pagavam o pato em silêncio, e aceitavam que suas poucas coisas fossem destruídas. E isso sem emitir uma recriminação. Se havia uma espécie de direito fundamental do preso, era o direito de fuga. Até a justiça entendia assim, tanto que não havia penalidade prevista para fuga. Obrigatórios eram, unicamente, os 30 dias na cela de isolamento. Caso ninguém tivesse ficado ferido e não se tivesse provocado grande dano material, não havia nenhuma conseqüência penal. Imediatamente, caí num sono profundo. Meu cérebro recusava-se a qualquer outra atividade. Simplesmente, haviam acontecido demasiadas coisas naquela noite.

No dia seguinte, acordamos como sempre em nossa cela. O Paraguai estava muito longe e tratava-se de fazer o inventário. Estávamos no Galpão e continuaríamos a passar nossa vida ali. Querendo ou não. A atmosfera na nossa cela estava ruim. Além dos danos materiais, havia também um ferido. Durante a punição, a polícia havia quebrado o braço de um dos nossos companheiros de cela com a coronha da metralhadora. Entalamos o braço dele da melhor maneira possível e rasgamos uma camisa para servir de tipóia. Não podíamos fazer mais nada.

Muitos xingavam porque estavam arruinados. O escrevente permanecia sentado sem se mexer, e chorava. Um policial havia rasgado seu diário. A decepção pela fuga malograda queimava-me a alma. Para mim, isso significava ter de ficar alojado no Galpão pelos próximos 3 anos. Era um golpe violento, quando se pensa que eu havia passado todos os últimos dias me vendo na Alemanha. Não obstante, havíamos saído ilesos.

À noite, voltei a receber a visita da Mônica. Inteirei-me por ela que a PM soubera da fuga desde o início e que o próprio Carnisso havia sido o traidor. Foi um susto, e tornei a aprender uma lição a respeito da política do presídio. Mônica sentou-se na cama ao meu lado e me contou como a traição havia ocorrido.

— Ouça, Rodger. Eu sei por que a fuga da noite passada deu errado. Mas você deve me jurar que não vai contar para ninguém. Um dos guardas, o sr. Barasco, você sabe, o gordo, é louco por mim. Hoje ele foi me buscar na cela e me levou a um depósito de material de limpeza. Você já pode imaginar o que é que ele queria comigo. Quando terminou, me contou em segredo que Carnisso e a PM tinham dividido o dinheiro entre si. — Eu já havia pensado nisso. Não era um negócio ruim. Tratando-se de quase 30 presos, seguramente, haviam juntado uma bela soma de dinheiro.

Tudo não havia passado de uma brincadeira. Às vezes, a instituição realmente olhava para o outro lado e deixava alguns fugirem. Então, novamente a coisa era descoberta. De vez em quando, Carnisso tinha que fazer concessões para manter sua posição. Como em negociações políticas, em que reina o toma-lá-dá-cá e, principalmente, as pessoas ficam de olho no próprio bem-estar. A realidade dos fatos era dura e o que restava era respirar e conformar-se. Os dois que haviam rastejado no túnel antes de mim não estavam mais vivos. A despeito do alarme, haviam tentado sair do outro lado e foram friamente abatidos a tiros. Eu também poderia ter sido um deles, mas no último segundo parecia que sempre havia alguém para estender uma mão protetora sobre mim e me proteger do pior. Por quanto tempo ainda gozaria dessa sorte? A reserva estaria esgotada?

Eu não queria pagar para ver e, sem dizê-lo a Alois, preparei-me para cumprir a sentença, a não ser que acontecesse um milagre. Tomei essa decisão relativamente rápido, poucos dias depois da fuga frustrada. Alois estava taciturno e resmungava da manhã à noite. Ele queria ser transferido para outro presídio, para eventualmente, mais adiante, ser incluído no regime semi-aberto.

Toda a equipe dos trabalhadores do túnel trocou sua cela, nos 30 dias seguintes, pela cela de isolamento, sendo tratada a pão e água.

Carnisso nos havia traído de maneira infame e era evidente que não confiávamos mais nele. Agora o Galpão havia se transformado num local inseguro, e, como Alois, eu também queria ser transferido. Já que tinha de ficar preso, então, pelo menos, em melhores condições de detenção.

Certos dias, uma assistente social ia ao Galpão. Entrei em contato com ela. A partir de então, eu queria escolher meu próprio caminho e não ficar mais dependente de Alois. Não é que não nos déssemos mais, mas desde a fuga havia ocorrido uma ruptura. Havia uma barreira entre nós, que eu nem saberia dizer por quê. Não tínhamos nada a censurar-nos reciprocamente, mas também não era mais como antes. Além disso, ele tinha que cumprir 30 meses a mais que eu e, portanto, eu tinha que me planejar de outro modo e me concentrar em minha vida.

O advogado de Alois queria conseguir uma transferência para Bangu para ele, e estava certo de conseguir.

Eu, em contrapartida, obtive uma entrevista com a assistente social algumas semanas depois. Era uma senhora negra e corpulenta, de aspecto maternal. Contei-lhe minhas mágoas e disse que queria melhores condições de detenção. Que gostaria de ser transferido para um presídio no qual fosse possível trabalhar e passear no pátio. E, se possível, eu queria uma cela individual. Não agüentava mais o Galpão e estava farto de ter que temer constantemente pela minha vida e de estar submetido aos abusos da PM. De modo geral, eu ambicionava um local onde pudesse cumprir minha pena em paz. A sra. Martinez fez anotações, elogiou meu português perfeito e prometeu ajudar-me no caso da minha transferência. Havia muitos presídios no Rio e, se eu não conseguisse ser transferido para uma das penitenciárias-modelo, que fosse, então, para alguma que não somente trancafiasse as pessoas, mas também lhes oferecesse algumas perspectivas. E não se tratava apenas da possibilidade de trabalhar, mas ainda de encurtar a duração da pena. A cada três dias trabalhados recebia-se a redução de um dia da pena. De certa maneira, eu já havia desperdiçado alguns dias, pois no Galpão eu passava o tempo sem ocupação. A sra. Martinez me contou a respeito do Lemos de Brito, uma instituição que também estava localizada no centro do Rio e que preenchia os critérios que eu pleiteava. A assistente social era muito gentil e eu me mostrava encantador como nunca. Sentia que ela gostava de mim.

— Não se preocupe — disse-me na despedida e segurou minha mão com um gesto carinhoso, alisando-a. — Vou fazer o que puder. Reze a Deus e, no futuro, seja mais esperto. A vida é preciosa demais para ser desperdiçada. Tenho bons contatos no Lemos de Brito, mas vai demorar um pouco. A burocracia brasileira é um monstro preguiçoso que só se põe em movimento lentamente.

Depois dessa conversa, senti-me melhor, porque voltei a ter um objetivo pelo qual lutar. Sim, eu vivia desse modo. Do controle da alfândega para a delegacia policial. Da carceragem para Água Santa. E o julgamento. Por fim, a transferência para o Galpão, a tentativa de fuga. A próxima etapa devia ser Lemos de Brito. Intimamente, eu dividia o período de detenção em fases. A vida na prisão é um estado de espera. Espera-se sempre. De uma carta a outra, de uma visita a outra; na realidade, é sempre esperar. As pessoas alimentam-se de recordações, alegram-se com uma palavra gentil e com coisas que são ridiculamente naturais, como, por exemplo, uma cebola. Na vida livre, elas existem em profusão e, no Galpão, as cebolas eram um luxo. De modo geral, o paladar se modificava. Eu, como cozinheiro, possuía grande afinidade com os alimentos, curtia temperos selecionados e ingredientes especiais, e já tinha esquecido como é maravilhoso um porco assado. Tinha saudade de uma dieta caseira e forte.

De um dia para outro, Francesco sumiu. Simplesmente assim. Desapareceu! Uma vez que não houve nenhuma alteração na rotina, deduzi que ele havia comprado a fuga diretamente da PM. Eu não deveria ter apostado em Carnisso, percebia agora. Depois, todo mundo sempre fica mais esperto. Provavelmente, Francesco já estava na Sicília, sendo paparicado por sua mãe com comida caseira. As bichas sentiriam falta dele. Era de tirar o chapéu.

Eu não tivera tanta sorte e resignava-me a ter paciência. Independentemente do horror diário que me circundava, eu nutria uma raiva visceral. O fato de termos sido traídos e vendidos por Carnisso não me deixava sossegar. Ele merecia que lhe cortassem a garganta. Para ele, tanto fazia que pessoas tivessem morrido durante a tentativa de fuga. Por pouco eu não fora assassinado também. O simples pensamento de estar vivendo com ele sob o mesmo teto era insuportável e, às vezes, me sufocava.

Os dias se alongavam. A curiosidade inicial havia cedido lugar à letargia. Embora os acontecimentos no

Galpão fossem um modelo ideal para um filme de Hollywood, eu já não podia extrair mais nada deles. Os assassinatos e as escaramuças rotineiros repugnavam-me e haviam perdido a aura da novidade. Depois da história do túnel, eu já não me considerava visitante, porém um hóspede permanente. Ao meu redor, só havia truculência. Ali eu só aprendi uma coisa: a verdadeira natureza dos homens. Quando a pessoa vinha, como eu, de um mundo protegido, ficava espantada com a brutalidade e nem podia imaginar que coisas como tortura, assassinato e traições existiam. De repente, ficou muito fácil imaginar os velhos na Alemanha, com uniformes da SS!

O pedido de transferência para Bangu feito por Alois foi deferido. Ele se alegrou e ficou triste ao mesmo tempo. Tratava-se de despedir-se de mim. Inúmeras vezes, ele havia me pedido para reconsiderar se eu não queria mesmo ir com ele. Nessa ocasião, ficou demonstrado, mais uma vez, que sou um solitário. Eu percebia que minha tarefa de auxiliá-lo no presídio estava concluída. Agora podia deixá-lo ir embora, sem remorsos. Inclusive, ele já falava um pouco de português, e as coisas seriam mais fáceis para ele em Bangu do que no Galpão. E muitos estrangeiros estavam presos lá e, seguramente, ele encontraria novos amigos. Mantive minha decisão de ir para o Lemos de Brito. Parecia que Alois se sentia culpado por me deixar para trás. Eu não me preocupava comigo. Tinha confiança de que me sairia bem.

Uma semana depois, ele deixou a cela definitivamente. Combinamos de manter contato e de organizar uma grande festa, um dia. Fiquei triste. Sua companhia me fazia bem e eu sentia muito sua falta. Havia me apegado a ele.

Preenchi o vazio com leitura. Eu devorava todos os livros a que tinha acesso. Encontrava nisso um refúgio. Muito embora meu corpo estivesse trancafiado, a palavra escrita libertava meu espírito e levava-me a inúmeros lugares. Os livros só desenvolviam seu pleno poder no isolamento de uma cela. Em que outra parte as palavras de grandes poetas e pensadores poderiam derramar tanto consolo senão atrás de grossos muros de presídios? Eu lia tudo o que me caía nas mãos e esperava diariamente que a sra. Martinez fosse bem-sucedida em seu pedido de transferência para mim.

A sorte estava do meu lado, já que, do nada, a assistente social me procurou numa tarde de inverno bastante fria.

— Você precisa se decidir imediatamente — disse ela, mal tinha entrado na sala. Usava uma túnica, um longo vestido flutuante do tipo que as cantoras gospel usam ou a roupa de domingo das africanas. — Vim especialmente para falar com você. Haverá uma vaga. Se quiser, pode estar no Lemos de Brito amanhã. O que me diz?

O que é que eu devia dizer?

— É claro que eu quero, sra. Martinez!

Eu me pendurei em seu pescoço e beijei-a impetuosamente. Que notícia maravilhosa! Finalmente, sair daquela cela. Troca de cenário! Acho que é minha capacidade de demonstrar meus sentimentos que me ajuda a fazer amizades. Abracei-a e apertei-a contra o meu peito fortemente. Ela pareceu gostar, e seus olhos brilhavam, úmidos. Voltei para minha cela assoviando, junto de Quarenta-e-três e dos outros. Sabendo que no dia seguinte continuaria minha odisséia.

4ª PARTE

LEMOS DE BRITO

Algemas, mãos nas costas e para dentro da *minna*! Sarcasticamente, pensei que isso também era um tipo de férias que eu estava passando no Brasil. Enquanto os outros visitavam pontos turísticos, como Rio, Bahia e Manaus, para mim eram as penitenciárias Água Santa, Galpão e, agora, Lemos de Brito. Destinos de férias com sabor de aventura.

Eu havia transformado em dinheiro tudo o que possuía no Galpão. Os detentos só podiam levar consigo pertences de primeira necessidade, como artigos de higiene e roupas. Todo o resto seria enviado posteriormente. Eu não confiava nessa solução, já que era de conhecimento geral o desvio resultante dessa forma de transferência. Eu não quis arriscar e por isso vendi tudo que possuía, como, por exemplo, o fogão e o colchão. Com o dinheiro da venda, eu pretendia voltar a me equipar no local. Assim, fiz meu caminho para a nova casa, com um pouco de dinheiro no bolso. Era inverno, o que quer dizer que, mesmo no Rio, os termômetros podem chegar até os 10 graus. Quando entrei na *minna* do horror, havia um ventinho fresco; mas já após alguns minutos comecei a transpirar. Pois é, a viagem na *minna* nunca me decepcionaria, já que dispunha de um caleidoscópio de possíveis transtornos sempre de prontidão. Não obstante, a cada vez, eu ficava mais composto. Era um combate surdo que tínhamos de enfrentar, e, assim, até mesmo o horror da *minna* era reduzido. Por sorte, a transferência foi rápida. Saltei e bastou um olhar para compreender que havia aterrissado numa penitenciária de moldes tradicionais. Era um presídio de verdade, exatamente como se imagina uma cadeia e não como o Galpão, mais semelhante a um gigantesco mercado coberto. O terreno era grande e o edifício, impressionante, em sua massa fria e gasta pelo tempo. Lemos de Brito era composto de três complexos diferentes, próximo a uma favela. Quatro andares, janelas gradeadas, nas quais estavam penduradas roupas para secar. Um pouco como no sul da Itália.

Primeiro, o procedimento de admissão. Guardas com luvas de borracha verificavam a bagagem, porém poupavam os orifícios corporais dos detentos. Tirar a roupa, tomar banho, voltar a se vestir e aguardar. Por mais de duas horas. Éramos seis recém-chegados e fomos levados aos poucos para nossas celas. Eu era o último. Já sabia que teria uma cela individual, e mal podia esperar para vê-la. Eu havia ficado sem privacidade durante 18 meses, sem ter um local aonde pudesse me recolher em paz. Isso terminaria naquele momento. Finalmente, poderia masturbar-me e ler um livro sem interferências. Que perspectiva maravilhosa! Por fim, chegou um funcionário que me levou para minha cela assoviando e balançando arrogantemente o grosso molho de chaves, saudando à esquerda e à direita como um pároco em suas visitas. Como nas etapas anteriores, fui avaliado detidamente pelos outros. Dessa vez, não ouvi idiotices como em Água Santa. Ninguém gritou que queria me transformar em puta. Atravessávamos o edifício, à esquerda e à direita as galerias, como são chamados os corredores diante das celas. Cada uma com dez celas, portanto, 20 em cada andar, por quatro andares. Era concebido como um edifício em cruz, com quatro alas. No nosso bloco, havia espaço para 400 detentos. Minha cela ficava no segundo andar. Estranhamente, mais uma vez recebi uma cela bem no fundo, à esquerda. Isso já havia acontecido na praça Mauá e também em Água Santa.

— Aqui está sua suíte. Peça para os outros explicarem como o negócio funciona aqui. Se você ficar quieto e não aprontar nada, este não é o pior dos lugares. Muita sorte, gringo!

Finalmente, fiquei sozinho, e passei os olhos ao meu redor. A cela estava num estado precário. Quebrada e absolutamente desconfortável. Um lugar ideal para um monge penitente que quisesse demonstrar seu amor a Deus através de absoluta autopunição. Escassez não era a expressão correta para a absoluta falta de mobília. Um buraco, de 2 metros por 3! Uma placa de concreto servia de cama, não havia mesa nem cadeira. As paredes eram de alvenaria em péssimo estado, tudo dilapidado como um pardieiro vazio que vai ficando decrépito com o passar dos anos. A despeito de minha indignação, constatei com simpatia que dispunha de uma janela que podia ser aberta. Daqui eu tinha uma boa vista, via o céu e até pássaros. Até então, eu sempre havia acreditado que era normal ter janelas em presídios, mas o Galpão havia derrubado minha crença.

A pia estava enferrujada, cheia de mossas e presa precariamente na parede com um só parafuso. Comecei por me sentar, fumei um cigarro, organizei meus pensamentos e tentei encontrar um pouco de paz interior. Uma transferência sempre provoca tensões. As portas das celas, de madeira, não eram trancadas pelos funcionários. Mesmo assim, havia trincos do lado de dentro, para que se pudesse estar a salvo de visitas indesejadas. Outra novidade. Aqui se podia trancar sua própria cela e somente as grandes portas de grades das galerias é que permaneciam trancadas. Havia barulho no corredor. A porta se abriu. Um brasileiro de moletom apresentou-se como chefe da galeria. Cada uma tinha seu próprio chefe. Foi ele que me informou sobre a rotina e me esclareceu quando havia comida e outros procedimentos. Caso eu encontrasse alguma dificuldade, poderia procurá-lo sem hesitação. Aceitei imediatamente sua oferta e pedi que ele me arranjasse um balde e um escovão, para eu dar uma faxina pesada na cela. A cela não era só um velho pardieiro, estava absolutamente emporcalhada. Dei uma primeira geral e esperei do lado de fora da cela, no corredor, que o chão secasse; fui imediatamente cercado pelos meus vizinhos, que estavam todos curiosos para ouvir minha história. Os brasileiros não dão às pessoas tempo para pensar, querem toda a atenção e fazem mil perguntas de uma só vez. O fato de eu ser louro e oriundo da Alemanha despertava, além de curiosidade, certa avidez. Os alemães eram ricos, e era aconselhável se dar bem com eles. Não faltavam ofertas. Cocaína, maconha, tudo o que se podia imaginar caso se dispusesse de grana. No geral, o balanço foi positivo. Ali minha vida transcorreria de forma mais agradável do que nas etapas precedentes. Mais tarde permaneci horas de pé junto da grade, olhando o céu noturno, e fiquei imaginando como devia ser maravilhoso observá-lo de Copacabana, a poucos quilômetros daqui. Eu, em compensação, via, sobretudo, o outro complexo da prisão, a somente 10 metros de distância. Ali também os presidiários estavam pendurados nas janelas e davam vazão à sua frustração, gritando.

À noite, tive dificuldades. O concreto era frio e forrei a cama provisoriamente com as poucas peças de vestuário que possuía. O dinheiro no meu bolso era tranqüilizador. Decidi comprar o mais rapidamente possível um colchonete e uma coberta. Durante minha primeira noite no Lemos de Brito, só consegui dormir um pouco, senti frio e me encolhi na posição fetal. Não pude deixar de pensar em Alois. Como é que ele estaria? Ele também estaria deitado no chão, como eu?

O toalete, ou melhor, a fossa, espalhava um fedor insuportável. Tinha notado que os outros possuíam um pote de plástico com o qual tapavam o buraco. Esse objeto também devia ser uma das minhas prioridades na lista de compras. As baratas estavam fazendo a festa e corriam de um lado para o outro, rastejando por cima de mim. Não que eu tivesse medo da bicharada, mas os modelos brasileiros não podiam ser comparados com as baratas de cozinha alemãs, elas tinham o tamanho de um maço de cigarro. Repugnante! Como, de qualquer maneira, eu estava batendo os dentes de frio, levantei-me e matei tantas quantas foi possível. Joguei o resultado de minha ação pela janela. Contudo, pouco tempo depois, já ouvia novamente os ruídos delas rastejando. Parecia que legiões inteiras estavam de prontidão, um reservatório inesgotável de bichos nojentos.

Então, o despertar, por volta das 6h com o conhecido arrastar do pedaço de pau pelas grades. Distribuição de café e um pão com manteiga. Aqui também o café era horrível, totalmente sem açúcar e velho. Depois, até às 9h, ficava tudo trancado. Eu caminhava de um lado para o outro, sem parar, para me aquecer e para afugentar a rigidez dos membros. Eu estava indolente e mal-acostumado, e já havia me esquecido que tinha passado meses dormindo na laje dura. Às 9h, as galerias eram abertas. Quem quisesse podia ir ao pátio interno ou à quadra de esporte, para jogar futebol de salão. Primeiramente, fui ao pátio interno, e curti poder olhar para a frente, para uma distância maior. A minoria permanecia nas celas. Os presos ou já tinham saído para trabalhar ou ficavam do lado de fora. O pátio não era muito grande. Aproximadamente 50 metros por 15. Era o centro da vida social. O posto de observação dos carcereiros estava localizado logo antes da entrada. No próprio pátio, havia uma cantina onde se podia comprar algumas coisas: hambúrgueres, limonada, Coca, cigarros e uma pequena seleção de alimentos. O dono não era um funcionário da justiça, porém um comerciante que mantinha sua loja naquele local. Não era um local de trabalho isento de perigos, como relatarei mais adiante. Havia bancos de pedra cobertos para os visitantes. Os detentos permaneciam em grupos ou caminhavam em círculo. Eu também fiz isso, e permaneci aberto às novas impressões. Na realidade, o pátio interno me parecia a Terra Prometida, e tomei a decisão de comprar um par de tênis e começar a treinar corrida regularmente. Eram condições paradisíacas. A sra. Martinez não havia prometido nada em vão. Eu não tinha medo dos outros, embora também pudesse constatar que, além de mim, poucos estrangeiros estavam ali. Tudo era pacífico, e os meus companheiros de prisão não apresentavam aquele faiscar constante nos olhos como no Galpão. Nunca me enganei tão redondamente no que dizia respeito ao quesito de relações pacíficas. O fato era que, na realidade, o Lemos de Brito era um cenário de guerra e a presa que estava sendo disputada era nosso bloco. Eu já mencionei que havia outros dois complexos penitenciários. Estavam todos concentrados no mesmo terreno, mas cada bloco era independente. Num deles, só estavam alojados componentes do Comando Vermelho e, no outro, uma facção chamada Terceiro Comando. Nós nos encontrávamos exatamente no meio, e ambas as organizações tinham um único objetivo: assumir o poder em nossa unidade. Eu não podia saber disso tudo e, principalmente depois do transcorrer pacífico dos primeiros dias, não desconfiava de nada e jamais teria podido imaginar que o Lemos de Brito pudesse se transformar no cenário de sangrentas guerras de quadrilhas, com um sem-número de mortos. Ainda não sabia que testemunharia massacres que foram noticiados no mundo inteiro. Até então, eu só conhecia a PM do Galpão e o rastro de devastação que eles deixavam depois de quebrarem tudo o que havia para destruir. Não obstante, via de regra, eles haviam deixado as pessoas vivas. Ao contrário daqui, onde eu devia ver com meus próprios olhos a PM atirar indiscriminadamente com metralhadoras em tudo o que se movesse. Porém, nada disso podia ser sentido no momento e eu não pensava nem em perigos futuros, nem em balas perdidas.

Às 11h, todos voltavam para suas celas. Era o momento de distribuição da comida, um pouquinho melhor do que a do Galpão. Parecia que eu realmente havia melhorado significativamente! Ali dava para agüentar. Rapidamente, conheci os outros prisioneiros. Eu ainda me comportava discretamente e não queria me comprometer com ninguém. Estava à procura de um colchão e de uma coberta e não queria passar outra noite sentindo frio, de jeito nenhum. À tarde, todos podiam voltar a sair, até à hora do jantar. Intimamente, eu já tinha escolhido um companheiro, meu vizinho de cela à direita. Minha intuição sobre as pessoas raramente havia me traído até então. Nelson parecia um sujeito simpático. Era um pouco mais velho que eu e parecia tranqüilo, na véspera havia me dado a mão e tinha chamado minha atenção agradavelmente porque não havia feito tantas perguntas e tampouco me importunado. Nelson tinha um tórax muito desenvolvido, dava a impressão de ter um bom condicionamento físico, e parecia não ter 1 grama de gordura no corpo. Tinha uma barba de três dias e fartos cabelos pretos encaracolados. A oportunidade de falar com ele apareceu quando ele estava sozinho em sua cela, comendo o parco jantar. A porta estava entreaberta e eu bati cuidadosamente e aguardei até que ele me mandasse entrar. Respeitar a intimidade do outro era uma lei observada. A cela era considerada um local sagrado e não se aconselhava ninguém entrar sem autorização, justamente pelo fato de que, enquanto detentos, éramos constantemente expostos a arbitrariedades.

Nelson fez um gesto convidativo com a mão e sorriu para mim.

— Entre, gringo!

Como ele só tinha uma cadeira e estava sentado nela, olhei interrogativo para sua cama.

— Sente-se.

Eu obedeci e olhei em volta. Imediatamente, percebi que Nelson não era um presidiário rico e vivia de modo espartano. Nas paredes havia incontáveis pôsteres de mulheres nuas em poses provocantes e concluí que ele havia aproveitado cada visão nas noites solitárias. No mais, não havia evidência de que ele quisesse transformar sua cela em *garçonnière*. Durante minhas andanças pelo corredor, havia constatado que alguns tinham transformado as celas em sua casa particular, com móveis, prateleiras e encomendas especiais da marcenaria da cadeia. Havia, inclusive, detentos que possuíam chuveiro elétrico.

Não era o caso de Nelson, que poderia juntar seus pertences em 2 minutos.

— E, então, Rodger, está gostando de seu novo lar?

— Se eu estou gostando? Muito, descontando todo o resto!

— Como é que é isso?

— É simples, eu estou vivo. Acho que não se pode esperar muito mais aqui. — E, de forma um pouco mais acusatória: — É uma vergonha enfiar os detentos simplesmente numa cela vazia. Isso é uma vergonha para o Brasil.

— O que é que você sabe do Brasil? Absolutamente nada!

Acendi um cigarro, estendi o maço.

— Não se engane. Eu sei uma porção de coisas, afinal estou aqui há 18 meses, falo a língua de vocês e conheço muitos brasileiros, e, para voltar à sua pergunta: sim, gosto muito daqui. Se você já esteve em Água Santa e no Galpão, sabe do que estou falando. Só me faltam umas coisas básicas, como um colchão e uma coberta. Pois é, e uma vasilha dessas que você tem para cobrir a fossa. Talvez seja uma forma de reprimir a praga das baratas! — Aos pouquinhos, fui tocando no assunto mais urgente para mim.

— Esqueça, você nunca vai se livrar das baratas. É melhor simplesmente ignorá-las. Todo o resto é inútil. Elas são as verdadeiras soberanas no Lemos de Brito!

— Diga-me, você sabe onde eu poderia conseguir um colchão? Pode me dar uma dica?

Para meu espanto, ele andou até a cama, fez um gesto para eu me levantar, pegou o colchão e a coberta, enrolou os dois e colocou a trouxa sobre a mesa. Então, dirigiu-se para a fossa, agarrou a vasilha, limpou-a e depositou-a aos meus pés.

— Aqui você pode conseguir tudo comigo!

— E você, como vai ficar? Onde vai dormir hoje à noite? — Eu não tinha imaginado a coisa dessa maneira.

— Não se preocupe comigo. Você quer as coisas ou não? Vou cedê-las por um preço justo. Não tenha medo, não vou explorá-lo!

Alguma coisa me incomodava com o pensamento de que iria comprar o pouco que ele tinha. De alguma maneira, não me sentia bem com essa idéia, achava que não era correto.

— Eu perguntei onde é que vai dormir hoje à noite! — Deixei bem claro que não me daria por satisfeito sem uma explicação razoável. Com toda a evidência, Nelson ficou pensando com seus botões, como alguém que não está seguro se deve contar a verdade.

— Está bem. Se você quer saber mesmo, eu preciso do dinheiro de qualquer maneira e há dias estou quebrando minha cabeça com isso. Tenho dívidas, dívidas de maconha e, normalmente, isso não seria um problema, mas faz quatro semanas que não tenho notícias de minha mulher. Ela sempre vinha me visitar, e, de repente, nada. E se eu não tiver o dinheiro até amanhã, estarei numa merda profunda. Por isso quero lhe vender as coisas.

Mais um motivo para que eu recusasse. Teria me sentido como um aproveitador. Perguntei quanto ele devia. A quantia que ele mencionou era ridiculamente baixa, mas, conforme eu já disse, isso não tinha importância alguma.

— Nelson, ouça. Eu não conheço você, mas vou fazer uma proposta: não tenho muito dinheiro, estou muito longe de casa e ninguém me ajuda. O que quero dizer com isso é que também sou um pobretão, mas acho você legal e, se quiser, eu lhe empresto o dinheiro e você me devolve quando estiver em situação melhor.

Para provar o que eu falava, apanhei a trouxa na mesa e voltei a estendê-la sobre a cama. Nelson protestou. Eu não fiz caso, peguei a vasilha também e emborquei-a sobre a fossa.

— Assim — disse, e voltei a sentar-me sobre a cama refeita.

Coloquei a mão no bolso, peguei duas notas amarrotadas e apertei-as na mão de Nelson, que ficou pasmo.

— Eu nunca vou esquecer disso, gringo — gaguejou.

— Mesmo assim, eu ainda preciso de um colchão. Então, se você quiser me fazer um favor, providencie as coisas para mim. Com certeza, vão fazer um preço melhor para você!

— É claro. Eu também sei a quem procurar. Confie em mim. Juro que hoje à noite você vai deitar num lugar mais macio.

Esse problema estava resolvido e meu encontro com Nelson foi o início de uma nova amizade.

— O que você queria dizer exatamente quando disse que eu não sabia nada do Brasil?

— Mas isso é um assunto totalmente diferente. Realmente interessa a você? Vou explicar. Você sabe de onde vem o samba?

Eu ainda não havia pensado nisso. Samba era samba.

— Nem desconfio.

Nelson sentou-se em posição de lótus à minha frente e ofereceu-me um de seus cigarros.

— Olhe atentamente para os brasileiros. O que você vê são muitos mulatos. Eu também sou, ainda que isso quase não se note mais. O fato, porém, é que o sangue africano corre nas nossas veias. No tempo da escravidão, as pessoas eram tratadas como animais, punham-se ferros em seus pés, para que só pudessem dar passos muito pequenos. E, acorrentados feito bichos, eles faziam o duro trabalho de escravos para os latifundiários portugueses. Mesmo de noite, não lhes tiravam os grilhões. Apesar disso, eles eram pessoas alegres, que buscavam conforto nas canções que lhes haviam sido ensinadas em suas pátrias e que também dançavam, do jeito que era possível — com grilhões de ferro em volta dos tornozelos! Você já olhou atentamente como é que se dança samba? São sempre passos muito pequenos, e o que faltava em termos de espaço para os movimentos eles compensavam com o corpo. Até hoje o samba é dançado assim e, de certa maneira, ele é a expressão da vontade de liberdade incondicional das pessoas. Isso, meu amigo, é o Brasil!

Fiquei comovido, soube imediatamente que a explicação devia estar correta. Há coisas que fogem à racionalidade diária e, mesmo que tivesse lido a tal respeito, num guia de viagem, mesmo assim a essência da afirmação teria permanecido desconhecida para mim. Para compreender, é necessário um determinado transmissor. E é preciso também estar no ambiente adequado. Fazia diferença estar na Alemanha, sentado em seu sofá e assistir a uma reportagem sobre as origens do samba, ou, como eu, ouvir um relato sobre o assunto sentado numa cela nojenta no Brasil.

— E mais uma coisa! Para a maioria da população, as coisas não mudaram muito. Agora já não se usam mais grilhões. Entretanto, a triste história da origem de nosso país até hoje lança suas sombras sobre eles e ainda não parece estar disposta a liberar seus descendentes da servidão!

O que se seguiria?

— Antes você estava se queixando de que é uma vergonha para o Brasil tratar de nós, presidiários, dessa maneira. O que é que você sabe do Brasil?

Ele não disse isso como uma recriminação, porém de uma maneira resignada. E prosseguiu:

— Há milhões de pessoas que não podem escovar os dentes porque não têm dinheiro para comprar escova e pasta de dentes. Elas precisam abrir mão disso e, caso não tenham dentes fortes e saudáveis de nascimento, vão perdendo um a um com o passar dos anos. Se você tivesse que escolher entre um pedaço de pão e uma escova de dentes, o que escolheria? Isso, meu amigo, é o Brasil!

Não precisava dizer mais nada. Eu compreendia o que ele queria me explicar. Isso me deixou pensativo. Eu considerava a companhia de Nelson muito agradável e gostava de ouvir outras coisas que não as tagarelices superficiais da cadeia. Nelson estava certo: eu não sabia muito sobre o Brasil e encontrava-me ainda bem no começo do processo para entender o povo. Repentinamente, o carnaval me veio à mente. Essa alegria avassaladora de viver; e, como por escárnio, essas pessoas dançavam como seus predecessores escravizados e celebravam a imortalidade da esperança, esqueciam tudo à sua volta e eram como crianças que não pensam no dia seguinte. Mesmo que o futuro não lhes oferecesse muito, eles eram donos do presente e arrancavam dele o máximo de prazer possível. De repente, percebi o sofrimento dos brasileiros, que transformaram suas danças numa arma. Disse isso a Nelson, que concordou com um balançar da cabeça.

— Para um gringo, você não é nem um pouco burro. E eu preciso lhe dizer uma coisa: apesar de tudo, tenho orgulho de ser brasileiro! Somos uma nação ainda muito jovem e quem sabe um dia a coisa fique totalmente diferente!

A conversa estava terminada. Voltei para minha cela, enquanto Nelson saía para providenciar um colchão para mim. Sentei-me na cama de concreto e fumei. Não havia muito mais para fazer em uma cela vazia. Instintivamente, a pessoa se sente fora do lugar e não tem vontade de permanecer num ambiente tão hostil. Fica entregue a si mesma e é difícil travar amizade em seu meio.

Porém, até no Lemos de Brito valia o ditado de que é preciso comer o mingau pelas bordas. A salvação chegou sob a forma de Nelson que, pouco depois das 21h, chegou radiante de alegria trazendo um colchonete de espuma de 5 centímetros de espessura. Uma primeira avaliação revelou que ele apresentava poucas manchas e que, de forma geral, estava em bom estado. E também uma rudimentar coberta marrom para cavalos que fedia a mofo. Triunfantemente, Nelson também ergueu um pote de plástico.

— Recém-lavado! Praticamente novo. Se quiser evitar que as baratas saiam, deve colocar uma pedra por cima. Uma pedra bem pesada!

Tive de rir. Não havia remédio contra aqueles animais rastejantes. Eu acreditava que elas sobreviveriam a uma bomba atômica. No futuro, se tornariam as novas donas do nosso planeta?

Depois que Nelson foi embora, pensei em lavar o colchonete com bastante sabão de coco, mas sabia que não secaria e que eu teria de passar mais uma noite sentindo frio. O nojo pelo colchonete imundo não prevaleceu sobre a alegre expectativa de deitar-me no quentinho e macio. As palavras de Nelson reverberavam na minha cabeça: o que você escolheria, Rodger, se tivesse de decidir entre um pedaço de pão e uma escova de dentes? Eu fiquei com o pedaço de pão!

Foi uma escolha inteligente. Dormi tão profundamente que nem sequer tomei consciência da presença das baratas. Na manhã seguinte, esfreguei o colchonete com sabão de coco e consagrei duas horas a essa atividade. Eu teria de lavar a coberta, mas temi que a noite seguinte também fosse fria e seu material não permitiria que secasse durante o dia. Adiei o projeto, esperando por dias mais amenos, e, novamente, decidi pelo pedaço de pão!

O passeio no pátio era maravilhoso. Ainda que o uso da palavra "maravilhoso" possa parecer um exagero, eu tinha exatamente essa sensação. Era uma incrível alegria poder andar em círculo. Nelson acompanhou-me, quis saber como eu tinha dormido e também me assegurou que ele queria pagar logo suas dívidas. Eu tinha investido bem meu dinheiro! Ali, também, no Lemos de Brito, havia muitas bichas que se ofereciam com prazer ao olhar dos outros. Nenhuma delas, entretanto, era tão encantadora quanto Mônica.

— O que você quer fazer aqui, Rodger?

— Gostaria mesmo é de trabalhar, para poder sair antes do tempo. Por que você não faz nada?

Ficávamos andando permanentemente em círculo e os outros detentos olhavam para nós com curiosidade.

— Eu estava na alfaiataria, mas como a firma foi à falência, perdi meu trabalho. Eu gostaria mesmo de trabalhar na cozinha, principalmente por causa da comida, mas é muito difícil chegar lá. Sem conexões não há chance.

— Talvez eles me aceitem. Eu sou cozinheiro!

— Você acha que isso tem a ver? Todo mundo sabe cozinhar!

Nelson havia pensado sobre o meu futuro no Lemos de Brito e estava preocupado com meu bem-estar, tanto que me propôs ir para a escola. Entusiasticamente, me contou de um professor que ministrava aulas de português, de segunda a quinta-feira, das 7h às 8h30. Eu não estava muito interessado. Meu português era bom, e isso não me renderia uma diminuição da minha pena. Eu recusei, agradecido, mas prometi que ia pensar no assunto.

As visitas eram aos sábados e domingos, entre 14h e 18h. Aqui no Lemos de Brito a coisa era totalmente diferente do que eu havia conhecido até então. Eu não podia acreditar nos meus ouvidos quando, no meu primeiro sábado, logo depois das 14h, ouvi de repente vozes de mulheres no corredor. Podia ser verdade? Sim, estava certo, com um olhar cuidadoso pude confirmar. Mulheres de saias justas e insuportavelmente sensuais percorriam as galerias e desapareciam com seus maridos nas celas, e não precisava fantasiar muito para imaginar o que acontecia. Eu não agüentava mais permanecer no meu buraco. O pensamento de que a poucos metros estavam fazendo um sexo tórrido era inacreditável. Vamos dar o fora, pensei. Reconheço que estava com inveja. Mas no pátio também era a mesma coisa. Em toda parte, jovens bonitas estavam bem arrumadas. Também, muitos pais, parentes e amigos, dando voltas com os detentos. Eu movia-me através de nuvens de loção de pós-barba. Os presos estavam todos bem penteados e endomingados. Sem que ninguém precisasse me explicar, senti como devia me comportar. Imediatamente, tomei consciência de ser um corpo estranho no meio daqueles que recebiam visitas. Eu evitava olhar para seus rostos, não queria me intrometer na privacidade deles e, muito menos, teria me atrevido a cravar os olhos em uma mulher. Como um cão que apanhou, refugiei-me novamente em minha cela, fechei a porta e aguardei, carrancudo, que soassem as 18h. Por mais que se pudesse ter uma impressão negativa dos presídios brasileiros, no que diz respeito a visitas eles eram substancialmente mais humanos que na Alemanha, onde é preciso se dar por satisfeito com apenas duas horas por mês, e isso com a supervisão de um funcionário. As mulheres deslocavam-se pelo edifício inteiro absolutamente à vontade e nunca corriam o risco de serem vítimas de um abuso. Esta era uma das leis seguidas com rigidez. Dentro da prisão, as mulheres eram sagradas. Só me restava esperar que Christina me visitasse logo!

Além do pátio, havia também um campo de futebol, que ficava disponível à tarde. A área do campo tinha o tamanho de uma quadra de handebol e era revestido de pedra. Eu possuía somente um par de sandálias de borracha e, portanto, preliminarmente não podia esperar para poder jogar. O chão era duro e desigual demais para tentar correr descalço. Mas também ali havia alguns presos durões que, aparentemente, não se incomodavam com isso e aceitavam ficar com os pés esfolados! A partir de então, incluí no topo da minha lista de aquisições um par de tênis, ainda que de segunda mão. Nenhum esporte havia me empolgado tanto durante a minha infância e tomei a resolução de jogar o máximo possível. Minha habilidade tinha conquistado muitas simpatias em Água Santa e eu supunha que ali não seria diferente. Nas laterais, no sentido do comprimento, havia até tribunas de pedra para os espectadores, que, quando aconteciam jogos importantes, ficavam absolutamente lotadas. Em todos os aspectos, o Lemos de Brito me impressionava muito positivamente. Havia ainda outro detalhe que apontava para um regime mais humano: num canto havia um pequeno parque infantil, concebido para a grande afluência de famílias. Mais tarde eu poderia observar pais, entre eles grandes assassinos, brincando compenetrados com os filhos e construindo castelos de areia. Do campo de futebol podia-se ver parte dos outros complexos, nos quais estavam alojadas as facções rivais. Dali provinham constantemente ofensas brutais dirigidas a nós. Filhos-da-puta, filhinhos de papai e que eles iriam matar nós todos. Ignorávamos a gritaria, mas o perigo era real, já que, aos olhos deles, éramos traidores que colaboravam com a administração. Bem em conformidade com o lema: quem não está conosco está contra nós! Por assim dizer, nosso bloco era um dos pouquíssimos lugares dentro do sistema penitenciário que não se encontrava sob a influência do Comando Vermelho ou de outra poderosa organização. Nelson contou-me que, de vez em quando, aconteciam tiroteios entre os edifícios e que muitas armas de fogo estavam em circulação. Aos poucos, também descobri que minha cela de esquina não estava livre por encontrar-se num estado tão deplorável, mas porque o perigo de ser atingido por uma bala era considerável. Ao permanecer na janela, como eu havia feito nos últimos dias, de onde se podiam ver, a uma distância de poucos metros, todas as celas acima do segundo andar do presídio hostil, eu me expunha. Porém, isso ainda não era tudo. A fachada frontal do nosso bloco também era um alvo, pois havia janelas gradeadas a 2 metros de altura e, depois de pouco tempo, já me acostumara a olhar cuidadosamente para aquelas grades, para ver se a barra estava limpa.

Resolvi que me mudaria na primeira oportunidade que surgisse.

Para meu espanto, um inspetor do regime interno alertou-me para os perigos que eu corria no Lemos de Brito e comentou como eu deveria me comportar e não me deixar envolver, em hipótese alguma, em revoltas na penitenciária e a cuidar da minha vida de forma geral, caso quisesse sobreviver. Eu fiquei espantado pelo fato de que ninguém da administração havia se preocupado em falar comigo. Nos locais por onde eu tinha passado, até então, isso nunca havia acontecido. Na seqüência dessa conversa, fui até apresentado à diretora. Era uma senhora de tipo matrona, com um peito enorme, usava um batom vermelhão e muitos anéis de ouro nos dedos, me fazendo lembrar muito a assistente social do Galpão. Ofereceu-me café e cigarros e batemos papo bem à vontade, como se ela fosse uma gerente de hotel preocupada com o bem-estar de seus hóspedes, que se informava sobre a qualidade do serviço.

Passaram-se quatro semanas. Um período que eu utilizei proveitosamente — já que, por um lado, o tempo esquentou e pude submeter o cobertor de cavalo a uma limpeza radical e, por outro lado, adquiri um par de tênis azuis. Um simples modelo de lona do tipo que se usa para passear na praia. Tênis de segunda mão, é claro, e eu podia me dar por satisfeito por ter conseguido no meu tamanho, porque os brasileiros, de modo geral, têm os pés menores do que os meus.

Todo mês minha mãe me enviava 50 marcos pelo correio, e quando eu tinha a sorte de eles não desaparecerem de maneira misteriosa, era uma quantia com a qual dava para fazer muita coisa!

Mas a situação ia melhorar ainda mais, pois Christina tinha começado a me visitar. Embora no meu íntimo eu guardasse rancor por aparecer tão irregularmente, ela o fazia espontaneamente, sem que eu precisasse implorar. Isso falava a seu favor. Eu lhe escrevera algumas vezes, mas nunca havia recebido resposta. Isso não me causava estranheza, já que eu conhecia seu modo de vida. Num sábado, aconteceu. Como sempre nos dias de visita, eu havia permanecido na cela, escondido e afundado num livro. De repente, a porta se abriu e um funcionário entrou, comunicando-me que eu tinha visita.

— Então, Rodger, hoje é seu dia de sorte. Lá embaixo há uma garota bonita esperando por você.

A garota bonita era Christina, que me abraçou. Ela estava encantadora, vestia um vestido lindo e estava disposta a desaparecer comigo no meu buraco miserável para entregar-se num velho colchonete de espuma. Por algumas horas, estive realmente feliz. Esse acontecimento fixou-se indelevelmente na minha memória não pelo fato de que eu havia estado 18 meses sem mulher, mas pelas circunstâncias em que o encontro aconteceu. Na despedida, ela me deu um pouco de dinheiro e sua calcinha. Renunciar às mulheres era doloroso, mas não insuportável. Eu nunca me consumia em desejos. Era uma condição suportável, mas ouvir bem próximo de mim os gemidos nas outras celas era cruel. Pouco antes de ir embora, Christina prometeu voltar a visitar-me logo e talvez até com um pouco de coca em sua perereca. Não que eu tivesse pedido, mas na cadeia a cotação era maior. O fato é que naquele dia eu vi Christina pela última vez na minha vida.

Assim que consegui meus tênis, nada mais podia me tirar do campo de futebol. Quando os outros perceberam que eu jogava bem, me quiseram em seus times. Eu mostrava habilidade com a bola e não me deixava passar para trás pelos brasileiros, que tinham talentos naturais. Sua superioridade atiçava meu sentimento de honra. A bola já havia visto dias melhores, era mais ovalada do que redonda. Quando eu jogava, esquecia tudo o que me oprimia. Os dias passavam mais rapidamente e à noite eu caía num sono saudável. Freqüentemente, segurava a calcinha de Christina na mão. O paraíso está na Terra, só que pouquíssimas pessoas sabem disso!

Nelson continuava a insistir em que eu fosse à escola e até acrescentava que o professor gostaria de me conhecer. Água mole em pedra dura, tanto bate até que fura, e, assim, eu prometi de má vontade que nos próximos dias iria pelo menos dar uma olhada nas aulas, como teste. Na verdade, eu só concordei para que Nelson me deixasse finalmente em paz e não tivesse motivo para jogar constantemente na minha cara que eu era ignorante.

Imperceptivelmente, o clima no Lemos de Brito começou a mudar, e pela minha experiência no Galpão, eu sabia que havia turbulência no ar. O problema em questão era a comida, que havia piorado muito nas últimas semanas. Resmungava-se que os melhores alimentos desapareciam da cozinha e que a alimentação se tornava cada vez mais miserável. Eu era da mesma opinião, pois a comida tinha alcançado o limite do rejeitável. Ainda assim, sempre me esforçava para comparecer na hora certa da distribuição da comida, porque, não raro, ocorria que os últimos recebiam apenas algumas palavras de consolo e um erguer de ombros por parte dos serventes. Isso havia acontecido comigo também nos primeiros dias, e é fácil imaginar a disposição de espírito de alguém com fome que enfrentara uma fila para receber uma concha de arroz com feijão e voltava para a cela com a cuia vazia. Havia chegado o momento em que se perfazia o caminho de volta com uma sensação semelhante, não porque não se havia recebido nada, mas porque o rango era intragável. De modo geral, não se percebia nenhuma intenção por parte da instituição de bem alimentar seus presos, mas aquela papa era uma afronta! Nem todos recebiam visitas regulares que lhes levassem alimentos adicionais com os quais podiam se safar a semana toda, e isso significava que, na realidade, alguns nunca matavam a fome. Eu era um deles.

Meus sensores também indicavam que tudo apontava para uma tempestade, e porque os detentos de nosso bloco eram mais pacíficos, configurou-se uma greve de fome, que não poderia ser considerada como um grande sacrifício, tendo em vista a qualidade da alimentação. Já bastava! Inclusive para mim, que não queria ser envolvido em assuntos internos do presídio. Há um limite em que a memória ancestral do ser humano é acionada e todas as funções se ajustam para a sobrevivência. Eu estava pronto a entrar em greve de fome com todos os outros. Estávamos com a razão, não queríamos mais ir para a cama com fome ou ficar sentados diante da fossa vomitando comida estragada. Primeiramente, os chefes das galerias tentaram dialogar, procuraram a administração e ameaçaram que todo o presídio entraria em greve de fome caso as condições não melhorassem imediatamente. Em vão. Acontece que uma colherada do rango teria bastado para convencer o mais rígido dos agentes penitenciários de que nossa reivindicação era justa. Nelson também compartilhava dessa opinião e estava francamente decidido a morrer de fome, caso fosse necessário. Ele continuava sem receber visitas de sua mulher e consumia-se de preocupação e saudade, e, paralelamente, isso significava naturalmente que também não havia mais petiscos para ele e que não lhe restava outra opção senão comer do panelão. E isso é uma escola! Eu nunca havia ficado mais que um dia sem comer nada e o pensamento de ter que renunciar completamente a todo alimento, ao pouco pelo qual na realidade sequer valia a pena lutar, me deixava desassossegado. Apenas dois dias antes, eu havia arrancado um molar. Primeiro, quis fazer como nos filmes e amarrei um fio em volta, que prendi na porta e fechei subitamente. Mas desconfiei que isso não ia dar certo e comecei, sempre que estava só, a movimentar o dente de um lado para outro, aos pouquinhos. Para a frente e para trás. Sempre mais e, vejam, meus esforços foram bem-sucedidos. Finalmente, consegui extrair o dente com o indicador e o polegar. Eu estava entrando em decadência. Faltavam-me vitaminas, minerais e oligoelementos. Como era cozinheiro, sabia melhor do que ninguém o valor de um alimento nutritivo. Minha decisão de fazer greve de fome tinha algo da sensação que um homem velho e mortalmente doente deve ter quando já não considera a morte como um mal. Caíam-me os dentes e eu não tinha nada a perder.

Apesar dos avisos dos chefes de galeria, nada se modificou; quase me parecia, até, que a comida tivesse ficado pior ainda. Todos falavam cada vez mais da greve de fome iminente. Fazia tempo que ninguém mais jogava futebol. Admirava-me que nossa reivindicação de uma alimentação melhor não fosse levada a sério. Desde que havia perdido meu dente, eu brincava constantemente com a língua no buraco que havia ficado e estava abatido com minha decadência. Quantos dentes eu teria ainda na boca quando fosse posto em liberdade?

Havia chegado a hora! Os detentos entraram decididamente em greve de fome. Ninguém formou fila para receber comida. Os serventes e os funcionários entreolhavam-se, perplexos. Postamo-nos nas galerias e olhamos com curiosidade para baixo, onde o panelão soltava vapor. Uma gritaria raivosa foi descarregada sobre os funcionários. Que eles mesmos podiam comer aquela gororoba e que nós só voltaríamos a alimentar-nos quando a alimentação melhorasse. Os funcionários foram embora, eles e os serventes. Levando seus caldeirões. Nos dois dias seguintes, repetiu-se a rejeição. A freguesia não aparecia. As reservas de comida dos detentos mais ricos estavam acabando e todos os esconderijos foram saqueados. A Polícia Militar não iria assistir pacificamente àquela atitude por muito tempo. Ainda aguardavam, com a esperança de que a fome acabaria por dobrar-nos. Até um jornal achou por bem noticiar nossa greve. Nos primeiros três dias, a fome doía, e eu tinha dificuldade para dormir. O que restava era beber água e agüentar. No quarto dia, a fome sumiu de repente. O estômago tinha compreendido que não receberia nada e havia deixado de produzir ácido gástrico. Eu me sentia leve como uma pena e tinha a sensação de estar sob o efeito de anestésicos. Os cigarros tinham um gosto horrível! Então, do nada, ouviu-se o toque de alarme. O que estaria acontecendo? Eu me preparei para receber pancadas de cassetete.

Com o jeito costumeiro, a PM entrou com 20 homens e ordenou, com metralhadoras destravadas, que saíssemos imediatamente das celas nus e com as mãos para cima, e descêssemos para o pátio. Precipitadamente, tirei a roupa e saí para a galeria pelado, alinhei-me na fila e dirigi-me para baixo. Todos os detentos permaneciam calmos, não prestando atenção nos xingamentos, e passavam pelos policiais, amedrontados. Nosso levante tinha algo de revolução pacífica e nossa arma era o direito moral. Expúnhamos nossos corpos nus e desprotegidos. Corpos desmilingüidos pela fome, ameaçados por armas de guerra e cassetetes. No pátio, tivemos que formar fileiras e aguardar. Rezávamos para que um policial hipernervoso não nos abatesse com uma saraivada. Do pátio, podíamos ouvir nitidamente os policiais aplicarem-se sistematicamente a nossas celas, quebrando tudo o que lhes caísse nas mãos. Eu não precisava preocupar-me com aquilo, pois não havia nada para ser destruído em minha cela. Depois de três horas, rudemente ordenaram que voltássemos para nossas celas. Para chegarmos aos andares mais altos, todos tínhamos de passar por uma escada principal larga, no térreo. Na medida do possível, cada um procurava abaixar-se ao passar diante dos policiais, que haviam transformado a passagem em um corredor polonês, para esquivar-se aos golpes. Éramos empurrados para a frente com pauladas, acompanhadas de dizeres bobos, como que pretendiam expulsar a greve de fome de nós de uma vez por todas. A PM usava traje de combate completo. Botas pretas, capacetes com viseira escura e, alguns, escudos de proteção, e, além do mais, estavam armados com metralhadoras, e teriam imediatamente cuspido fogo caso encontrassem alguma resistência. À esquerda e à direita, os golpes choviam sobre nós. Eu quase não os sentia, porque estava agitado demais. Caí ajoelhado uma vez, levei logo outro chute e rastejei para a frente como um bicho, para longe. Pontapés, chutes, e refugiei-me no primeiro andar.

Regressamos para nossas ruínas. Como era de esperar, encontrei minha cela bagunçada. O colchonete e a coberta estavam no chão, e como não havia nada mais para destruir, os policiais haviam arrancado completamente minha pia da parede. Arrumei minha cama, acendi um cigarro e respirei fundo. Havia saído ileso, mas da galeria chegavam lamentos devido às perdas materiais. Não possuir nada era uma vantagem nas cadeias brasileiras. Ficava-se menos vulnerável. A lógica da violência reinava e eu estava indignado que não parasse sequer diante de fotos particulares. Encontrávamo-nos num espaço sem direitos, no qual não prevalecia sequer o mínimo padrão de respeito humano. Quando a PM entrava, isso significava estado de exceção, e tudo era permitido.

Cada um lambia suas feridas e punha-se a arrumar suas coisas, a exemplo das reportagens de televisão acerca de catástrofes naturais, quando os sobreviventes voltam para suas casas destruídas e procuram salvar o que sobra. A PM tinha trabalhado intensamente! Era preciso reconhecer.

Mas os brasileiros são duros na queda e superaram a violência. Agora estávamos mais decididos a continuar nossa greve de fome. Não se cogitava uma capitulação. Agora mesmo é que não!

No total, havíamos ficado uma semana sem comer. Aos poucos, começamos a ficar preocupados. Na verdade, nenhum dos presos havia pensado seriamente que a instituição teria deixado a coisa chegar a tal ponto. A diretora iniciou uma nova tentativa de negociação. Convocou os chefes de galeria da casa toda e prometeu muito, mas exigiu, primeiramente, o fim da greve. Então, ela veria. Depois de uma semana sem alimentação já não se sente mais fome e o resultado da negociação era desanimador, então os chefes ameaçaram continuar a greve, até à morte.

No décimo dia a instituição cedeu e serviu uma refeição saborosa, na qual havia até um pedacinho de carne ensopada. Entramos em fila com uivos de triunfo. Havíamos vencido e imposto nossas exigências. Antes de tudo, porém, podíamos agradecer nosso sucesso à imprensa, que havia diariamente noticiado sobre a greve. Não é que tivessem desenvolvido sentimentos de culpa, já que, no fundo, ninguém se importava se um criminoso morresse de fome; tratava-se do medo de que a greve também se alastrasse aos outros presídios e fugisse ao controle. Não era a compaixão que havia vencido, era pragmatismo!

A alimentação continuou melhor e mais abundante nas semanas seguintes. Mesmo os últimos da fila recebiam uma concha. A rotina restabeleceu-se e isso significava, para mim, passar todas as tardes no campo de futebol. Minha habilidade ficou mais apurada e eu aprendia muito com os outros, que, às vezes, tinham vindo ao mundo com uma bola de futebol e também extraíam dela sua identidade nacional. Quem se queixa sobre o entusiasmo desenfreado e o excesso dos torcedores na Alemanha deveria visitar uma vez um estádio no Brasil. Isso só poderia ser comparado com fanatismo religioso. No Brasil, o futebol não é rei, é deus!

Eu provava meu amor a esse esporte com o fato de que meus joelhos estavam sempre ralados. Era um preço que eu pagava com prazer quando conseguia fazer um gol e tirava um sarro dos brasileiros. O goleiro estava disposto a morrer, se fosse o caso, para impedir que a bola entrasse. Era um camarada notável, com o aspecto de um sátiro. Histórias lendárias corriam a seu respeito. Antes, ele havia sido garimpeiro em distantes regiões de Minas Gerais. Lá, só prevalecia o direito do mais forte, e era exatamente isso que se sentia ao vê-lo defender seu gol. Como um louco, ele se lançava de cabeça atrás de toda e qualquer bola, mesmo as indefensáveis, sem se deixar impressionar minimamente pelo duro chão de pedra.

Desprezando a morte, ele esfolava a cabeça contra a pedra áspera e alegrava-se como uma criança pequena quando conseguia segurar a bola, mesmo se o sangue escorresse aos borbotões. Um homem de ferro!

Inscrevi-me no curso de português. Água mole em pedra dura, tanto bate até que fura. Nelson havia feito eu aceitar a idéia, e embora ainda não estivesse totalmente convencido do sentido da coisa, esperava pelo menos um pouco de distração.

A sala de aula dava diretamente para o pátio interno. Uma manhã, pouco antes das 7h, apareceu um guarda com uma lista e chamou os estudantes. Fomos levados para a escola. O professor já estava lá. Era um homem de 50 anos, baixinho e de óculos. Apesar do calor, ele trajava um terno correto e gravata. Meus companheiros de classe eram, em sua maioria, mulatos. De forma geral, no Brasil, o maior contingente de detentos era formado por pessoas de pele escura, e não porque tivessem de nascimento mais tendência ao crime do que seus compatriotas de pele clara. Nosso professor chamava-se Arthur Ribeiro. Ele permitia que os alunos o chamassem pelo primeiro nome. Quando me viu, dirigiu-se imediatamente a mim e me saudou radiante, com um riso efusivo.

— Olá. Então, você é o Rodger, nosso aluno novo da Alemanha. Estou feliz em recebê-lo. Obrigado por ter vindo!

Arthur me agradecia por eu ter ido. Era a primeira vez que eu ouvia algo assim, desde que estava na prisão. Eu o cumprimentei gentilmente e ele me indicou um lugar ao lado de um negro de cabeça raspada, que já havia posto seu caderno diante dele e preparava-se para a aula. Desconfio que, antigamente, o espaço da sala de aula havia funcionado como banheiro, pois estava azulejado de branco até 2 metros de altura. Era uma sala pequena, equipada apenas com o indispensável: um quadro-negro, mesas e cadeiras. Nas paredes havia quadros de anatomia do corpo humano e um mapa-múndi. A sala era muito modesta. Duas janelas gradeadas, através das quais podia se ver, no fundo, a favela e parte dos presídios rivais. Eu me senti, imediatamente, muito bem ali, e perguntava-me por que havia resistido tanto tempo. Além disso, o professor me impressionava. Há pessoas que irradiam uma aura especial, da qual não se pode esquivar. Arthur era uma dessas pessoas, ele me transmitia confiança meramente com o toque de sua mão, e parecia olhar diretamente dentro da minha alma. Esse homem era bom, para resumir tudo. A aula começou. Como em uma escola de aldeia africana, onde estudantes de todas as faixas etárias sentam-se juntos numa mesma classe, ele ensinava individualmente e detinha-se nos pontos fracos de todos. Entre os alunos, havia alguns de grande calibre. Assassinos e homicidas participavam da aula com dedicação. Arthur era uma figura de luz e, quando falava conosco, parecia mergulhado numa fonte de energia sobrenatural. Eu estava profundamente impressionado com aquele homem que, na vida real, era um advogado bem-sucedido, morava no bairro chique da Lagoa, tinha cinco filhos e um casamento exemplar. Para ele, sua posição social privilegiada incluía a obrigação de ajudar os mais fracos da sociedade. Fiel ao lema de que o amor ao próximo é fonte da própria felicidade!

Arthur ficou visivelmente impressionado com meus conhecimentos da língua e incentivou-me a utilizar o tempo de aula para aperfeiçoar meu português. A primeira meia hora bastou para converter-me num estudante dedicado. Mas não era a vontade de saber que me impelia, porém a proximidade daquele homem, cujo astral infundia nova vontade de viver. O primeiro dia de aula passou voando. Toda a expectativa se dissolvera.

Arthur havia atiçado um fogo no meu coração e me reconciliado com meu destino.

Quando ele dava aula, era como se um anjo se debruçasse sobre nós. Qualquer professor teria certamente desejado ter estudantes com tanta sede de conhecimento. Ainda que a maioria fosse iletrada e, via de regra, tivesse ido muito pouco à escola, todos participavam com ardor e esforçavam-se com o maior afinco. As duas horas da manhã passavam extremamente rápido, e se tivesse dependido de nós, teríamos passado o dia inteiro na escola. Entretanto, Arthur não ensinava apenas as matérias comuns, transmitia também valores fundamentais para nós. Ele convencia-nos da necessidade de levar uma vida honrada e de que aquele que realmente assim desejasse poderia conseguir alguma coisa, apesar de todos os obstáculos. Que não se devia conformar com um ritmo de vida imoral que, no fim, conduzia para aquele lugar. Aos poucos, criava-se uma atmosfera como no filme *A Sociedade dos Poetas Mortos*, no qual Robin Williams, no papel principal, encontrava-se com seus alunos em grutas secretas para ler poesias. Era magia, não se poderia descrever isso de outra maneira. E não era somente eu que havia sucumbido a sua influência, mas também todos os outros. De repente, eles abdicavam da violência e queriam levar somente uma vida decente dali em diante. Para adiantarmos um pouco a história, Arthur transformou-se no meu orientador espiritual e permaneceu ao meu lado até o fim de minha detenção. Até então, porém, o caminho ainda seria longo.

Nos meses seguintes eu me transformei num aluno ambicioso. Eu participava do curso de português com entusiasmo. Entre nós havia estudantes que não dominavam sequer a tabuada. Decididos e altamente concentrados, meditavam sobre as mais simples operações de cálculo, torturavam-se com a subtração, adição, multiplicação e divisão. Nesse campo, eu não tinha qualquer dificuldade. Havia concluído o ensino médio havia somente poucos anos. Meus antigos professores teriam ficado pasmos ao ver como eu participava ativamente e também como fazia com atenção todos os trabalhos de casa. Não demorei para tornar-me o melhor aluno, o que, naturalmente, me enchia de orgulho, especialmente por ser estrangeiro, mas não deixava isso transparecer demais para não provocar a inveja dos colegas, já que todos, sem exceção, desejavam o reconhecimento de Arthur. Ele tinha a paciência de um santo e nunca perdia o controle, mesmo quando tinha de explicar diversas vezes coisas que me pareciam ridiculamente simples. Eu sentia nitidamente que, em suas aulas, o aprendizado era somente um meio para atingir um fim. O que lhe importava, acima de tudo, era incutir nas pessoas a crença de que vale a pena se dedicar a algo correto. Estratégias, que também podem ser utilizadas em outros campos da vida. Arthur estava engajado numa comunidade de fé chamada Racionalismo Cristão, cujo ponto alto era o comportamento cristão. E, de acordo com sua doutrina, esse comportamento se apoiava em três pilares, a saber: esclarecimento, vontade de mudar e disciplina e firmeza necessárias para tanto. Na realidade, eu nunca havia sido receptivo a mensagens religiosas. Na minha concepção, todas as religiões repousavam sobre o lamentável medo dos homens diante da morte. No fundo do meu coração, porém, aceitava a possibilidade de que pudesse haver um ser maior, "divino". Não obstante, tudo o que guardava alguma relação com rituais religiosos esbarrava no meu ceticismo, principalmente porque eu duvidava de sua decência. Além disso, eu era uma pessoa esclarecida e não acreditava nos passes de magia medieval. Mas, de repente, vi-me confrontado com uma pessoa que era realmente autêntica. Arthur não era um redentor fanático. Ele acreditava numa inteligência universal, mas não ensinava o esquecimento do mundo, não falava em concepção imaculada. O Racionalismo Cristão não dispensava as pessoas de sua responsabilidade, porém exigia que se submetesse o espírito a uma limpeza e se trabalhasse duramente para aproximar-se de si. Da mesma maneira como se conquista saber por meio do aprendizado, deve-se também trabalhar para alcançar um estágio mais elevado do ser. Não é algo que se recebe no nascimento, talvez algumas poucas exceções. O pensamento assume um lugar muito importante na vida de uma pessoa, é como um vibrar da alma. A inteligência e a força espiritual manifestam-se no pensamento. O pensamento é cultivado, aperfeiçoado e fortalecido pela força de vontade. E a vontade é livre! De todas as riquezas espirituais que o homem pode alcançar, o pensamento é aquela da qual depende a solução racional de todos os problemas. A capacidade de pensar é conquistada pelo homem através do estudo ininterrupto e do esclarecimento, que é o que significa "trabalhar em si" constantemente. Somente assim se pode compreender as relações causais que regem o mundo e a necessidade de se submeter a essas leis naturais. Arthur falava sobre isso somente de passagem, e demonstrava crer nisso, diariamente, através de seu próprio exemplo. Arthur era um homem completamente feliz, e irradiava isso também. A mímica de seu rosto, a maneira como ria e se movimentava, cada um dos seus gestos, mais íntimos, podia-se sentir quase fisicamente quanta energia aquele homem possuía, e isso me convencia mais do que mil argumentos. Todos os estudantes amavam Arthur. Os funcionários ficavam espantados, porque, cada vez que um novo detento entrava para a escola, em pouco tempo ele se transformava em outro homem. Arthur fazia animais selvagens, que até então conheciam unicamente a lei da rua, com que eles mudassem, virando dóceis alunos. Um dos guardas perguntou-me uma vez se Arthur nos hipnotizava ou distribuía drogas. Pois é, inquietante é a palavra certa, já que não podia ter passado despercebida da direção da instituição a influência positiva que Arthur exercia sobre os detentos. Em pensamento, eu apostava que, caso deixassem, Arthur conseguiria em pouquíssimo tempo transformar o Lemos de Brito num educandário católico. Bastaria ter um homem como Arthur no governo do Brasil para que todo o país se restabelecesse!

Quem se der por satisfeito com pontos de vista caducos e não trabalhar em si e aprender constantemente, não vai sair do lugar.

O caráter de uma pessoa é a soma de suas qualidades morais. Estas são compostas de valores e virtudes espirituais, que por sua vez se baseiam em experiências. Pelo caráter pode-se ver em que nível espiritual alguém se encontra.

Aceitei o desafio. Queria realmente tentar trabalhar seriamente em mim. Estava claro que eu era um ser incompleto, superficial. Foi a primeira vez que comecei a questionar-me sobre se fora correto entrar no tráfico de drogas. Nesse contexto, era totalmente secundário o fato de ter sido apanhado. Até então, sempre havia pensado que quase tudo era permitido, porque, no fundo, o mundo era mau. O ser humano tem a mentalidade de predador, e se os Estados praticam legalmente o comércio de armas e de drogas, porque eu não deveria também tentar encher meus bolsos? Mas agora, depois de ter conhecido Arthur, comecei a meditar seriamente. A maldade do mundo não deveria mais ser uma desculpa para mim. Eu não podia facilitar as coisas tanto assim para mim. A partir de então, queria pensar realmente a sério sobre cada aspecto do meu procedimento e não mais perambular pela vida como um cego. Eu tinha tempo mais do que suficiente para isso.

Finalmente, deram-me um trabalho. Como já mencionei, isso era vantajoso por que, para cada três dias trabalhados, um dia da pena era reduzido. Arthur havia se empenhado pessoalmente e eu consegui um lugar legal na biblioteca do presídio. Um trabalho dos sonhos, já que, desde sempre, eu me sentia bem no meio dos livros. Antigamente, eu podia passar horas em livrarias, e os livros sempre exerceram um poder mágico de atração sobre mim. Eu também poderia ter trabalhado na cozinha, mas não queria submeter-me a ordens e tampouco queimar os dedos em panelas quentes. Eu não me sentiria bem, empregado para cozinhar abaixo de meu nível. Teria sido a mesma coisa que mandar um alfaiate fazer panos de chão. A biblioteca também estava localizada numa sala azulejada e, portanto, tinha o aspecto de um banheiro antigo. Não dá para falar em decoração. Aproximadamente 1.500 livros estavam cuidadosamente arrumados em estantes, em ordem alfabética. Dentre eles, muitos de autores brasileiros, mas também havia literatura mundial. A maioria era encadernada em capas grossas que pesavam nas mãos. Dostoievsky, Tolstoi, Pasternak, Henry Miller, Oscar Wilde, Graham Green, Arthur Miller, Günther Grass, Selma Lagerlöf, Knut Hansum e muitos outros nomes imortais. Meu olhar passeava pelas estantes com ternura, e sentia-me quase como se tivesse encontrado antigos bons amigos. A existência daqueles livros maravilhosos tinha algo de infinitamente consolador!

O próprio Arthur acompanhou-me ao trabalho no primeiro dia e apresentou-me aos dois colegas. Um deles chamava-se Carlos, e era o chefe. O outro respondia ao belo nome de Edenildo. Carlos era um cara forte, de aproximadamente 1,70m de altura, com o cabelo crespo, preto e volumoso penteado para trás, e barba curta. O que chamava atenção nele era seu olhar penetrante, um tanto frio. Olhos que, de acordo com a luz, ora pareciam cinzentos, ora azul-escuros. Carlos considerava seu ambiente com a autoconfiança tranqüila de quem não tem medo de nada. Carlos era um assassino temido. É bem verdade que havia sido condenado somente por roubo, mas todos sabiam que era uma espécie de policial em sua favela. Não havia forças policiais regulares nas favelas, mas, mesmo assim, o ser humano desenvolve instintivamente um código de conduta que vale também num lugar onde não há justiça e que se deve defender energicamente. Crimes eram cometidos também na favela, e eram pessoas como Carlos que aplicavam sentenças. Uma união entre carrasco e policial. Admitia-se que ele tinha mais de 20 mortes na consciência. Contudo, em seus olhos não se lia nem arrependimento, nem remorso. Pelo contrário, ele se comportava como um homem justo. Esse era, então, meu chefe. O outro colega, Edenildo, era um rapaz de minha idade, magro, ágil, com um rosto jovial e sempre de bom humor. Fui recebido com gentileza e minha tarefa, nas primeiras semanas, devia ser arrumar os livros devolvidos. Carlos ficava sentado à mesa e lidava com as listas das obras disponíveis, enquanto

Edenildo entregava os livros solicitados. Carlos falava pouco e parecia estar ocupado o dia inteiro com pensamentos importantes. Só ficava zangado quando um livro não era devolvido no prazo certo. Quando ele começava a reclamar, seus olhos escureciam e assumiam um brilho duro e metálico, e, de repente, percebia-se que ele era uma pessoa que apertava o gatilho na hora do vamos ver. Dava medo! Os bandidos dos filmes deviam olhar uma vez em seus olhos para se dar conta do que é um olhar realmente intimidador.

Com freqüência, eu observava Carlos disfarçadamente, e ao fazê-lo tinha uma sensação estranha. Uma vez, por exemplo, assisti quando ele estava examinando um livro seriamente, procurando danos, porque um dos detentos havia se queixado. Em princípio, faltavam algumas páginas, e, de acordo com a opinião de Carlos, isso só poderia ser justificável caso um policial militar tivesse rasgado parte do livro. A sensação estranha provinha do fato de que sua posição como chefe da biblioteca não era absolutamente condizente com sua reputação. Eu tinha que pensar sempre naquelas 20 pessoas das quais ele supostamente apagara a luz dos olhos. Procurava imaginar constantemente como o lado de dentro de uma pessoa assim devia ser. Ele era fascinante, de uma maneira horripilante, e eu me sentia muito bem em sua companhia. Deve-se dizer que o trabalho na biblioteca me exigia algum sacrifício, pois eu não podia mais ir ao pátio nos dias de semana e também só jogava futebol raramente. Isso valia também para Edenildo, que na verdade gostava tanto de futebol quanto da vida. A coisa era mais fácil para Carlos, porque ele amava esse esporte unicamente como espectador. Comigo, o time da biblioteca estava completo, e Carlos propôs metermos as mãos numa tarefa de mamute. Fazia muito tempo que ele nutria o desejo ardente de organizar um breve resumo para cada livro. Carlos achava, corretamente, que era difícil escolher livros a partir de títulos que não revelam muito do conteúdo e que, mesmo no caso de tratar-se de uma pessoa erudita, era impossível alguém conhecer todos os livros. Seu objetivo era produzir um catálogo completamente novo, que, ao lado de cada livro, traria uma indicação sucinta de seu conteúdo. Eu achei que era algo bastante razoável e começamos a envolver os mais assíduos leitores nessa tarefa. Em seguida, datilografávamos os comentários e os púnhamos num arquivo. Quando tudo estivesse pronto, queríamos dar uma forma ao todo e produzir o novo catálogo. Desde que trabalhava na biblioteca, lia mais do que antes. E quando não estava lendo, estudava português. Eram duas atividades de lazer que se completavam e me enriqueciam. As horas passavam voando. A alimentação era bem melhor e a vida voltou a ser prazerosa.

Nos últimos tempos, a calma reinava na instituição, e eu havia alcançado um estado em que parecia que eu estava sendo levado por uma onda. As coisas andavam bem, eu estava contente, abstraindo-se os dois dentes incisivos que haviam começado a ficar bambos, e eu não alimentava ilusão a respeito do fato de que logo duas outras lacunas iriam compor meu sorriso. Quando um dente ficava bambo, parecia que a língua desenvolvia uma vida própria e ficava brincando com ele sem parar, o que, nota-se, não era nem doloroso nem desagradável.

Nelson continuou a ser meu amigo mais íntimo no corredor. Fazia algumas semanas que ele trabalhava na marcenaria. Havia muito tempo que ele tinha pago sua dívida. Meu capital havia me rendido juros em forma de amizade. Eu avaliava novas compras com parcimônia, porém havia adquirido recentemente um lençol de verdade e uma coberta e, sobretudo, um travesseiro, que eu tinha mandado fazer na alfaiataria da penitenciária. Era uma sensação legal enfiar-se em roupa de cama limpa depois de tomar banho. A despeito do fato de que a cocaína estivesse presente em toda parte, eu mantinha certa distância dela e estava feliz de não ceder à loucura. Os curtos momentos de felicidade tinham um preço elevado demais. Mesmo assim, de vez em quando, eu me dava ao prazer de fumar um baseado à noite. Eu partilhava com prazer com Nelson e, freqüentemente, rolávamos no chão de rir. Sim, isso também é fato. A maioria dos relatos e dos filmes de prisão não é realista. Muitos mostram a permanência na penitenciária como um sofrimento ininterrupto. A verdade é que também se ri e se faz palhaçadas, e eu me recordo de muitos momentos bonitos.

Nelson havia voltado a receber visita, porém não de sua mulher, mas "apenas" de sua mãe, que morava em São Paulo e tinha dificuldades para arcar com a elevada despesa de transporte. Ele ficou sabendo dela o que todos ao seu redor já sabiam, isto é, que sua mulher havia se cansado de esperar e tinha arranjado outro. Levou algumas semanas para ele se recuperar. Nelson passou por um desgosto grande e sofreu feito cachorro. Escrevia cartas implorando à sua amada para voltar, porque ela sabia que ele a amava e que ela não podia fazer isso com ele, porque senão ele iria morrer de desgosto. A esposa não se deixou impressionar com sua súplica e não respondeu a nenhuma de suas cartas.

Quando a mãe de Nelson chegou, estava carregada de comidas e doces. A mãe estava acabada, tinha o cabelo cinza trançado e dava a impressão de ser muito frágil. Emocionei-me ao vê-la acariciá-lo e alisar seus cabelos com ternura, na minha frente. Após uma breve pausa, envergonhado, levantei-me e deixei a cela discretamente. Não sem ter sido também abraçado, de forma bem mais enérgica do que o corpo frágil da mãe deixava transparecer. Deu-me dois beijos sonoros nas bochechas e me fez prometer que tomaria conta de seu querido rapaz. Isso era um pouco desagradável para Nelson, que demonstrou sua reprovação ao encará-la friamente. Só que o gesto não foi nem frio nem convincente. Ele lutava para não desatar a chorar na minha presença. Eu também tinha ficado fragilizado com a visita de minha mãe, ainda que tivesse sido uma única vez. Justamente pelo fato de que o amor de mãe perdoa tudo e que se espera, enquanto criança, ser tomado nos braços "a despeito de tudo". Eu já estava quase do lado de fora da porta quando a mãe de Nelson me seguiu mais uma vez, me segurou e me obrigou a aceitar uns doces. Fiz isso e prometi solenemente tomar conta de "seu querido rapaz".

Mal ela já havia ido embora e Nelson estava diante da minha porta.

— Que negócio é esse de querido rapaz? Você está querendo me sacanear? — Ele fingia estar indignado, mas eu via claramente que ele procurava não rir.

— Trate de ficar quietinho aí. Dê graças que tem uma mãe tão boa. Se alguma coisa o incomodar, é só falar para mim. Então, vou me deixar adotar por ela em seu lugar, seu paspalho!

Nelson me levou para sua cela. Lá jogamos uma partida de xadrez e ele me deu metade de tudo o que a mãe lhe trouxera. Inicialmente, eu quis recusar, mas acabei não o fazendo porque teria parecido rejeição da amizade. Isso era verdadeira generosidade. Literalmente, compartilhar os últimos recursos com alguém. Nelson era um pobretão, abandonado por sua mulher e também pela família, que era tão pobre que só raramente podia visitá-lo. Para a família, a viagem de São Paulo para o Rio era comparativamente mais cara do que para um europeu que pega rapidinho um avião para o Brasil. E agora ele partilhava tudo comigo, sem esperar contrapartida. Ele agia assim do fundo do coração, fiel à sabedoria de vida segundo a qual só resta a alguém aquilo que ele dá. Assim, aceitei, agradecido, e, estando de barriga cheia, coroamos esse belo dia com um delicioso baseado!

No Lemos de Brito havia muitos bichos. Camundongos, ratazanas, baratas monstruosas e outra bicharada. E havia ainda Federico, um gato preto e gordo que, quando abria a boca, lembrava o Drácula, porque só lhe restavam os caninos superiores. Os inferiores já não existiam. Fora isso, também me chamava atenção sua comprida língua rosa, que quase sempre estava para fora da boca. Federico era o verdadeiro rei da instituição. Ninguém sabia ao certo de onde havia vindo. Apareceu simplesmente num dia e, com toda evidência, parecia gostar de permanecer conosco. No início, agiu com medo, mas logo deixou que todos o acariciassem. Eu desconfiava que fosse artimanha, como uma garota jovem que se faz de tímida mas depois não se faz de rogada. Federico era o chuchu de todos e, contrariamente a nós, cada vez engordava mais. Por um lado, havia muitos camundongos e ratos e, por outro, os detentos disputavam seu favor, dando-lhe comida e até comprando coisas no quiosque para ele. O amor de toda a instituição derramava-se sobre aquele gato. Ele não precisava de chaves e, às vezes, movia-se também pelo bloco de celas. Ele podia fazer isso apesar de as galerias estarem trancadas com grandes portas de aço, porque ele conseguia passar sem problema através das grades. De vez em quando, ele fazia visitas e ia, curioso, de cela em cela. Aparecia de repente, deixava-se acariciar pacientemente, e, então, seguia satisfeito adiante. Quando tinha vontade daquilo e queria sair da instituição, ficava sentado diante da guarita até que um guarda abrisse o portão principal ou que ele se abrisse sozinho. Às vezes, desaparecia por dias a fio, mas sempre regressava. Na volta, procedia da mesma maneira. Federico posicionava-se diante do portão e aguardava com a docilidade estóica dos bichos. Embora se deixasse mimar por todos, era um verdadeiro arruaceiro. Com freqüência, voltava de suas excursões em mau estado, e, uma vez, faltava-lhe até um pedaço grande da orelha direita. Quando Federico não era visto, era motivo para inquietação geral. Os presidiários preocupavam-se de que algo pudesse ter lhe acontecido do lado de fora e temiam que talvez Federico não retornasse. Eu também gostava muito dele. Ele tinha algo que o tornava irresistível. A mera posição que ele ocupava por ser o único que podia deslocar-se livremente por toda parte já o tornava especial. Certa vez, ele chegou a pular na minha cama para tirar uma soneca, como se fosse a coisa mais natural do mundo. Sua existência era como um bálsamo para os internos do Lemos de Brito. Assim que aparecia, era o ponto central das atenções, e sua presença fazia bem, trazendo alguma felicidade. Ninguém sabia de onde viera seu nome. Chamava-se simplesmente Federico, e eu achava que o nome era bem adequado. De alguma maneira, era senhoril! Em suas rondas, ele inspecionava tudo detalhadamente, tomava seu tempo, parava a todo momento, coçava o pescoço com a língua pendurada para fora, asseava seu pêlo e dava mais alguns passos. Examinou pormenorizadamente até a biblioteca, pulou sobre a escrivaninha de Carlos, não se deixando impressionar nem um pouco com seu olhar severo e deitou-se sobre a lista do acervo, esperando ser acariciado. Querendo ou não, Carlos teve que ceder a sua exigência. Também não tinha outra opção, já que não teria podido continuar a trabalhar de qualquer maneira, porque o gato estava deitado sobre todos os papéis com corpo bem nutrido. Sua presença lembrava um pouco a das vacas brancas sagradas da Índia que, quando queriam, deitavam-se bem no meio de ruas com intenso tráfego. Parecia-me que se podia ver a sabedoria da vida nos olhos de Federico. Ele era como um ser superior que se compadecia de nós por motivos desconhecidos.

Mais uma vez, era Natal. Fazia exatamente 2 anos que eu estava preso. Portanto, era o terceiro Natal que eu comemorava atrás das grades. Sem neve e sem a mesa de presentes. Mesmo assim, não era um dia como outro qualquer, a comida era saborosa e os funcionários, mais gentis do que normalmente. Passei a noite com Nelson. Ele estava triste porque ninguém tinha ido visitá-lo, e eu procurava alegrá-lo contando histórias. Relatava como era esquiar e todas as coisas legais que eu fazia na neve. Antigamente, a turma toda viajava para férias de esqui. Passávamos o dia inteiro nas pistas e, à noite, queríamos conquistar o bastião inexpugnável do alojamento das meninas. Naturalmente, ele era severamente guardado pelos professores. Os garotos sonhavam com sexo e esperavam por uma oportunidade. Aproveitando um momento de distração, consegui chegar ao quarto das garotas, mas fui recebido rudemente pelo professor de ginástica. Ele estava cochilando, sentado em uma cadeira e, assustado com minha aparição súbita, bateu-me no rosto com sua lanterna com tanta força que cortou meu lábio inferior. Na verdade, eu havia imaginado a noite de maneira mais sexy. Nelson teve que rir e teria dado sabe Deus o que para poder ver neve de verdade um dia.

— Por que neve de verdade? — perguntei.

— Uma vez — contou — nevou efetivamente em São Paulo. Eu ainda era pequeno e o inverno estava insolitamente frio e, uma noite, nevou. Flocos de neve de verdade, mas que derretiam imediatamente ao tocar o chão. Isso durou uma hora, e todos correram pela rua tentando apanhá-los, como se alguém tivesse jogado notas de dinheiro do alto. Na realidade, não tinha sido suficiente para fazer um boneco de neve!

Eu também sentia falta de um inverno branco e das mudanças de estação. Nelson prometeu visitar-me na Alemanha. Ambos sabíamos que isso nunca iria acontecer, mas a idéia era agradável.

Mesmo a pessoa mais pacífica não pode viver em paz se o vizinho não deixa. Isso podia ser aplicado a nós, no Lemos de Brito, porque, novamente, havia contratempos à vista. Sem chamar inicialmente atenção, novas alianças haviam se formado e criado um novo grupo, independente do Comando Vermelho e do Terceiro Comando. Era uma aliança de criminosos que queriam assumir o poder. Essas pessoas eram como um espinho na nossa carne, pretendiam comandar o tráfico de drogas e reprimir os outros progressivamente. Os assassinatos acumulavam-se e o clima piorou muito. Eu fazia de conta que nada estava acontecendo, mantinha-me distante de tudo, trabalhava arduamente na biblioteca e ia à escola. Eu sabia que, no fim, as tropas de choque — era assim que se chamavam os comandos especiais, treinados para tomar de assalto as penitenciárias — entrariam em ação e restabeleceriam a ordem. O difícil para alguém como eu que queria me ver longe de tudo isso era que nunca se sabia ao certo quando a coisa iria acontecer. Caso se tivesse o azar de estar no centro dos acontecimentos, talvez não desse mais para escapar. Por causa disso, eu ficava atento e minha estratégia era refugiar-me em minha cela e esconder-me sob a cama à menor ocorrência. Primeiramente, sair fora, o mais rapidamente possível. Enquanto isso, eu havia criado um esconderijo na parede, onde guardava minhas reservas. A partir daí, só deixava minha cela com sentimentos mistos e deslocava-me pela instituição com atenção redobrada. Aqueles que queriam dominar a cadeia não dissimulavam suas intenções. Era a primeira vez que eu via detentos se deslocando pela instituição com armas de fogo visíveis. Isso era novidade até para mim. Como havia uma favela próxima, dava para imaginar como as armas haviam chegado ao presídio. O método preferido era jogar coisas por cima do muro, à noite. Bolas de tênis recheadas com drogas, notícias de todo tipo e, naturalmente, armas. Isso acontecia com freqüência, devido à negligência do pessoal da guarda Era como se um polvo estendesse seus tentáculos em todas as áreas. Detentos hostis infiltravam-se pelas galerias e procuravam seguidores, como parasitas que esvaziam o hospedeiro por dentro. Quando me dei conta, havia cinco homens na nossa galeria que não tinham o aspecto de quem um dia vai obter a liberdade antecipadamente por boa conduta. Eles procuravam atrair-nos para o seu lado com falsas gentilezas, distribuíam generosamente coca e maconha e comportavam-se como bons companheiros. Eu não aceitava os convites nem passava meu tempo livre com eles. Continuava a andar somente com Nelson. Com uma exceção, já que havia conhecido outro rapaz que vivia no andar debaixo do meu e jogava muito bem futebol. Ele se chamava Ernesto e estava empenhado em tornar minha vida amorosa mais apimentada. Ele era um dos poucos detentos de pele clara no Lemos de Brito, tinha longos cabelos compridos que lhe caíam constantemente no rosto de maneira desordenada e que ele não confiava de jeito nenhum aos cuidados do barbeiro da cadeia. Ele recebia regularmente visita da namorada que, para ser sincero, era bonita demais para ele. Ele me enchia sempre a paciência, dizendo que eu também precisava de uma namorada e que ia pedir à noiva para conseguir uma garota para mim. O que é que eu tinha a perder? Além do mais, eu tinha desistido de esperar por Christina. As bichas no Lemos de Brito não eram rainhas de beleza e, assim, resolvi fazer uma tentativa. Deve-se dizer que a procura de amor comprado era muito menor no Lemos de Brito. Isso se devia principalmente às generosas regras de visitação que permitiam relações sexuais sem supervisão e, assim, retiravam das bichas os meios de subsistência.

E, realmente, um dia a noiva dele apareceu com uma amiga. Ela parecia alemã. Cabelos louros, aparência elegante e seios pequenos. Muito apetitosa e, acima de tudo, meiga. Comportei-me como num primeiro encontro, vesti-me o melhor possível, barbeei-me impecavelmente, lavei o cabelo e perfumei-me generosamente com loção pós-barba. A visita transcorreu de modo adequado. Ela comprou um hambúrguer e uma limonada para mim na cantina e falamos sobre nossas vidas, sendo que eu falei a maior parte do tempo. Quase ao fim da visita, ela quis ver como eu vivia. Realizei seu desejo e quase me envergonhei um pouco pelo fato de que minha pia ainda não estava fixada à parede. Na realidade, desde que os PMs a haviam arrancado, eu me lavava no cano do chuveiro e não havia tomado providências para fixá-la novamente, seguindo minha resolução de não me instalar confortavelmente. Carola olhou em volta, constrangida. Ela era de uma boa família, tinha uma palidez aristocrática a despeito do sol fantástico, e sentou-se de um modo correto. Seu gesto me pareceu condescendente, mais uma comprovação de sua disposição em não me deixar perceber o quanto ela realmente achava o ambiente abominável. Ela reagiu como se não houvesse nada. Eu sentia nitidamente que ela havia gostado de mim. Era uma garota insossa, de 20 anos de idade, e não deixei que ela percebesse o quanto eu teria gostado de levantar-lhe a saia. Na realidade, Carola não era meu tipo, mas o que isso significa depois de dois anos de abstinência quase monacal? Eu me controlova pensando que ela voltaria se tivesse vontade. Depois da visita, escreveu-me longas cartas apaixonadas, queria saber tudo a meu respeito e prometeu que voltaria. Eu havia decidido que, então, transaria com Carola. A visita havia me feito um bem enorme. À noite, eu antecipava a trepada e procurava imaginá-la nua!

Minha vida tornou-se novamente valiosa para mim. Fiz um balanço. Já havia cumprido metade da pena. Tinha perdido três dentes, meu trabalho era legal e, além disso, fazia algum tempo que eu sonhava e pensava em português. Era quase como se nunca tivesse falado alemão!

Quando não estava trabalhando, passava a maior parte do tempo na cela. Eu estudava incansavelmente a língua portuguesa e devorava um livro atrás do outro. Quando me cansava, visitava Nelson. De forma geral, eu constatava, com o passar dos meses, que tudo o que ele dizia e fazia tinha um motivo. Nelson era um cara que pensava e questionava tudo. É bem verdade que ele não possuía boa formação, mas tinha uma mente ágil. Eu gostava de estar com ele. Nessas ocasiões, também falávamos muito sobre política. Nelson era, por assim dizer, simpatizante do comunismo e acreditava que este representava, no fim, a melhor forma de convivência humana, mas que, em função da natureza humana, havia fracassado. Ele sonhava que o homem um dia estaria maduro para o comunismo e, como sempre, não se contentou com uma declaração, porém me contou uma anedota, para esclarecer o assunto.

— O que você sabe, realmente, acerca do Comando Vermelho? Todos falam nisso, mas você já pensou seriamente de onde eles vêm e por que têm tanto poder? — Nelson fitou-me, aguardando. Ele queria provar novamente quão pouco eu conhecia o Brasil.

— Então — comecei, escandindo as palavras —, o Comando Vermelho é uma organização criminosa que vende cocaína e reprime as pessoas nos presídios!

Nelson olhou para mim com indulgência.

— Vejo que você ainda não entende nada. O Comando Vermelho é muito mais e seria muito bom que o Estado reconhecesse isso.

Nelson aguardou. Ele se acomodou confortavelmente, isto é, em posição de lótus, na minha frente, acendeu um cigarro e me olhou seriamente com seus olhos pretos.

— O Comando Vermelho nasceu no ano de 1979, portanto, não tem tanto tempo assim. Para ser mais exato, o bebê veio ao mundo no presídio de segurança máxima da ilha Grande. Os fundadores eram comunistas que haviam declarado guerra à ditadura militar. Daí, também o nome, Comando Vermelho. De certa forma, uma organização política cujo objetivo era criar melhores condições de vida. Os líderes da primeira hora eram todos favelados, portanto estavam familiarizados com a desigualdade social desde o nascimento. Na medida em que boas palavras não fazem nada sozinhas e que só é levado a sério quem dispuser de boa situação financeira, eles começaram a entrar no comércio de drogas. Além disso, o Comando Vermelho está engajado no comércio de armas, eles praticam assaltos e seqüestros e, ultimamente, têm organizado cada vez mais o jogo ilegal. Eles foram muito bem-sucedidos e, pouco tempo depois, já dominavam mais de 70% do tráfico de drogas de todo o Rio de Janeiro. Ganharam cada vez mais influência, inclusive nos outros ramos de negócio. Você está me seguindo?

— Eu não sou idiota, e isso também não é tão novo para mim!

Nelson me observou com paciência.

— Você deve olhar por trás da fachada, então vai entender! Eu venho de São Paulo, mas minha mulher é de uma favela daqui do Rio. O pai dela faz parte do Comando Vermelho e, para ser honesto, não acho a organização má.

Eu queria argumentar alguma coisa, contradizê-lo, mas não cheguei a fazê-lo, porque ele simplesmente continuou a falar.

— Espere, deixe que eu termine. E preste bem atenção! Todos os líderes do Comando Vermelho são pobretões que vieram ao mundo numa favela. Olhe à sua volta. Quase todos os detentos aqui vêm de favelas. Por que você acha que é assim?

A pergunta era meramente retórica, e ele prosseguiu com o mesmo entusiasmo.

— O governo não se importa nem um pouco com os pobres do Brasil. Os políticos não se preocupam se as pessoas morrem de fome. Elas simplesmente não são importantes. O contrário acontece com os líderes do Comando Vermelho, para quem o sofrimento de seus compatriotas não é indiferente e que empregam grande parte do lucro do tráfico de drogas para ajudar os mais pobres. Eles compram remédios, livros para as crianças e cuidam dos fracos da sociedade. Quase como Robin Hood, que tomava dos ricos e dava aos pobres. Vá a uma favela e dê uma olhada à sua volta. Em toda parte se vê a sigla CV, e mesmo as crianças pequenas formam as iniciais com os dedos, como saudação. Quem cresce na favela sabe que não pode esperar nada do Estado. Contrariamente aos chefes do Comando Vermelho, que regulamentam o convívio social da favela e realmente fazem alguma coisa. Bem, e agora, imagine que você tivesse crescido em um favela. Você se associaria a quem? O que escolheria? A escova de dentes ou o pedaço de pão?

Aí estava ela novamente, a pergunta predileta de Nelson.

— Já que você me pergunta desse jeito, o pedaço de pão!

— Exatamente, o pedaço de pão.

Havia muito barulho no corredor. Música alta chegava à nossa cela. *What a Feeling*, do filme *Flash-*

dance. Tirei um baseado do bolso. Carlos, meu chefe na biblioteca, tinha sido generoso comigo de manhã e, agora, havia chegado o momento adequado para acendê-lo. Estava tudo muito bem, pensei, mas, então, por que você está sentado aqui conosco e não no outro bloco, onde fica o pessoal do Comando Vermelho? E perguntei-lhe exatamente isso.

— Você quer saber por quê? Por instinto de sobrevivência. Nenhum traficante de drogas passa dos 25 ou 30 anos. As coisas são assim, e é por isso que eu me mantenho distante. Em última análise, também não são melhores que os militares. É bem verdade que são mais generosos, mas, em compensação, a expectativa de vida é menor!

— Então, com certeza, você também pode me dizer alguma coisa sobre as outras organizações. Como, por exemplo, o Terceiro Comando. Eles também são filantropos?

— Terceiro Comando? É a concorrência. É o que acontece numa economia de mercado. Foi criado por desavença, quando um líder assassinou outro. A partir daí, passaram a chamar-se Terceiro Comando. No fundo, não se diferenciam muito do Comando Vermelho. Têm as mesmas raízes sociais e objetivos parecidos, mas que põem em prática de forma bastante mais brutal. E o mesmo vale para todos os outros. Trata-se de bilhões de dólares. O Comando Vermelho não é um clube de ladrões nostálgicos, porém um gigante que domina a vida econômica, exatamente como a Cosa

Nostra na Sicília. A violência me repugna, mas eles são heróis, verdadeiros heróis que lutam contra a desigualdade social. E é por causa disso que conseguem tanto apoio da população. Nas favelas, os líderes são venerados como santos, e todas as crianças querem ser como eles. Ninguém entregaria o paradeiro de um líder, porque o amam como a um pai bondoso. Bem, Rodger, e agora vou fazer uma pergunta!

O que se seguiria? Seguramente, ele queria pôr-me à prova, para ver se eu tinha compreendido o que ele havia tentado me explicar. Como um professor que verifica se a matéria fora assimilada.

— Minha pergunta é a seguinte. — Aí ele fez uma pequena pausa, estudada, como um orador que eleva a dramaticidade. — Então, minha pergunta é a seguinte: o que é o Comando Vermelho?

Olhei-o sem dizer palavra, raciocinei brevemente e disse:

— Você é que tem de me dizer!

— O Comando Vermelho é a luta eterna entre pobres e ricos. Isso é o Comando Vermelho, em última análise. O protesto dos miseráveis que não aceitam mais vegetar na pobreza. Gente que se defende e que emprega os mesmos métodos nojentos do Estado. A ponta da lança da insatisfação coletiva. — E, com raiva, quase cheio de ódio: — Foi isso que conseguiram!

Agora tudo estava claro; de repente, entendi por que os detentos dos outros presídios nos desprezavam. Todos se sentiam um pouco como presos políticos.

Mesmo que, à primeira vista, seus delitos parecessem apenas criminosos, eles acreditavam agir em legítima defesa. Principalmente, porém, não reconheciam o Estado, tinham perdido as esperanças e apostavam no Comando Vermelho. Como uma irmandade secreta, para o que desse e viesse.

— Por sorte, não sou brasileiro — disse eu. — Realmente não tenho nada a ver com isso, apesar de entender as pessoas. Mas você mesmo disse qual é a expectativa de vida. É melhor você ficar com o pedaço de pão!

— Exatamente, e é por causa disso que estou aqui com você. Farinha pouca, meu pirão primeiro, mas nem todos pensam como eu. Até os vermes se dobram quando são pisados!

Onde foi que havia me metido? O que é que eu tinha a ver com aquilo? Naquela época, minha única preocupação política era com Helmut Kohl, que havia assumido o poder na Alemanha, alguns anos antes, por voto de desconfiança. Como era inócuo o cenário político na Alemanha, quando comparado ao Brasil, e como havíamos sido bem servidos pela CDU.* Às vezes, mal podia acreditar onde o destino havia me lançado. Tudo o que eu vivenciava estava além da imaginação de um alemão protegido.

---

* CDU, sigla do partido político Christlich-Demokratische Union (União Democrática Cristã). (*N. da T.*)

O mundo ao qual eu precisava adaptar-me era arcaico. Todos os agentes estavam mergulhados numa lógica horrorosa, que me parecia sem sentido, incompreensível. Eu só via caminhos que não levavam a nada, e o que me restava era a gratidão por ter nascido numa parte mais amigável do mundo. Entretanto, a vivência nas penitenciárias brasileiras me fez bem. Aprendi muito a respeito da vida.

Concentrava-me ainda mais na escola. Era como se diariamente procurasse um posto de abastecimento para recarregar minhas baterias. Ao longo do resto do dia, nas horas em que eu não tinha aulas, uma grande quantidade de impressões negativas me atingia e não deixava minha cabeça em paz. Todo esse lastro afastava-se de mim quando eu estava na escola, de forma misteriosa.

Poucos dias depois ocorreria o início dos tiroteios, e isso justamente no momento em que eu realmente não esperava, isto é, quando estávamos em aula. Pouco depois das 7h, quando estávamos abrindo os cadernos e nos preparando para a aula. Arthur andava por entre os bancos, olhava por cima do ombro de um e de outro estudante, respondia pacientemente às perguntas sobre o dever de casa. Então, de repente, ouviram-se tiros de pistola! Não dava para localizar exatamente de onde vinham, mas, por serem tiros contínuos, sabíamos que a hora havia chegado. As tropas de choque não tardariam muito a aparecer. Inquietos e amedrontados ao mesmo tempo, nos entreolhávamos.

— Gente, para que estamos aqui? — Arthur estava junto ao quadro, a camisa impecavelmente branca com as mangas arregaçadas até os cotovelos e uma ponteira na mão. Com ela, acenava para o quadro, repleto de verbos irregulares conjugados em todos os tempos. — Digam-me, por que estão aqui?

— Para aprender — respondi, porque os outros mantinham-se mudos como peixes. Do lado de fora, o fogo tornava-se cada vez mais intenso, e parecia aproximar-se.

— É isso aí, Rodger. Que bom que pelo menos um de vocês sabe por que está aqui. Então, por que vocês não estudam?

— Mas, professor, o senhor está ouvindo. Do lado de fora há um levante. Estão dando tiros, a PM vai chegar logo...

— Calem a boca, ou vocês são poltrões? Os outros, que façam o que quiserem. Nós estamos aqui e em aula, e eu vou dar a lição! Aconteça o que acontecer! Não vai acontecer nada com vocês, isso eu prometo!

Tranqüilizamo-nos um pouco, confiando nas palavras de Arthur de que tudo ficaria bem. Porém, o barulho ficava cada vez mais alto. O barulho ensurdecedor de helicópteros também penetrava pela janela, agora, todo o quarteirão à nossa volta estava em polvorosa. Barulho infernal de rotores sobre o pátio da penitenciária, na altura dos muros, rajadas de metralhadoras, o som forte das sirenes de alarme, como se uma guerra tivesse eclodido. Balas ricocheteavam no pátio e atingiam os muros. Arthur estava de pé na nossa frente, com uma expressão estóica no 1osto e completamente concentrado na aula. Ele tinha que gritar para ser ouvido por cima do barulho dos rotores. Mantinha-se diante de nós como um baluarte, absolutamente sem se deixar impressionar pelo acontecimento e olhava para nós, animando-nos. Nós, em contrapartida, não éramos mais capazes de pensar claramente. Os tiros se aproximavam, já estavam vindo diretamente do corredor que levava à nossa sala de aula. O fato de que os helicópteros subiam era tranqüilizador e levava a crer que a situação tinha sido muito grave. Era assim que as pessoas deviam ter se sentido durante a guerra, quando os alarmes aéreos soavam e bombas choviam sobre as casas, enquanto ficavam rezando no porão para que os homens que espalhavam a morte desaparecessem. Barulho de botas no corredor. A porta da nossa sala não estava trancada. Arthur permanecia calmo, mas agora dava para perceber, nitidamente, indignação em seu rosto. Eu retive a respiração. O barulho das pisadas parou na nossa porta. Do lado de fora, ainda se ouvia o barulho dos rotores, porém mais fraco. Arthur estava em pé na frente, junto do quadro, com a ponteira. Agora ele também parecia inseguro, porque aos poucos havia perdido o controle. Com um gesto raivoso, bateu na coxa, porque nenhum dos alunos prestava mais atenção a suas explicações. Então, a porta foi posta abaixo. Um negro gigantesco em trajes de combate arrombou a porta e, de um segundo para outro, estava no meio da sala, executando um movimento da esquerda para a direita com o cano de sua metralhadora e gritando:

— Então, seus filhos-da-puta nojentos, deitem-se no chão ou eu mato vocês todos!

Aí, ele não tinha feito as contas com o nosso professor Arthur. Os estudantes deitaram-se no chão imediatamente, mas Arthur dirigiu-se diretamente para o policial militar com aspecto de gorila, postou-se bem diante do cano da metralhadora e gritou, fora de si de raiva:

— O que é que há com você, seu idiota grosseiro? Isto aqui é uma escola, não é um campo de treinamento de tiros.

Embora Arthur fosse de pequena estatura — talvez chegasse até à altura do peito do policial —, cresceu aos meus olhos como um Golias e, de repente, pareceu medir 3 metros. A sala encheu-se com o som de sua voz, potente e imponente! Ali estava aquele pequeno professor que se colocava entre nós e o policial e o tratava como a um fedelho. Ali estava ela, a aura especial de Arthur. Ele estava esplêndido, como um mensageiro de Deus, cuja espada é a palavra. Caso a arma na mão do policial, que tinha ficado inseguro, disparasse, eu não teria me espantado se as balas ricocheteassem no corpo de Arthur. Arthur gritou, mais alto:

— Seu pai não o ensinou a bater à porta? Aqui estão estudantes que querem aprender alguma coisa e que não fizeram nada, nada mesmo. Se você não desaparecer imediatamente daqui, vou me queixar a seu superior, e vocês, aí no chão, levantem-se já, sentem-se e continuem com seu trabalho!

Levantamo-nos devagar. O negro abaixou o cano da metralhadora. Arthur estava diretamente na frente dele, avançou mais um passo em sua direção, tornando-se sempre maior enquanto o gigante parecia encolher, tirou o capacete e olhou Arthur constrangido, quase como um garotinho que está sendo repreendido.

— Desculpe, professor — gaguejou somente, abandonou a sala em silêncio e procurou fechar a porta arrombada, na medida do possível.

Arthur já estava novamente ao lado do quadro.

— O que é que há? A aula não acabou. Temos 10 minutos ainda!

Amedrontados, olhávamos para os nossos livros, incapazes de formular um pensamento claro. Emitíamos um murmurinho inquieto, que foi estancado devido a um olhar severo de Arthur. Então, a aula terminou. Do lado de fora, a violência continuava.

Arthur arrumou calmamente sua pasta, abaixou as mangas, vestiu o paletó e disse:

— Agora, vamos, e vocês comportem-se calmamente. Vou levar cada um para sua cela. Não tenham medo!

Deixamos a sala de aula. Arthur ia na frente, dirigindo-se na direção de um grupo de soldados que, agora, haviam conseguido se impor. Só se ouviam tiros isolados.

Energicamente, aproximou-se de um policial militar e disse-lhe resolutamente que éramos estudantes que queriam voltar para suas celas e que estávamos sob sua proteção. Os outros, que não haviam estado na escola, não tiveram tanta sorte. Como formigas, nossos colegas detentos procuravam passar nus pelos grupos de choque que, por sua vez, deixavam cair seus cassetetes com toda violência sobre seus corpos. Em meio a toda a confusão, Arthur ia abrindo caminho conosco. Como quando Moisés separou as águas. E, no sentido figurado, era realmente o que estava acontecendo, pois Arthur parecia amansar, à nossa volta, os elementos irritados. Acompanhou cada um de nós até sua cela e prometeu que falaria com o comandante para ameaçá-lo de que seria responsabilizado pessoalmente se alguém sequer tocasse num fio de cabelo de seus alunos.

Mal cheguei à minha cela, encolhi-me como um bicho debaixo da minha cama, porque tinha medo que o terror ainda não tivesse terminado; e que me arrastariam para fora dali. Os blocos das celas estavam vazios, com exceção de nós, alunos. Todos os outros estavam nus no pátio. Eu não confiava na paz e, por segurança, permanecia debaixo da cama. No caminho para minha cela, eu havia visto muitos mortos, espalhados por toda parte nas escadas, caídos em gigantescas poças de sangue. Pobres-diabos, será que há algo pior que morrer atrás das grades? Por todo lado, no chão, pedaços de alvenaria haviam sido arrancados pelas rajadas. Um cheiro penetrante de enxofre pairava no ar, como se

Lúcifer tivesse se materializado. O cheiro de pólvora e uma fina poeira de alvenaria dificultavam a respiração. Ouvi barulho de passos se aproximando. Vinha diretamente de minha galeria. Ruídos de coisas estalando e quebrando, sempre acompanhados de xingamentos e maldições. Era vandalismo sistemático. Minha porta se abriu. Tiros de metralhadora foram disparados na direção da fossa.

— Tem alguém aqui — ouvi os soldados gritarem.

— Não atirem, por favor, não atirem — gritei, tomado pelo pânico, e estendi minhas mãos no chão. — Não atirem, sou aluno do professor. Sou alemão e não tenho nada a ver com as encrencas de vocês!

O policial olhou na minha direção. Não dava para reconhecer seus olhos por baixo da viseira. Atiraria? Arthur tinha ido embora. Agora ninguém mais podia me ajudar. Passou um segundo de torturante espera.

— Hoje é seu dia de sorte, gringo. Continue a ir à escola e aprenda bastante!

Foi embora. Ele realmente havia deixado minha cela sem me bater ou destruir minhas coisas. Sentei-me na cama, encolhi as pernas e tremia de medo. Perturbado, procurava contar as marcas de tiros na parede. Fumei um cigarro. O segundo do dia. Inspirava a fumaça avidamente. Havia terminado. Eu sobrevivera. Arthur era uma figura dos diabos, e não nos havia deixado na mão. Ele poderia ter-nos deixado sozinhos na sala de aula e saído da linha de fogo. Ele tinha arriscado a própria vida ao escolher-nos através do bloco das celas. Com isso, ele comprovava que as coisas podiam ocorrer de modo diferente e que o bem vencia, desde que se acreditasse nele. Que homem corajoso que havia nos protegido, os miseráveis, com sua vida, e oferecido seu peito a uma metralhadora, e que não havia recuado nem 1 centímetro. Quando ele se aproximou do gigante na sala de aula, parecia como nos filmes nos quais o mocinho se oferece ao demônio com um crucifixo e grita: "Fora, Satanás." Há momentos de verdade absoluta, e aquele gorila deve ter sentido, pois ele também retrocedeu. Tínhamos tido muita sorte!

Seguiu-se o habitual processo de lamber as feridas. Eu me preocupava principalmente com Nelson, Ernesto e Federico. Ainda não sabia se estavam vivos.

Os outros faziam inventário, ficavam, como sempre, desconsolados diante dos destroços de suas posses e punham-se ao trabalho de reorganização de mau humor. Na nossa galeria, faltavam três homens. Dois dentre eles estavam mortos, e o terceiro, na enfermaria, com tiros na cabeça. Nelson e Ernesto estavam vivos. E Federico, conforme pude constatar no dia seguinte. Nelson e Ernesto estavam em péssimas condições, devido às pancadas e aos chutes que haviam levado. O rosto de Nelson estava cheio de hematomas. Faltavam-lhe os dentes incisivos. Havia sangue nos cantos de sua boca e, nos olhos, uma mistura de triste altivez e ódio. Neles podia-se perceber resignação e a certeza de que jamais estariam do lado ensolarado da vida. Eram somente massa de manobra arrastada por forças invisíveis. Por forças que não largavam mais suas vítimas depois de ter cravado as presas nelas. Eu bati no ombro dele.

— Cabeça erguida — comentou — Fume primeiro um cigarro. As coisas vão se ajeitar!

Ajudei-o a arrumar a cela. As mulheres nuas estavam espalhadas pelo chão. Será que as top models imaginavam que suas fotos maravilhosas levavam um pouco de conforto aos corações dos detentos das penitenciárias da América do Sul? Provavelmente, não! Que um pobre-diabo estivesse sentado tristemente junto de pedaços rasgados e tentasse desesperadamente alisá-los?

Por sorte, a tristeza de Nelson não durou muito e teve que ceder à alegria congênita dos brasileiros. Os rapazes eram duros na queda. Muito duros!

Contei a ele sobre minha estranha salvação e ele tentou relatar os acontecimentos a partir de seu ponto de vista. O fato era que nos últimos dias haviam se formado contra-alianças para repelir o avanço dos detentos rivais que tinham tomado toda a cadeia, como um câncer. Por assim dizer, tinha sido uma guerra entre os bons e os maus. O fim da história era que 14 homens haviam morrido e quatro estavam feridos, na enfermaria. No dia seguinte, teve contagem. Todos para fora das celas. Aqueles cujos nomes eram chamados deviam juntar seus pertences para serem transferidos imediatamente. Os funcionários separavam os perturbadores da ordem com segurança. O preço havia sido muito alto, mas no fim, havíamos conseguido prevalecer, e isso era uma vitória. É preciso perceber quão absurda tinha sido a rebelião. No fundo, os detentos de nosso bloco defendiam o status, pois queriam somente continuar a viver como até então. Absurda porque uma pessoa de fora jamais poderia compreender o que valia a pena defender em nossa miserável existência no Lemos de Brito, ao ponto de sacrificar a vida por isso. Era uma vitória com gosto amargo!

A vida voltou à normalidade: jogava-se futebol e os presidiários faziam seus infindáveis passeios pelo pátio. Em toda parte, as paredes testemunhavam o massacre, devido às marcas de tiros. No chão, ainda havia restos de alvenaria e sangue. Todos evitavam o máximo possível pisar nas manchas. Podia-se quase sentir o cheiro da pólvora ainda. Nossa cadeia teria dado um cenário maravilhoso para Hollywood. Depois de alguns dias, já não se falava mais no assunto. O ser humano tem a capacidade de retornar rapidamente à rotina. Iniciou-se um novo ciclo!

Eu estava preso havia 2 anos e 8 meses. Maravilhado, constatei que o tempo realmente havia passado. Depois de minha condenação, os 4 anos e 6 meses haviam-se amontoado diante de mim como uma montanha insuperável. E, mesmo assim, o tempo havia passado; mais rapidamente do que eu havia imaginado. Era fim de agosto, portanto, o auge do inverno, e, sempre que o trabalho na biblioteca permitia, eu corria para o campo de futebol. Numa bola dividida particularmente difícil, caí de forma tão desastrada que quebrei a perna. Foi a primeira vez que quebrei um osso na vida. No início, não percebi; tentei levantar-me, queria continuar a jogar, mas mal conseguia pisar. Sentei-me na borda do campo, fumei um cigarro e chequei cuidadosamente as condições de minha coxa. As dores aumentavam. Um dos outros jogadores, que me apalpou com cuidado, diagnosticou uma fratura. Com sua ajuda, fui mancando até a enfermaria. "Merda" era a única coisa que eu conseguia pensar. Merda, porque eu não tinha um bom pressentimento, o que não era de estranhar, tendo em vista que eu sabia que as condições médicas no Lemos de Brito eram péssimas. Tendo chegado à enfermaria, deitei-me cuidadosamente numa maca. O funcionário e os dois detentos que haviam me apoiado me deixaram lá e foram embora. Olhei ao redor. A decoração e os equipamentos médicos davam a impressão de serem antiquados e não inspiravam confiança. Uma cadeira antiqüíssima de dentista estava a apenas dois passos. Meus olhos procuraram a broca, que eu desconfiava que ainda fosse acionada com os pés, como uma velha máquina de costura.

Depois de duas horas, finalmente um enfermeiro chegou, também detento, debruçou-se sobre mim rapidamente e disse:

— Fique à vontade. Volto já, preciso ir ver os outros!

— Quando é que o médico vai chegar? — Fiz um esforço para não deixar perceber que sentia dores fortes.

— Que médico? Só tem eu aqui. Há meses que esperamos um novo médico. Quem tem juízo procura uma posição melhor. Não se preocupe, vamos resolver esse lance da sua perna. Eu tenho prática. Por sinal, sou açougueiro de profissão!

Açougueiro!, pensei. Podia ser que desse certo.

— Você tem pelo menos um analgésico? Estou esperando há mais de duas horas. Estou sentindo uma dor infernal na perna!

— Sinto muito, os remédios acabaram. Há meses que eu infernizo a direção da instituição, mas não acontece nada!

Sem médico e sem remédios há meses! Passou mais uma hora. Finalmente, o enfermeiro voltou.

— Sinto muito que você teve que esperar tanto. Há tanto trabalho aqui que eu não dou mais conta. Os quartos estão cheios de doentes e os pacientes morrem como moscas!

Apalpou minha perna com destreza.

— Você teve sorte, é uma fratura simples. Só vamos ter que acertar sua perna um pouquinho, então vai ficar nova! — Dei um grito e, poucos segundos depois, estava encharcado de suor. — Espere, vou chamar dois detentos para me ajudarem com sua perna!

Fui ficando cada vez com mais calor. Passou mais uma hora, em que amaldiçoei o mundo inteiro. Só me faltava aquilo. Então, finalmente, a equipe estava pronta.

— Aqui, fique com isso na boca. Morda com força se doer.

Não conseguia estabilizar os olhos. Cenas de filmes passavam dentro da minha cabeça. Cenas nas quais membros eram amputados sem anestesia. O enfermeiro colocou um pedaço de pau redondo em minha boca, que tinha a forma de um osso para cachorro e, conforme reparei, apresentava múltiplas marcas de mordidas. Tudo correu muito rapidamente. Antes que me desse conta do que acontecia, os dois tinham me segurado firmemente e o enfermeiro havia endireitado minha perna. Se os dois não tivessem me imobilizado, eu teria pulado até o teto de dor.

— Acabou-se, gringo!

Minha perna teve que ser entalada e enfaixada. Aparentemente, nunca se ouvira falar em ataduras de gesso no Lemos de Brito e eu desisti de perguntar, pois conhecia a resposta de antemão. — É melhor você ficar um dia aqui. Vai ser mais confortável, caso eu tenha que olhar sua perna de novo!

Não era o que eu queria. Teria preferido voltar para minha cela, mas fui mancando até minha cama na enfermaria, apoiado em duas muletas de madeira que pareciam datar do século passado. Ali, 20 detentos estavam deitados, apáticos, em suas camas, e, no caso de muitos, pareceu-me que estavam aguardando a morte. Sentia-me como se estivesse num campo de morte. Ao meu redor, miseráveis figuras esqueléticas, com olhos febris. Os pacientes estavam deitados em camas imundas, encharcados de suor e desamparados. Havia um fedor bestial de secreções corporais. Quase não se falava. Em compensação, ouviam-se respirações sibilantes e agonizantes, gemidos, roncos e resmungos. Uivos e bater de dentes, manifestações materializadas da previsão apocalíptica para o fim do homem. Essa visão era tão aterradora que quase esqueci totalmente de minhas próprias dores. O que me deixava pasmo era o grande número de doentes graves. Ninguém ia para a enfermaria por opção. Quem estava ali, estava realmente doente e demasiadamente fraco para a rotina normal. Meu vizinho de cama tinha Aids, no estágio terminal. Seus braços indicavam claramente de que maneira havia contraído a doença. Nos últimos dois anos, a Aids aumentava assustadoramente, e atingia todas as cadeias como uma praga bíblica. Como se uma força secreta tivesse resolvido submeter-nos a outra provação. Naturalmente, não havia forças superiores em ação. Tratava-se simplesmente de uma nova doença a respeito da qual não se sabia muito, apenas que não tinha cura e que era transmitida por fluidos corporais. A cadeia constituía um local de disseminação ideal. Os detentos utilizavam as mesmas seringas. Nunca vi sequer tentativas rudimentares de esterilização de agulhas. Não, mal a seringa saía de uma veia, era imediatamente recarregada e injetada em outro braço. E isso, por turnos. E também havia muitos que se entregavam aos prazeres anais e eram loucos pelas bichas. E mergulhavam seus pintos ora nesta, ora naquela bunda. Isso era bastante perigoso. A Aids era relativamente nova. Na realidade, ninguém tinha consciência do perigo, e eu também não era exceção, basta lembrar de Mônica. É desnecessário mencionar que não há camisinhas na cadeia. Conseqüentemente, havia muitas bichas ali na minha enfermaria. Já não se percebia mais nada do empenho delas de outrora de parecerem mulheres atraentes. Decaídas, aproximavam-se da morte e transformavam-se externamente em homens novamente. Eu tinha que pensar na Jaqueline e compreendi então por que as outras cuidaram dela até o fim. Tudo tinha o cheiro da morte. Os enfermeiros que trabalhavam ali deveriam receber o Prêmio Nobel da Paz. Eles suportavam infinitos sofrimentos humanos e realmente faziam o que podiam. Lavavam, faziam curativos, aplicavam pomadas, alimentavam, secavam as frontes, esvaziavam penicos e, o que era mais importante, diziam palavras de conforto. Como era possível não sucumbir a tamanho abandono? De onde tiravam sua força? Um tiro de misericórdia teria sido mais humano na maioria dos casos. Havia também alguns doentes muito jovens que tinham muito medo de morrer e rezavam o dia inteiro, desesperados, esperando talvez receber visita mais uma vez. Antigamente, também morria-se muito nas enfermarias, particularmente de tuberculose, que, na realidade, era curável, mas que mesmo assim provocava muitas baixas porque os detentos simplesmente não tinham a disciplina de tomar os remédios regularmente, caso estivessem disponíveis. Não se atinham às prescrições e terminavam a vida miseravelmente na enfermaria. Eu precisava sair dali. Logo no dia seguinte. Eu não tinha nada que estar ali e certamente não numa cama de doente. E eu tinha abdicado das "bundas de cadeia". Meu vizinho de cama havia me advertido com seu exemplo. No meu foro íntimo, somente um pensamento me dominava: o medo de também poder estar com Aids. Mônica dava a bunda mediante pagamento e eu não me atrevia a pensar em quantos pintos já haviam penetrado naquele traseiro. Sentia-me mal ao pensar na sua freguesia, nos viciados em drogas e todos os outros de hábitos sexuais promíscuos. Nesse contexto, também me lembrei de Christina, que também era forte candidata à Aids. De repente, naquela enfermaria, tomei consciência do perigo mortal ao qual eu estava exposto sem que jamais tivesse pensado muito no assunto. Ainda tinha 16 meses a cumprir. Poderia passar sem um *souvenir* desse!

Tudo naquela enfermaria cheirava a abandono. Não obstante, o que eu considerava pior de tudo era a falta de atendimento médico. As pessoas eram simplesmente deixadas para morrer. Inclusive os que talvez pudessem ser salvos. Os doentes recebiam exatamente a mesma gororoba que todos os outros e sequer se falava em assistência médica; de forma geral, a instituição não mostrava a menor disposição para providenciar a transferência de feridos graves para um hospital regular. O motivo era que o procedimento previa o acompanhamento de pelo menos dois acompanhantes armados, e isso parecia ser atenção demais para um vagabundo. No dia seguinte, tomei um chá de sumiço e senti-me maravilhosamente saudável. Como um paciente que, antes de entrar no consultório dentário, grita de dor e, mal se senta na cadeira, desaparecem todas as queixas. Meu enfermeiro estava satisfeito com minha perna e provavelmente também com o fato de que era menos um para ele cuidar O choque foi salutar. Reprimi meu medo de também estar contaminado com Aids e deixei que meu mergulho no horror me servisse de advertência.

Nas seis semanas seguintes, andei mancando com dificuldade. Fui dispensado do trabalho na biblioteca, o que, diga-se de passagem, me custou também alguns dias de liberdade antecipada. Não obstante, eu não matei as aulas de Arthur. Estendia a perna sobre uma cadeira e participava sem problema. A escola era tão importante para mim que eu teria ido mesmo que precisasse de me arrastar até a sala de aula. Desde aquele incidente com o policial militar, Arthur havia quase conquistado o status de santo aos nossos olhos. Nós o respeitávamos muito, e sequer podíamos imaginar o que aconteceria caso ele não voltasse. Anteriormente, um dos companheiros estudantes havia sido o líder de uma gangue criminosa conhecida e era temido também dentro da instituição. Agora ele andava pelas galerias de Bíblia na mão e procurava converter seus ex-colegas. O encontro com Arthur foi para ele uma experiência de tomada de consciência; ele estabeleceu um contato intenso com a comunidade de fé Racionalismo Cristão e procurava, com a ajuda dela, estabelecer um refúgio espiritual no Lemos de Brito. Na realidade, todos os brasileiros acreditavam em Deus. Nenhum deles alegaria que Ele não existe. Adicionalmente, entretanto, também acreditavam em todo tipo de magia, em macumba e feitiçaria. No Lemos de Brito, conviviam as mais diversas seitas e religiões. Os Testemunhas de Jeová, grupos de crentes e até fanáticos. Todos eram iguais ao procurarem consolo e ao crer num ser superior bondoso. Eu era individualista demais para engajar-me em qualquer grupo e não era receptivo a esse tipo de conversa.

Dias mais tarde, Paulo Roberto de Moura, conhecido por Meio Quilo, caiu de uma altura de 10 metros e morreu, depois de ter fugido espetacularmente de uma penitenciária de segurança máxima em um helicóptero. Os detentos ficaram agitados. Meio Quilo era um dos maiores líderes do Comando Vermelho e considerado lendário ainda quando estava vivo. Muitas crianças sonhavam ser como ele. Meio Quilo já havia sido bem-sucedido em diversas fugas e, poucos meses antes, tinha dado uma entrevista à revista *Manchete* anunciando que logo sumiria dali. Naquela época, ele estava numa prisão com segurança especialmente reforçada, onde se encontravam pessoas de seu calibre. Criminosos inescrupulosos com poder financeiro ilimitado. Via-se que Meio Quilo havia posto suas palavras em ação. Seus ajudantes tinham seqüestrado um helicóptero, juntamente com o piloto, matado todos a tiros e arrancado seu chefe da cadeia. Infelizmente, sua coragem não foi recompensada, porque tiveram o azar de cair. Um fim espetacular para um homem carismático, admirado de maneira mórbida tanto dentro como fora dos muros dos presídios. No bloco ao lado, onde o pessoal do Comando Vermelho estava preso, desencadeou-se uma confusão dos diabos e nós também, no nosso bloco, nos sentimos atingidos de alguma maneira. Um dos maiores criminosos deste mundo tinha partido. Eu achei que não era a pior morte. De qualquer maneira, ele havia morrido em liberdade, brigando como um leão. Fiquei arrepiado!

Logo fiquei curado da fratura da perna e pude voltar a andar sem muletas. Meus colegas da biblioteca ficaram felizes com meu retorno, pois durante minha ausência tiveram de assumir minhas tarefas. Ainda estávamos elaborando o novo catálogo da biblioteca.

Descobri que, nos outros presídios, médicos começavam a examinar os detentos para diagnosticar a Aids. A epidemia se alastrava drasticamente e alterava a rotina da cadeia. As penitenciárias estavam sobrecarregadas, com o número de doentes em constante ascensão, e por causa disso procurava-se pelo menos fazer uma estatística para o mal. O resultado foi avassalador. A epidemia era ainda pior do que se julgava. Quase 80% das bichas estavam infectadas, e os índices não eram diferentes para os viciados. Se Francesco tivesse ouvido falar nesses estudos, seguramente não teria gostado. Foram distribuídos panfletos aos detentos, nos quais se indicavam com insistência as práticas de risco. Entretanto, nesse caso também, não havia uma vontade real de atuar. Teria sido lógico distribuir camisinhas e seringas. Medidas simples, efetivas e baratas, mas se resolveu ficar nas advertências. Fiquei espantado ao observar quão pouco os detentos envolvidos, isto é, os que eram adeptos de injetar-se cocaína e da paixão à moda grega, se deixavam impressionar. Todos pensavam somente em termos muito imediatos, simplesmente enredados demais num círculo vicioso diário e inacessíveis às boas palavras. Eu ouvia comentários bobos, como os depoimentos de fumantes quando são perguntados se não têm medo de contrair câncer no pulmão. Havia respostas como: afinal, é preciso morrer de alguma coisa! Eu, pelo contrário, fiquei alerta. Quem não se conscientizasse pelo menos com a publicação dos números, cairia em si mais tarde, na enfermaria. Mesmo assim, eu não tinha ilusões de que as advertências seriam ouvidas. Não esperava qualquer melhora!

A influência permanente de Arthur havia logrado uma mudança de consciência em mim. Tornei-me um ser mais maduro e, se tivesse necessitado de um sinal para convencer-me da verdade de suas palavras, então, este seria minha ida à enfermaria. Arthur tinha razão em tudo o que dizia. Caso se conservasse a decência, não se terminaria na cadeia. Era simples assim. Uma mudança moral na vida, não somente no nível penal, também preservava da Aids. Isso soava careta e trivial, mas era verdade. Era tão simples, ridiculamente simples e, mesmo assim, fazia-se ouvido de mercador. Não é que, no futuro, eu fosse abdicar de meu baseado de boa-noite, mas realmente precisava me interiorizar e, desde algum tempo, eu considerava isso, paralelamente ao meu trabalho escolar, como um desafio. E também para extrair alguma coisa boa da minha pena de detenção em regime fechado. Os anos atrás das grades deviam servir para alguma coisa melhor. Quando se investia, como no meu caso, 4 anos nessa escola severa, então se queria levar alguma coisa para casa para que, mais tarde, se pudesse dizer que a estada havia valido a pena. Só o fato de ter conhecido Arthur parecia-me um sinal, e eu, certamente, não pertencia àqueles que vêem fogo em qualquer fumaça!

Além de mim, havia no Lemos de Brito um único outro estrangeiro, um árabe que financiava seu sustento emprestando dinheiro a juros. Ele vestia sempre uma calça social marrom e segurava constantemente um fio de orações nas mãos, no qual mexia ininterruptamente. Quando os presidiários não tinham dinheiro para drogas, empenhavam tudo. Relógios, correntinhas e até alianças de casamento. As dívidas deviam ser pagas, juntamente com os juros, quando recebiam visita. Eu tinha asco daquele tipo com seu jeito condescendente. Entretanto, o que mais me chateava era que Federico, que se tornava mais gordo a cada dia, se deixava acariciar por ele. Pouquíssimos gostavam dele, e ele só era aceito com relutância. Ele era um usurário, um penhorista malvado que não poucos sentiam vontade de proceder com ele como Rodian Raskolnikov.* Eu nunca conversava com ele, mas demonstrava certa consideração indiretamente, porque, a despeito de toda antipatia, eu tinha de reconhecer que, à sua maneira, ele era muito bem-sucedido enquanto estrangeiro.

Nos últimos meses, eu havia recebido duas visitas de Carola. Nas duas vezes, fizemos sexo. Ela era acanhada, bastante passiva e eu senti falta da paixão. Parecia-me quase que ela estivesse se entregando para me fazer um favor. Não era o suficiente para mim. De todas as esmolas possíveis, as sexuais são as mais mesquinhas. Eu espero que uma mulher se consuma de paixão por mim e não apenas que "me suporte". Ela era inexperiente na cama, e fazia-se de tímida. Na realidade, eu não conseguia entender o que é que ela pretendia. Não consegui compreendê-la, e nossa relação terminou. Ela escrevia freqüentemente e eu só lia as cartas superficialmente. Simplesmente, a coisa não funcionava. Não havia sido importante para mim. Já não faltava muito até o cumprimento de minha pena e, enquanto isso, eu resolveria meu problema da boa e velha maneira. Como presente de despedida, ela me deixou uma calcinha. Uma noite, Nelson visitou-me e eu mostrei meus tesouros. Continuava a guardar a calcinha de Christina, que estava comigo havia muito tempo e, agora, também a de Carola, que tinha um cheiro muito mais recente. Nelson

---

* Personagem do romance *Crime e Castigo*, de Dosteievsky. (*N. da T.*)

tinha algo interessante a dizer a respeito de tudo e contou-me dos rituais casamenteiros por trás das grades. No Rio, havia cadeias nas quais homens e mulheres ficavam alojados no mesmo terreno, porém em prédios diferentes. Às vezes, as celas ficavam a uma distância em que se podia ver e ouvir-se mutuamente, e os detentos trocavam juras de amor e coisas afins. Ou, então, seguravam cartazes com letras grandes fora das grades e não era raro que se apaixonassem, sem perspectivas, porém, de poderem encontrar-se pessoalmente. Quando uma mulher se apaixonava por um homem, mandava-lhe sua calcinha. Isso tinha o mesmo valor que um juramento e, na falta de oportunidade para exercer o amor carnal, ambos se punham à janela, masturbavam-se e gritavam reciprocamente o quanto se amavam. Havia isso também, e não carecia de certo romantismo. Eu imaginava como se consumiam de amor recíproco e ansiavam pelo dia em que seriam um casal de verdade. Nesse ponto, eu era muito mais pragmático. Dava-me por satisfeito com o cheiro das calcinhas e, no mais, estava contente que não houvesse mulher na minha vida. Contei a Nelson a respeito da Carola e que queria escrever-lhe para não voltar. Simplesmente, eu constatava que estava deslizando para uma escravidão espiritual, ficava nervoso antes de todos os dias de visita e perguntava-me constantemente se ela viria ou não. Sentia isso como um peso suplementar; na medida do possível, não queria saber nada do que ocorria fora do presídio nem me preocupar com isso. Nelson achava que era mais inteligente assegurar aquele pouco do que abrir mão de tudo. Para mim, era muito pouco, e eu tomei a decisão de cumprir minha pena sem envolver-me sentimentalmente. O homem é independente!

Eu estava embotado e também não queria ficar dependente das cartas que chegavam raramente da Alemanha. Minha família havia se rendido à situação. Da minha mãe, chegavam-me palavras ásperas, e o que mais me importava eram os 50 marcos que ela enviava mensalmente. Seu interesse não passava de retórica.

Nelson nunca entendeu como eu podia permanecer tão indiferente e que não sofresse por receber tão pouco apoio de casa. No fim das contas, isso também acabou me ajudando, já que, caso eu fosse um gringo rico e mimado pela família, não teria sido aceito do jeito como fui. Isto é, como um igual, e bastava dar uma olhada para a minha cela para ver que eu era um pobre coitado. Isso me tornava simpático. Eu não recebia nada extra e entrava na fila ao lado do caldeirão juntamente com todos os outros para receber uma concha de sopa. Dava-me grande satisfação o fato de sobreviver com minhas próprias forças. Enchia-me de orgulho por conseguir me virar sem ajuda, e isso era a prova de que eu tinha o que precisava para ser um artista da vida. Exatamente como alguém que conseguiu alguma coisa com muita dificuldade e sabe apreciar seu valor, justamente porque não lhe caiu do céu. Como um estudante, por exemplo, que além de estudar deve trabalhar duramente para poder financiar seus estudos. De que eu poderia ter medo ainda, depois de me formar nessa escola?

Finalmente, o catálogo ficou pronto. Havíamos realmente conseguido. A administração emprestou-nos uma antiqüíssima máquina de datilografar preta e chegou até a nos dar de presente uma fita nova. Era preciso datilografar centenas de páginas. Era um trabalho que dividimos entre nós e prestávamos imensa atenção para não cometer erros. Estávamos todos muito orgulhosos. Havíamos burilado e lapidado isso por meses a fio. E tudo por iniciativa nossa, sem que ninguém tivesse nos pedido para fazê-lo. Nem é preciso mencionar que principalmente Arthur havia ficado entusiasmado com o projeto, devido a sua posição como professor de português. Ele sempre havia se empenhado entusiasticamente para levar as pessoas a lerem. Na realidade, eu não entendia por que tão poucos usavam a biblioteca, e não pelo motivo de não saberem ler, mas porque não tinham afinidade com os livros. Quando o catálogo ficou pronto, realmente pronto e batido direitinho e encadernado firmemente com uma espiral, recebemos a honrosa visita da diretora e também de Arthur. Foi servido café e Arthur levou uma torta feita pela sua mulher. A diretora era só elogios e prometeu fotocopiar o catálogo para disponibilizar vários exemplares. Nós três, da biblioteca, considerávamos nossa obrigação ampliar o acervo e fixamo-nos uma nova tarefa. Queríamos escrever para instituições, editoras e livrarias para pedir doações de livros. Esperávamos que, sendo suficientemente insistentes, nossos pedidos não esbarrassem em ouvidos de mercador. É preciso que se diga que não éramos remunerados financeiramente pelo nosso trabalho. Nós o fazíamos porque gostávamos e porque tínhamos a sensação de estar modificando alguma coisa. A conclusão do catálogo foi um dia especial para mim. Um dia do qual eu sempre vou me lembrar com prazer. Por sinal, Federico também esteve presente. Esfregou-se tanto tempo nas nossas pernas até conseguir que lhe déssemos um pedaço da torta. Um dia legal!

Minha fratura estava completamente recuperada. A perna estava como nova. Durante as primeiras semanas, apenas corria devagar, e fiquei longe do futebol. A corrida sem interrupção me fez bem. Durante a convalescença, havia perdido um pouco o fôlego e ainda não me sentia muito em forma. Eu não exagerava e cumpria tranqüilamente meus 30 minutos diários, achando maravilhoso poder suar, e alegrava-me que a fratura não tivesse deixado seqüelas. Havia também casos em que o pessoal havia ficado incapacitado por toda a vida porque os ossos não se soldavam corretamente, e ficavam coxeando com dificuldade pelo pátio. Cedendo às provocações dos outros, logo voltei a jogar futebol. No início, não ia com tanta vontade nas bolas divididas e não me engajava como se minha vida dependesse daquilo. Estava chegando um torneio de futebol que era, de certa forma, o ponto alto esportivo do ano. Os melhores jogadores do Lemos de Brito enfrentavam o time da Polícia Militar. Torneios desse tipo eram freqüentes nas penitenciárias. Havia até campeonatos internos entre os diversos estabelecimentos. Por aí também podia-se perceber o elevadíssimo valor dado ao futebol, já que se não havia dinheiro para transferir os feridos graves para o hospital, o Ministério da Justiça não se furtava de cobrir as despesas com o transporte dos presos de seus presídios para outras instituições. O futebol tornava todos os brasileiros iguais e eliminava as diferenças sociais. A única coisa que contava era a bola. Nada mais importava.

Naturalmente, todos os que sabiam jogar um pouquinho queriam entrar no time da casa. Havia mais do que suficientes candidatos e, por isso, foi organizada uma seleção interna, para escolher os melhores. Constatei com alegria que eu era considerado de grande valor e que me queriam na seleção de qualquer maneira. Nesse ponto, a maioria estava de acordo. Eu me sentia honrado. Por ser estrangeiro, esse era o maior reconhecimento que se podia esperar dos brasileiros, já que cada um deles se sentia como guardião do verdadeiro futebol. Conseqüentemente, voltei a mostrar garra no jogo e jogava ainda mais dedicadamente que antes. Isso era também necessário porque, para os outros, não se tratava somente de um jogo, porém de um elixir de vida! Jogava-se como se o bem e o mal da humanidade dependessem daquilo, e o motivo pelo qual eu agüentava o tranco era que eu também me transformava num monstro quando entrava em campo. Quando me punha em movimento, esquecia de tudo ao meu redor e corria atrás de cada bola com determinação. Eu gritava e xingava, transformando-me numa outra pessoa. Era um jogo brutal. Não era um esporte para covardes. Depois de cada jogo, eu saía ferido e coberto de cima a baixo de arranhões. Quando me sentava na tribuna de pedra depois de um jogo, tinha a sensação de ter saído vitorioso de uma batalha.

Logo os detentos chegaram a um acordo de quem devia ser escalado para o jogo decisivo. Como era de esperar, eu estava incluído. Durante o treinamento, eu ficava mais no campo de futebol do que na biblioteca. Na prisão, um bom jogador gozava de uma situação privilegiada, da mesma forma como, em liberdade, bons desportistas recebem um tratamento especial no serviço militar, por exemplo, e podem continuar sua carreira desportiva. Dentro dos muros, ocorria algo semelhante. Só o fato de estar jogando no time da casa já era associado a elevado prestígio social. De repente, todos eram gentis comigo. Todos me davam tapinhas nos ombros e conselhos sobre a melhor maneira de vencer o time adversário. Repentinamente, fui convidado por pessoas com as quais não havia tido nenhum contato até então. Meus colegas assumiram meu trabalho na biblioteca sem se queixar, porque, em sua opinião, eu estava defendendo a honra de todo o presídio. Eu não sabia como os policias jogavam, pois eles, naturalmente, tinham melhores condições de treinamento e jogavam num campo de futebol de verdade. Mas de uma coisa eu tinha certeza, e era que, seguramente, eles estavam tão obcecados quanto nós em vencer. Eu estava muito excitado com o confronto e, à medida que o dia do acontecimento ia se aproximando, eu ficava cada vez mais entusiasmado. No Lemos de Brito já não havia outro tema de conversa e todos estavam de acordo num ponto: que somente nós podíamos ganhar, devíamos, porque tudo mais seria uma tragédia de dimensões gregas. A pressão tornou-se insuportável. Tudo girava em torno dessa batalha final. Começaram as apostas. Os agenciadores estavam ocupadíssimos. Eu treinava até a exaustão. Para que não ficássemos fracos, éramos mimados pelos outros, recebendo comidas e bebidas extras. Alguns chefes de galeria transformavam-se em patrocinadores e pagavam-nos cachorros-quentes e limonada da cantina. Éramos paparicados e badalados. Eu não me atrevia a pensar o que aconteceria no caso de uma derrota. Seríamos linchados?

O dia da decisão chegou. O corredor que levava à sala de aula foi convertido em vestiário para o time da polícia. Nós pudemos utilizar a sala de aula. Ao chegarmos, encontramos novos uniformes de futebol. Um presente da administração da instituição! Fiquei surpreso. Nunca havia imaginado uma coisa daquelas. Até então, sempre havíamos jogado usando os trapos de que dispúnhamos. Alguns de calça jeans, outros até de calça social pregueada, e agora tínhamos um uniforme igual aos dos times de futebol. Parecia que a justiça não queria dar a perceber que, no nosso caso, tratava-se de um time inferior, o que teria conferido um sabor amargo a uma vitória bem como a uma derrota. Se um monte de caras rasgados e maltrapilhos ganhasse, isso seria ainda mais desmoralizante, e caso perdessem, tampouco daria para se vangloriar. Visualmente, pelo menos, devíamos ter o mesmo valor. Do "estádio" chegava-nos a cantoria. Era algo infernal. Sambas eram ouvidos através dos alto-falantes e interrompidos por anúncios a cada instante. Uma verdadeira atmosfera de quermesse! As tribunas estavam absolutamente lotadas e os detentos amontoavam-se ao redor de todo o campo. Os lugares sentados estavam ocupados por amigos e parentes do time adversário e, naturalmente, por todos os funcionários do Lemos de Brito. O estádio estava absolutamente abarrotado! Nossa estratégia era simples: jogar duro no ataque e lutar por cada bola até à morte. Tínhamos uma vantagem, já que estávamos acostumados com o chão duro. Não jogávamos futebol amistoso e preferíamos morrer a sair do campo como perdedores.

No corredor, encontramos nossos adversários. Apertamo-nos as mãos. Entreolhávamo-nos com desconfiança. Sem os seus uniformes azuis, pareciam pessoas completamente normais. Não tínhamos praticamente nenhuma relação com a PM, a não ser quando eles entravam para tomar a cadeia de assalto. Queriam mostrar que eles também podiam ser diferentes e que se atreviam a nos enfrentar sem metralhadoras e cassetetes. O encontro era emocionalmente carregado. O que era certo é que nenhum dos times entregaria a vitória de mão beijada.

Os gladiadores entraram e espalharam-se por seus respectivos campos. Pelos alto-falantes, foram anunciados os nomes de cada um dos jogadores. Massas de gente formavam um casulo em torno do campo que, como já mencionei, tinha só a metade do tamanho de um campo de futebol normal. Os espectadores de pé ficavam bem próximos à linha, que tinha sido repintada de branco especialmente para a ocasião. Esse comportamento era um ato de coragem, já que ficavam permanentemente expostos ao risco de levar boladas fortes. Naturalmente, a diretora também estava presente, acenava com benevolência à sua volta e cumpria visivelmente seu papel de patrocinadora. O mais difícil havia sido a busca por um árbitro que pudesse ser aceito tanto por nós quanto pelos policiais. Para prevenir discórdias, apontou-se um homem independente, que não estava próximo nem da polícia, nem dos detentos.

Atmosfera de carnaval. Nossos fãs estavam animados. Não poucos dentre eles haviam consumido cocaína e cachaça. Como na vida real, em que a cerveja flui aos cântaros. Incentivos frenéticos saíam de todas as bocas.

Soavam muito poderosos e hipnóticos. E também um pouco como "Vocês querem guerra total"!

Apito inicial. Aí é que o barulho aumentou. O time adversário conquistou a posse da bola e, para nossa indignação, marcou um gol em poucos segundos. Não era um bom começo. O barulho era tal que seguramente daria para se ouvir até no Pão de Açúcar. Nosso choque não durou muito. Também não havia tempo para refletir, pois os policiais jogavam bem futebol e estavam decididos a ganhar. Com o desespero de criaturas torturadas e com o incentivo entusiástico dos fãs, conseguimos, entretanto, impor certo ritmo e trabalhamos para criar oportunidades de finalização. Isso trouxe os policiais de volta ao mundo real. De repente, perderam seus sorrisos de superioridade. Agora jogavam com mais cuidado. Mesmo assim, por um fio teriam chutado a bola na nossa rede; só fracassaram porque nosso goleiro se lançou como louco na direção da bola, a enterrou por baixo do corpo e, depois, parecia saído de um filme de terror. No fim do primeiro tempo, o placar ainda estava 1 a 0. Exaustos, fomos até nosso vestiário. Os outros eram fortes, mas não invencíveis. Podíamos conseguir.

No segundo tempo, bem no início, eu me inscrevi na história do futebol da cadeia, quando recebi um passe de bola no nosso campo e foi como se o diabo estivesse me empurrando. Eu corri, driblei, mudei de direção repentinamente e, de repente, estava diante do gol adversário e enfiei a bola com toda a minha raiva acumulada durante os últimos anos. Impossível de agarrar! 1 a 1! Se, antes do jogo, o nível de ruído produzido pelos detentos já parecia do outro mundo, o rugir e bramir que tomavam conta da massa agora pareciam anunciar o dia do Juízo Final. Todos gritavam meu nome. Eu era o herói. Os adversários pareciam estar impressionados — poderia também dizer chocados — e passaram a correr ainda menos riscos. Os policiais, que antes haviam dado a vitória como certa, perdiam as esperanças. E no fim do jogo continuariam a quebrar a cara. Entrementes, parecia-me que nosso goleiro ocupava completamente o gol. Estávamos ficando cada vez melhores. O jogo era duro. Não se faziam concessões. Tudo valia. Cinco minutos antes do fim, recebi um passe do lateral-esquerdo e arrisquei um chute a gol, a uns bons 20 metros de distância, e converti. O mundo pertence aos corajosos! 2 a 1 para nós.

Nos últimos minutos, os jogadores do time adversário deram tudo, mas já não tinham muito a oferecer. O resultado final não se alterou em nada. Placar final: 2 a 1, e eu é que havia marcado os dois gols! Logo eu! Os policiais foram bons perdedores, parabenizaram-nos e bateram-me nas costas. Eu era o herói do dia, fui lançado para o alto e carregado nos ombros. Raramente fui mais feliz. Esse foi um ponto alto de minha vida. A partir de então, passei a ser o queridinho de todos. À noite, antes de adormecer, fiquei vendo e revendo os gols que havia feito. E não era só eu que estava feliz. Todos os outros também estavam, com exceção dos poucos que haviam apostado na vitória do time adversário e tinham perdido dinheiro. O chefe de nossa galeria entregou-me 1 grama de cocaína, um punhado de maconha e uma garrafa de cachaça.

— Aqui, gringo, você mereceu isso pela sua seriedade. Eu apostei na gente e ganhei muito. Saúde!

Nelson e eu comemoramos a noite inteira, até consumirmos tudo e, então, cambaleei, cansado e bêbado, para a escola, e esperava que Arthur não levasse a mal minhas faltas. Na realidade, Arthur sempre nos advertia para manter distância das drogas. Naturalmente, em sua opinião isso incluía também os cigarros e, por esse motivo, eu evitava ao máximo fumar diante dele!

Sempre havia alguma coisa acontecendo no Lemos de Brito. Mesmo nos tempos de paz, isto é, nos intervalos de invasão das tropas de choque. Nunca reinava o marasmo. Havíamos recebido um novo detento em nossa galeria, que foi alojado na minha antiga cela de esquina. Havia trocado de cela pouco tempo antes, porque sua posição me parecia exposta demais. Agora, Rigoberto, um cara muito jovem, ocupava minha antiga cela. A pia continuava no chão e eu podia imaginar perfeitamente que Rigoberto não estaria muito entusiasmado com a decoração. Rigoberto acabava de fazer 17 anos e parecia bem mais novo do que era. Quase como um rapaz na puberdade. Ele tinha que cumprir 2 anos. A meu ver, não era muito, mas para ele parecia uma eternidade. Ele só falava em dois assuntos: fugir dali a qualquer preço e sua namorada, pela qual estava perdidamente apaixonado. Seus olhos eram instáveis e cada segundo que ele passava separado da amada provocava-lhe um desgosto insuportável. Ademais, ele era um coitado, com quem ninguém se preocupava. Nós, os mais velhos, procurávamos tranqüilizá-lo, encorajá-lo e contávamos como tudo era legal ali. Ele não queria saber de nada. Era surdo para nossos incentivos. Somente um assunto o dominava: fugir dali o mais rápido possível. Nos últimos 18 meses, só havia ocorrido uma única tentativa de fuga, que havia fracassado redondamente. Um detento havia conseguido fabricar uma escada improvisada e, num momento de pouco controle, encostou-a ao muro externo de 6 metros de altura. Subiu rapidamente e também passou para o outro lado rapidamente, só que havia subestimado a altura e, ao cair, havia fraturado um tornozelo. Não demorou muito para os vigias perceberem que uma de suas ovelhas havia se posto ao largo e o recapturaram. Depois de 30 dias na solitária, foi transferido para outro presídio.

O Lemos de Brito não era o Galpão e não tinha absolutamente a fama de ser um lugar do qual se podia fugir facilmente. Portanto, o Lemos de Brito não era um lugar ideal quando se tinha intenções como as de Rigoberto. Cada segundo sem sua namorada era uma tortura, e quando olhávamos para seu rosto triste entendíamos a veracidade da expressão "consumir-se de paixão". Ele estava quase enlouquecendo, caminhava no pátio de um lado para o outro como um animal preso em uma armadilha e que não sabe como escapar dela. É bem verdade que todos tínhamos nossos próprios problemas, mas mesmo assim sentíamos pena do rapaz que era tão infantil ainda. Eu já era um presidiário profissional, a despeito da minha pouca idade. Eu já havia completado 23 primaveras. Logo aconteceria um incidente trágico. Habitualmente, Rigoberto passava o dia inteiro no pátio e, como sempre, dava suas voltas, acossado. Nelson e eu estávamos justamente no balcão da cantina e tomávamos uma Coca com canudinho. A cantina tinha os mesmos horários de funcionamento que o pátio e o dono da cantina era um tipo rude e calvo. Nas laterais, ainda tinha bastante cabelo, e, assim, ele tentava disfarçar sua calvície ao penteá-los de maneira a cobrir a parte careca. Naturalmente, ele obtinha exatamente o resultado contrário. Aí mesmo que se percebia que ele era calvo. O que também chamava atenção nele eram suas orelhas, estranhamente grandes, que não combinavam com sua cabeça quadrada. A imagem era completada com uns óculos espessos de armação maciça. Ele ganhava seu sustento conosco, na cadeia, e era querido pelos presidiários. O Lemos de Brito era um local de trabalho desagradável. Havia 8 anos que ele trabalhava ali e já havia sobrevivido a algumas "lombras", assim eram chamados os assaltos pelas tropas de choque. Em outras palavras: ele era um experiente veterano. Assim que a guerra começava, ele baixava as persianas do quiosque, deitava-se no chão e esperava que tudo terminasse. Não podia fazer mais que isso. Numerosas perfurações de balas testemunhavam seu passado agitado. Entretanto, havia também outros perigos, como vou relatar. Nelson e eu, portanto, estávamos junto ao balcão. Como acontecia amiúde, conversávamos com o dono sobre o Holocausto. Por ser judeu, ele não tinha uma opinião muito positiva sobre os alemães. De repente, Rigoberto juntou-se a nós, pulou o balcão, colocou-se rapidamente atrás do dono do quiosque e encostou uma longa faca no pescoço dele. O homem tremia descontroladamente e não conseguia articular sequer uma palavra.

— Você vem comigo agora — gritou Rigoberto. — Ai de você se fizer um movimento em falso. Eu vou furar você. Juro pela vida da minha mãe!

Ninguém ainda tinha percebido o que estava acontecendo.

— Pare. Abaixe a faca. Ainda há tempo. Você não tem nenhuma chance. Eles vão matar você. Não seja tão burro! Dois anos passam rapidamente. Com certeza, sua namorada vai esperar você!

Nelson e eu implorávamos, tentando convencer o rapaz. Agora, o cantineiro grasnava, suplicava ao rapaz que não fizesse besteira e jurava que não daria queixa se ele o soltasse. As palavras boas foram em vão. O que ele planejava fazer estava claro. Evidentemente, ele pensava que se tomasse o homem como refém, as portas da liberdade se abririam para ele. Segurando a faca no pescoço do cantineiro, empurrou o homem mortalmente assustado na direção do portão. Poucos metros depois, todos notaram o que estava ocorrendo, inclusive os vigias nas torres de observação, que imediatamente tocaram o alarme. Precipitadamente, a maioria dos detentos desapareceu do pátio e procurou refugiar-se em suas celas. Pobre rapaz, pensei. Agora, era realmente tarde demais para ele. Não iria longe.

Os funcionários haviam aberto o portão para ele, mas atrás dele já o aguardava um atirador de elite, que o acertou mortalmente na cabeça. O alarme silenciou. A calma voltou imediatamente. A cantina foi reaberta e logo a história tornou-se apenas uma das muitas anedotas que se contavam acerca do Lemos de Brito. No fim das contas, Rigoberto conseguiu conquistar uma pequena vitória, já que morreu do lado de fora dos muros, portanto, em liberdade!

Uma morte sem sentido. Sua namorada esperaria em vão por suas cartas.

Sim, essa era nossa rotina, e tudo era tão absurdo que não valia a pena ficar pensando muito tempo a respeito. Os detentos morriam também nos tempos de paz. Se não na enfermaria, então por brigas de faca ou por overdose de cocaína. Na realidade, eu só ficava tranqüilo entre as 21h, quando as galerias eram trancadas, e as 6h, hora de acordar. Esse era o tempo em que aconteciam menos coisas. Sempre que as galerias eram trancadas, eu respirava aliviado e ficava feliz por ter sobrevivido a mais um dia. Eu não mantinha uma contagem dos dias, mas estava agradecido por cada dia que conseguia vencer ileso. Antigamente, acontecia freqüentemente que guardas fossem tomados como reféns. Secretamente, eu admirava esse pessoal pela sua coragem. Que local de trabalho mais sem vergonha era aquele, no qual era preciso temer todo dia pela própria vida? E isso em troca de uma remuneração absurda. Quem poderia criticar os guardas que faziam negócios com os presos? E, com freqüência, acontecia que detentos e guardas morressem na mesma favela. A exemplo do que acontecia no Galpão, as reservas de drogas escasseavam no meio da semana e, mesmo assim, apareciam novas provisões, como por encanto. Só havia visita regular nos fins de semana e, portanto, os guardas eram a única possibilidade para contrabandear o material para dentro do presídio. Percebia-se isso quando, de repente, vendedores iam de cela em cela oferecendo fumo e cocaína. Por outro lado, era a oportunidade dos usuários, que justificavam um grande movimento. Cada um procurava levantar dinheiro ou então empenhava seus pertences para fugir à triste rotina diária. Um vale de lamentações!

Um novo mau hábito difundiu-se no Lemos de Brito. O crack tornava-se cada vez mais procurado pelos detentos e substituía as seringas. Nisso podia-se ver novamente que o pior dos males também traz consigo algum bem. Muito embora os viciados ficassem cada vez mais loucos, pelo menos o perigo da Aids estava contornado. Não obstante, o crack nos atingiu como uma praga bíblica e modificou o ambiente de forma duradoura. Eu o havia experimentado uma ou duas vezes, mas continuava a preferir consumir a cocaína da maneira tradicional: pelo nariz! Muitos outros, entretanto, sucumbiam ao crack, empenhavam tudo e arruinavam suas famílias. Passavam o dia inteiro somente atrás de drogas e perambulavam como dementes pelos corredores. Pessoas que antes eram perfeitamente suportáveis transformavam-se em feras. A única coisa que contava era a onda, e só valia a pena viver por isso. Por sorte, eu estava imune àquela droga, e agradecia por não ser obrigado a entregar-me a essa escravidão. Era pavoroso ver as pessoas magras como esqueletos tateando pelas galerias e jogando-se na goela do diabo. As aulas de Arthur se tornaram ainda mais importantes para mim. Eram, realmente, a única oportunidade para acumular forças. Arthur fazia discursos inflamados e suplicava que não tocássemos em drogas. E, realmente, o fato é que ninguém na nossa classe era viciado.

E era novamente Natal, e eu tinha parado de fumar. De um dia para o outro. Quis fazer exatamente o contrário de todos, apresentei a Deus minha vontade de aperfeiçoar-me e quis renunciar a alguma coisa espontaneamente. Exatamente no Natal, depois de 3 anos de detenção no Brasil, me botei à janela, fumei um último cigarro e desejei passar o restante do tempo com saúde. Nos primeiros três dias, tive de lutar comigo mesmo, mas após uma semana a coisa estava superada. Quando Arthur ficou sabendo, parabenizou-me e me incentivou a multiplicar minhas forças, a aprender e a trabalhar em mim. Arthur era meu amigo. Freqüentemente, conversávamos longamente, na ausência dos outros alunos. Uma vez, inclusive, ele me levou roupas de seu filho, que tinha aproximadamente minha idade e estudava arquitetura. Eu era seu aluno preferido e levava seus bons conselhos a sério. No meio de todo o caos, Arthur era como uma revelação. Um farol pelo qual eu me orientava!

Nos dias de visita, a comida era nitidamente melhor. A instituição tinha a idéia gloriosa de repartir melhor os recursos. Nesses dias, muitos recebiam visitas e, por causa disso, abriam mão espontaneamente da alimentação. Em compensação, os outros recebiam uma refeição mais saborosa. Às vezes, havia até um pequeno pedaço de carne, e eu não podia me queixar. Desde que havia parado de fumar, jogava futebol ainda melhor e tinha mais fôlego. Continuava a gozar de minha reputação de rei da goleada e usufruía de um status especial. Eu era querido tanto pelos funcionários quanto pelos detentos, e permanecia fiel à minha estratégia de não me meter em nada e de ficar na minha, na medida do possível.

Pouco tempo depois, recebi um duro golpe. Depois das festas de Natal, Nelson se enforcou, sem deixar carta de despedida. Foi descoberto durante a distribuição do café-da-manhã. Isso também era Brasil!

Meu melhor amigo havia morrido. Eu tinha aprendido tanto com ele! Sentia um vazio no coração e nem me perguntava o porquê. Só lhe restava 1 ano, e eu me culpava por não ter percebido suas intenções. Na noite anterior, tinha parecido absolutamente normal. Tudo era como sempre e, mesmo assim, tinha sido a última vez que o vi com vida. Compungidos, vimos seu corpo frio ser retirado da cela. Eu tive que pensar na mãe dele, à qual eu tinha prometido tomar conta de seu querido rapaz. Eu havia falhado. Minha vontade era de chorar. Eu realmente gostava muito dele. Ele tinha sido um amigo para mim e não apenas um colega da prisão. Sem Nelson, sentia-me só. Também tive que pensar em Alois, quando desapareceu com sua trouxa, deixando-me para trás. Os outros também sentiam falta de Nelson, e esse dia foi estranhamente tranqüilo na nossa galeria.

São Silvestre, logo antes da meia-noite. Eu estava junto da janela e esperava os fogos de artifício. Era um dia especial, já que, com a ajuda de Deus, seria meu último ano. O Rio estava em ritmo de comemoração. Os caros hotéis da cidade novamente comemorariam com fogos de artifício maravilhosos e milhões de pessoas esperavam para saudar o novo ano. Os presidiários também estavam acordados e, à meia-noite em ponto, saíram para as galerias e bateram com tudo o que tinham à mão contra as grades de ferro, de tal maneira que parecia que toda a penitenciária estava tremendo. Soava como uma catástrofe natural. Como se os elementos estivessem fora de qualquer controle. Um reconhecimento da vida. Eu não participei, preferi ficar quieto junto à janela e tive de reprimir o desejo de fumar um cigarro. Eu estava ali, sonhando em poder comemorar o próximo ano na Alemanha, de maneira bem convencional, com rojões e estalos, depois do obrigatório jantar para dois. Depois me masturbei, pensando em todas as xoxotas do mundo, e adormeci!

Para resumir, minha vida consistia de biblioteca, escola e futebol. Esses eram os pilares centrais. De forma pictórica, a cadeia para mim era como se eu tivesse que passar por cima de um abismo profundo, equilibrando-me sobre traves horizontais. Eu pulava de uma para outra, tomando cuidado para não despencar.

A lua-de-mel com minha amada já durava um bom tempo e configurava-se turbulenta. Até então, sempre havia me saído bem. No início, eu só pensava num dia de cada vez e havia abandonado os pensamentos de soltura e liberdade. Mas, agora que estavam tão próximos, os demônios do medo apoderavam-se de mim. Eu temia que pudesse ainda apanhar-me pouco antes. O medo de verdade é uma sensação que sobe do nada e nos atinge com força. Externamente, fingia que não havia nada, mas eu tinha uma premonição desagradável de desgraça iminente. Isso se devia principalmente ao fato de que tantos detentos se encontravam às voltas com o crack. Como se fossem controlados remotamente e dominados por uma força estranha. Muitos estavam irreconhecíveis. Como bombas-relógio prontas para explodir! Corriam boatos de que haveria uma fuga em massa. Sentia-me mal só de pensar. Quem queria fugir dali devia estar louco. Isso jamais poderia acabar bem. Na minha imaginação, eu já via as imagens de policiais militares atirando com suas metralhadoras em tudo o que se movia. Eu ficava furioso de não poder fazer nada contra e de ter que aguardar o destino pacientemente. O pior era que eu já tinha vivenciado diversas lombras e, portanto, sabia exatamente o que me esperava. Já podia até sentir o cheiro da pólvora e imaginava as balas assoviando, passando por cima da minha cabeça. Para cada um de nós era como uma roleta-russa. Enfim, uma sensação de derrota apoderava-se de mim! Eu teria preferido permanecer o dia inteiro na cela. Era o local mais seguro. O pior era que eu não conseguia mais tirar da minha cabeça o medo. Cada ruído fazia-me aguçar o ouvido. Quando eu andava pelo prédio das celas, estava sempre sob tensão. Procurava perceber nos gestos e nas conversas dos outros quando a hora chegaria. Todas as minhas antenas estavam ligadas. Às escondidas, eu observava meus companheiros detentos, que agora me pareciam tão estranhos! Em toda parte, haviam se formado grupinhos, gente com a qual eu não queria absolutamente me relacionar, e em cujos olhos brilhava a demência. E não era somente eu que sentia isso. Os funcionários também não desempenhavam seu trabalho com a mesma tranqüilidade. Também estavam tensos, sorriam unicamente de modo contraído e ficavam atentos. Tudo estava calmo ainda, mas era a tranqüilidade que precede a tempestade. Como o pessoal do crack não conseguia manter a boca fechada, logo correu o rumor de que planejavam tomar guardas como reféns e conquistar sua liberdade desse jeito. O plano era tão fraco quanto o de Rigoberto. Todo mundo havia percebido como a coisa tinha acabado. Em pensamento, elaborava uma lista daqueles que eu achava que planejavam fugir. Isso me parecia importante, porque assim eu talvez tivesse uma chance de perceber a tempo quando a coisa começaria. Eu amaldiçoava todos. Aquela situação já não bastava?

Desabafei com Arthur, disse-lhe a verdade e contei que sentia um medo mortal. Ele aconselhou-me a continuar como até então, a não me deixar desviar por nada, a rezar para Deus e, principalmente, a não voltar a fumar. Na realidade, só restava mesmo rezar. Mal dava para respirar. Somente poucos detentos tinham vontade de jogar futebol e até os risos no pátio haviam silenciado.

Contudo, já haviam sido planejados outros jogos, dessa vez, uma competição interna. Em função do meu desempenho no último torneio, eu não podia me furtar e tinha de participar, querendo ou não. Corria atrás das bolas desanimado e já não dava tudo de mim. Eu teria me alegrado com um corte prematuro, só para não ter que continuar, mas parecia que o diabo tinha se empenhado em me contrariar, e chegamos à final. A despeito da atmosfera carregada que atingia todo mundo, era um acontecimento que todos aguardavam ansiosamente. Também os funcionários, que queriam assistir ao jogo em grande número, das tribunas. Se eu fosse um daqueles que tinham em mente tomar reféns à força, teria escolhido aquele dia. Em nenhuma outra ocasião haveria tantos guardas juntos. Era uma oportunidade ímpar. Desesperado, aprontei-me para o jogo. Tudo em mim gritava para permanecer na cela e fingir que não conseguia andar. Inventar simplesmente alguma coisa para ficar o mais longe possível do campo de futebol. Sentia-me um pouco como durante minha viagem ao aeroporto. Então, também tinha tido uma sensação ruim, só que, dessa vez, era nitidamente mais concreta. Entrei em campo com meu time calmamente, embora uma voz me avisasse que eu não devia jogar. Havia muitos guardas nas tribunas de pedra. Os presidiários estavam espalhados em volta do campo e, do primeiro andar, onde ficava a área administrativa, os funcionários olhavam para nós. Como sempre, podia-se ouvir uma gritaria frenética. Passei os olhos pelos meus companheiros detentos e procurei perceber atitudes suspeitas. Nas proximidades das tribunas havia uma horda de figuras estranhas, que eu já havia escalado como candidatos à fuga. Provavelmente, haviam fumado uma pedra de crack logo antes de descer para o pátio, para se animarem. Entre os espectadores encontrava-se também Federico, que imperava na tribuna ao lado dos funcionários e se deixava acariciar agradecido. De alguma maneira, a visão do gato me acalmou. Eu o invejei pela sua inocência. Qual era o sentido de se preocupar constantemente com o futuro se, de qualquer maneira, o destino caprichoso era quem decidia? Qual era o sentido de pensar na morte? De qualquer jeito, haveria tempo suficiente para meditar sobre o assunto quando chegasse a hora. Federico irradiava tranqüilidade e estava deitado, descontraído. Talvez eu estivesse só imaginando tudo, como alguém que ouve vozes. Talvez tudo não passasse de fanfarronice e eu estava reagindo de forma exagerada. Os últimos anos haviam enfraquecido meus nervos. Devia ser isso.

Apito inicial! O jogo começou. Finalmente, já que, assim, eu não teria mais tempo para ficar pensando. Corria pelo campo sem vontade. Placar do jogo depois do primeiro tempo: 0 a 0. Só faltava mais uma hora e, então, tudo estaria acabado. Durante o intervalo, fiquei mudo, ignorei os incentivos dos outros, de quem fingia não ver que eu estava jogando sem vontade. Veio o segundo tempo. Apito inicial! Ao voltar para o campo, constatei que cada vez mais figuras suspeitas se aglomeravam perto dos guardas. Fiquei observando um deles, que acariciava Federico. Nitidamente, percebi que meus piores medos se tornariam realidade. Sentia-me quase como um condenado à morte a caminho do cadafalso. De repente, os funcionários foram cercados pelos detentos, ameaçados por facas e revólveres. Tiros! Um deles agarrou Federico e segurou-o brutalmente pelo pescoço. As sirenes de alarme dispararam quase imediatamente. Era algo ensurdecedor e intimidador. Eu ainda estava no campo e, num gesto de desamparo, olhava fixamente para a bola, pela qual ninguém mais se interessava. Fiquei indignado com a quantidade de detentos que se agruparam de repente em volta dos guardas. Eram pelo menos 50 homens. Acossado, olhei ao meu redor e corri na direção da saída. Para o lugar que levava ao meu bloco de celas. Eu sempre havia elaborado um plano de fuga para mim, que era bem simples: ir, o mais rapidamente possível, para minha cela e entrar embaixo da cama! Mas agora podiam-se ouvir tiros de pistola que vinham exatamente de lá, da única passagem, que era praticamente um gargalo. O acesso ao nosso bloco de celas estava bloqueado pelos amotinados, que não deixavam ninguém passar e obrigavam-nos a permanecer no pátio. Olhei à minha volta e procurei uma cobertura para esconder-me. Irrompeu um pânico monstruoso. Eu não era o único que queria buscar segurança na cela. Apesar da barreira, muitos procuraram chegar ao bloco das celas e foram mortos a tiros pelos próprios colegas. Não podia acreditar nos meus olhos. Nunca havia imaginado que eles chegariam a tal ponto. Os funcionários estavam todos nas mãos dos rebeldes. De cima, da torre de observação, atiradores de elite dispararam rajadas de metralhadoras para o ar, preliminarmente, ainda. Uma voz dura ecoou pelos alto-falantes, exortando-nos a baixar as armas e desistir. As sirenes uivavam ininterruptamente. Os outros dois presídios também haviam se sublevado. De lá também chegava o ruído de tiros isolados proveniente das celas, o que causava ainda mais confusão. O detento que havia agarrado Federico ergueu-o para o alto para que todos pudessem vê-lo e cortou-lhe a garganta. A despeito de todo o meu medo, me deu vontade de chorar quando vi quão caro o gato pagou pela sua dedicação aos homens. Como devia estar decepcionado conosco no momento de sua morte. Eu teria podido matar o cara sem nenhum escrúpulo!

Podia-se também ouvir o barulho dos rotores à distância. Com certeza, a PM preparava o contra-ataque do lado de fora. Lentamente, os rebeldes que haviam tomado reféns se moviam junto com suas vítimas em direção à saída. O corpo sem vida de Federico estava estendido no campo de futebol, sobre uma grande poça de sangue. Os helicópteros chegaram. Eram três, e circulavam por cima de nós a 100 metros de altura. Eu me encontrava no meio de todos os outros, que, como eu, tinham caído na armadilha. Antes que o grupinho tivesse alcançado a saída, que precisava atravessar de qualquer modo, as tropas de choque se posicionaram de tal maneira que o grupo parou. Novos apelos persuasivos para desistir, pelos alto-falantes. Os guardas estavam cercados por dúzias de presos armados até os dentes. Uma curta pausa, em que ninguém atirou. Um porta-voz moveu-se em direção à PM e quis negociar. Uma breve troca de palavras e, então, o crepitar seco do fogo de metralhadora. Uma resposta clara. Os policiais deixavam categoricamente evidente que não deixariam os rebeldes passar e mostravam-se indiferentes pelo fato de que a rebelião pudesse custar a vida dos guardas. Imediatamente depois ouviram-se tiros de pistola. Três dos funcionários haviam sido mortos. Eu estava dividido entre o desejo de me manter o mais afastado possível e de compreender o que estava acontecendo. A situação estava muito confusa. As tropas de choque agiam de forma decidida e atiravam indiscriminadamente sobre os tomadores de reféns e também não levavam mais os guardas em consideração. Seres humanos eram aniquilados, exatamente como nos filmes de guerra. Disparava-se também na direção dos policiais, que recuaram e aguardaram. Os helicópteros chegavam cada vez mais perto, queriam posicionar-se à distância de tiro. Policiais debruçavam-se dos helicópteros e apontavam para nós. Agora, fogo dos detentos na direção dos helicópteros, que foi revidado imediatamente. As balas ricocheteavam pelo pátio e atingiam tudo, indiscriminadamente. Um dos helicópteros afastou-se em parafuso. A resposta dos outros helicópteros foi intensificar o fogo. Ao mesmo tempo, as tropas de choque avançaram, equipadas com coletes à prova de balas. Eles também atiravam loucamente na multidão, sem distinção. Deitei-me no chão atrás das tribunas de pedra e esperei não ser vítima de uma bala perdida. Rezava como nunca e implorava a Deus que me poupasse a vida. Estrépito ininterrupto das metralhadoras. Havia muito que os sublevados haviam perdido a batalha. Os reféns estavam mortos ou feridos.

Agora seria apresentada a conta. As sirenes continuavam a soar, mas o barulho de tiros cedia. Pelos alto-falantes veio a ordem para deitar no chão. Quem fosse lento demais era morto sem piedade. O motim havia sido esmagado. Eu ainda estava deitado atrás das tribunas de pedra, com a cabeça enterrada sob os braços. Sete funcionários haviam perdido a vida e alguns outros estavam gravemente feridos. Os principais rebelados estavam quase todos mortos e, além disso, 23 detentos não envolvidos haviam morrido. Naquele dia, no total, 51 pessoas perderam suas vidas.

Os sobreviventes tinham que ficar eretos. Alguns estavam próximos ao colapso. Cada vez mais forças policiais chegavam e deixavam aquele velho e conhecido rastro de devastação pelas nossas celas. Cada indivíduo devia apresentar-se e era revistado à procura de armas e espancado terrivelmente. Eu tampouco fui poupado. Fui apalpado de cima a baixo e insultado. Tinha muito medo de ser morto arbitrariamente a tiros. Recebi chutes nos genitais e choveram coronhadas. Continuei a me arrastar, sempre na direção das celas. O ódio irrefreado da polícia militar foi descarregado sobre nós. Se pudessem, teriam matado todos a tiros. Como um bicho, encolhi-me sob minha cama e não conseguia mais formular pensamento algum. Tinha que pensar em Federico e em seu triste fim. Como voltaríamos à rotina?

No dia seguinte, não teve nada para comer e os pátios permaneceram fechados. Toda a cadeia foi submetida a uma faxina e muitos detentos foram buscados e desapareceram para sempre. O árabe também, que não tinha tido nada a ver com a coisa toda, mas que sempre havia sido uma pedrinha no sapato da direção da instituição. Ouvimos como ele choramingava alto porque os funcionários haviam lhe tomado todo o seu dinheiro e suas coisas de valor. Para resumir, foi o dia geral de acerto de contas! Um novo pessoal assumiu a guarda, para substituir os colegas mortos. A tragédia me deixou ileso. Um novo ciclo iniciou-se e, seguramente, seu fim seria marcado por uma nova lombra, tão certo como dois e dois são quatro.

Agora eu era um verdadeiro veterano, com experiência de *front*, que tinha vivenciado uma lombra do início ao fim. Tudo o que havia acontecido até então não passava de simples imitação, quando comparado com aquela rebelião. Os sobreviventes falavam daquele dia como de uma batalha, como se ela tivesse o direito de ser registrada nos livros de história. A mesma coisa quanto aos jornais, que novamente denunciavam a violência nas penitenciárias e exigiam em alto e bom som medidas conseqüentes. Se alguma coisa assim tivesse acontecido na Alemanha, o assunto teria ocupado as primeiras páginas durante semanas a fio. Mas as coisas eram diferentes no Brasil, e, depois de dois dias, o noticiário passou a interessar-se por outros temas. Eu havia saído ileso e esperava, por fim, ter passado por todas as provações. Muito embora o clima ficasse carregado de desconfiança durante as semanas seguintes, a cada dia a situação tornava-se mais sustentável. A pressão tinha diminuído e eu comecei novamente a ter esperanças de ser solto com vida.

O resto de minha pena transcorreu de forma relativamente tranqüila. Retomei meus estudos e engajei-me na biblioteca. Até voltei a jogar regularmente futebol, e reprimia lembranças desagradáveis. Sempre que chegava ao campo, via diante de mim o corpo morto de Federico, que havia se tornado para mim um símbolo da crueldade do destino. Antes de ser preso, havia visto mortos no máximo nos noticiários, e, agora, em minha cabeça havia uma longa lista de pessoas que tinham batido as botas miseravelmente diante dos meus olhos. Eu estava cursando uma escola muito ruim!

Na realidade, eu não sabia exatamente quando minha sentença terminaria. Não tinha certeza se a administração mantinha um registro correto de meus dias trabalhados na biblioteca. De acordo com minhas contas, eu deveria ganhar aproximadamente meio ano de desconto da pena, e quanto mais me aproximava do meu quarto ano de detenção, mais nervoso ficava.

Entrementes, eu havia perdido sete dentes e padecia constantemente de dor de dente. Decidi que minha primeira saída seria uma visita ao dentista. Desde então, desagradável ter que me apresentar daquela maneira, e eu não queria imaginar o que o dentista iria pensar de mim quando visse minha dentição devastada. Eu era muito vaidoso nesse aspecto. O que é que as assistentes do dentista achariam de minha boca desdentada? Aliás, como é que a vida iria continuar? Comecei a me preocupar com o meu futuro, com o tempo que viria depois desse capítulo. Em espírito, já me encontrava na Alemanha. Além disso, também pensava muito em Alois e perguntava-me constantemente como é que ele teria passado os últimos anos. Uma vez, eu havia tentado escrever-lhe uma carta para Bangu, mas não recebi resposta. Minha missão estava concluída. Eu falava português como um nativo e a biblioteca encontrava-se em condições impecáveis. Desde o massacre, eu havia me tornado chefe da biblioteca, pois Carlos morrera. Tinha sido atingido por uma bala, muito embora não pertencesse ao grupo de rebeldes. No seu caso, isso era duplamente triste, já que faltava pouco para sua soltura.

Quatro dias antes do Natal, um guarda chegou à biblioteca e comunicou-me laconicamente que eu precisava ir até a administração, porque havia cumprido minha sentença. Esse comunicado, pelo qual eu havia ansiado tanto, nos últimos anos, me foi apresentado de modo pouco espetacular. Fui tomado de surpresa. Quando o guarda entrou, eu estava justamente arrumando livros. Fiquei mais espantado com meu próprio comportamento. Permaneci estranhamente calmo e indiferente. Assim, somente acenei com a cabeça para o funcionário, e o segui até o escritório do inspetor de regime interno.

— Boas notícias, gringo — disse ele, sorrindo sarcasticamente. Era o mesmo inspetor que me havia avisado sobre os perigos no Lemos de Brito, quando de minha chegada. — Boas notícias, já que você cumpriu sua pena, e isso pouco antes do Natal. Agora a má notícia. Mesmo assim, você vai continuar aqui!

O que significava aquilo?

— Por que é que eu devo ficar aqui mesmo assim? — gaguejei.

— Porque não temos lugar para você no avião. Seu vôo só vai sair daqui a 14 dias. Você foi deportado! Já esqueceu disso?

Estava certo, mas, em função dos 4 anos e meio que me tinham sido impostos, isso me havia deixado completamente indiferente. Agora eu me lembrava de novo. Eu havia sido deportado por um período de 10 anos.

— E o que vai acontecer agora?

— Hoje você vai ser transferido para uma cela especial, separada do regime normal. Você vai ficar lá até o dia de seu vôo. E, então, gringo, o que é que há? Não faça essa cara. Você pode rir à vontade.

Eu não tinha vontade de rir. Primeiramente, comunicavam-me que eu tinha cumprido minha pena e, em seguida, que eu tinha de permanecer mesmo assim numa cela infecta durante os dias de festa.

— Arrume suas coisas até as 21h. Você vai ser apanhado lá.

Não tinha muito para arrumar. Voltei para a biblioteca e retomei meu trabalho. A partir do dia seguinte, Edenildo seria o novo chefe. Às 15h30, quando a biblioteca fechou, sentei-me no pátio, queria ficar a sós com meus pensamentos. Com cuidado, medi o campo com meus passos e perguntei-me quantos quilômetros eu devia ter percorrido ali, em rondas infindáveis. Olhei detalhadamente para cada canto à minha volta, tentando observar tudo mais uma vez, de maneira consciente. A notícia de minha soltura havia se espalhado sem que eu tivesse participado do fato. Fui cercado pelos companheiros detentos e todos se alegravam mais que eu com a minha liberdade. Entretanto, aos poucos, o conhecimento de que realmente estava acabado concretizou-se em mim também. Em poucos dias, eu estaria livre. Alguém me ofereceu um cigarro. O diabo carregasse as boas determinações! Se esse não era um bom motivo para fumar um cigarro, então não haveria mais motivo algum. Eu havia agüentado quase um ano. O fumo me fez bem e minha visão escureceu um pouco. Quando terminei o cigarro, apaguei a guimba com o calcanhar, soltei um grito de alegria para o céu e acendi imediatamente um outro. Que dia! Então, pegar o rango. Engoli conscientemente cada pedaço, que deixei derreter na língua. Era um pedaço de salsicha e pão. Bom demais, pensei. Numa espécie de impulso de automortificação masoquista, quase desejei uma refeição bem ruim. De forma geral, a soltura parecia-me correr de forma demasiadamente rotineira. Depois de todos aqueles anos que me haviam sido impostos pela justiça, o mínimo teria sido receber uma boa sova no dia da soltura. Isso teria sido um final digno, mas assim?

Em circunstâncias normais, eu teria tido a intenção de distribuir todos os meus pertences entre os colegas de minha galeria, mas, nas condições atuais, isso não era possível. As celas de saída careciam de qualquer luxo e eram ainda mais sórdidas que as normais, de tal maneira que, mesmo nos dias seguintes, eu estaria feliz por dispor de material para dormir. Mesmo assim, reparti minha herança e prometi enviar tudo para a minha galeria no dia da soltura. Que herança miserável! Entretanto, eram coisas que tinham valor de ouro. Fora dos muros, isso seria julgado como lixo, que se jogaria o mais rapidamente possível numa lixeira. Às 21h, eu estava aguardando impacientemente junto da grade. Desejos de sorte e abraços de todos os lados. As palavras ricocheteavam como um aguaceiro à minha volta. Eu prometi mandar um cartão tão logo chegasse na Alemanha. Finalmente, fui conduzido por um guarda para a liberdade provisória, uma miserável cela de saída! Primeiramente, ajeitei minha cama, estiquei meu lençol e afofei o travesseiro. O ruído de vozes me alcançava, vindo de muito longe. Fiquei contente por não ter que falar mais. Com ternura, contemplei minha posse mais valiosa: um velho dicionário grosso e um livro de gramática, ambos presentes de Arthur. Sabia o conteúdo de cor. Tinha também recebido um outro livro de presente de Carlos, meu ex-chefe na biblioteca. Também tinha que pensar muitas vezes nele. Ele havia me dado a obra completa de Edgar Allan Poe no meu 23º aniversário. Era um tijolo grosso, com uma encadernação dura e preta. Abri-o, enfiei o nariz profundamente entre as folhas, cheirei o papel velho e pensei que o livro duraria milhares de anos, depois de eu já estar decomposto há muito tempo. Além disso, eu possuía vários fichários abarrotados com exercícios escolares. Não precisava mais deles; entretanto, eu acreditava estar capacitado para dar aulas de português. Havia chegado ao ponto de pensar e sonhar em português. Havia anos que não tinha mais falado nem uma palavra em alemão, com exceção das poucas vezes que o sr. Ebel havia me visitado. Eu havia me transformado em outra pessoa!

Na realidade, era hora de dormir, mas um filme se desenrolava em minha cabeça. Num tempo acelerado, vi passar meus últimos 4 anos diante de meus olhos. Lembrei-me dos três nigerianos, de Alois, Mônica, Nelson, Quarenta-e-três e todos os outros que haviam cruzado meu caminho. Quais dentre eles estariam vivos ainda? Sobre isso, eu tinha absoluta certeza de um deles. O Quarenta-e-três. Ele era como erva daninha. Duro e indestrutível!

A cela de saída era um verdadeiro calabouço. A lâmpada era muito fraca. Aqui estava ela, a sova!

Irrequieto, eu andava de um lado para o outro. Os cigarros proporcionavam-me algum alívio. Pouco antes da meia-noite, a porta abriu-se de forma absolutamente inesperada. Rodriguez, um dos guardas, estava na abertura.

— Levante-se, gringo — disse para mim. — Você está livre, isso é motivo de comemoração!

Segui-o e, pela primeira vez, me desloquei através da instituição após as 21h. Tudo estava tranqüilo. Na sala dos guardas, fui convidado a sentar-me. Todos fumavam e um pequeno televisor em preto e branco funcionava sem que ninguém prestasse atenção. Era assim que os funcionários passavam o turno da noite. Rodriguez era meu guarda predileto. Ele era ainda bastante jovem, tinha só um ano a mais que eu, era casado e tinha dois filhos. Ele jogava bem futebol e havíamos conversado agradavelmente algumas vezes. Com freqüência, eu havia tentado convencê-lo a procurar um trabalho melhor. Ele simplesmente não merecia passar a vida atrás das grades. Eu também conhecia bem os outros três e sempre havia tido uma relação amigável com cada um deles. Rodriguez abriu uma garrafa de vinho e encheu generosamente meu copo.

— À sua liberdade! — O primeiro copo foi esvaziado rapidamente e tornaram a enchê-lo imediatamente. O álcool espalhava um calor gostoso. — Achamos que você estivesse entediado em sua cela. É uma pena que não o soltaram ainda hoje, mas você vai tirar de letra os poucos dias que restam!

Eu me sentia quase como um homem livre que tinha dado uma passada aqui para bater um papo.

— Agora que tudo está terminado, você deve estar bem contente de voltar para a Alemanha. Com certeza, não deve ter uma opinião muito boa do Brasil!

O ar no pequeno posto da guarda estava viciado e cheirava como um boteco enfumaçado. Na parede havia um relógio quadrado de mostrador branco que tiquetaqueava bastante alto e me fez lembrar brevemente como nós cinco, que ali estávamos, desperdiçávamos o nosso tempo num lugar tão horroroso. Os funcionários eram realmente uns coitados. Rodriguez usava sapatos velhos, mas percebia-se que haviam sido cuidadosamente limpos. Eu imaginava quanto amor e carinho se escondiam por trás do fato de que, a despeito de sua pobreza, sua mulher tentava mesmo assim arrumar o marido da forma mais decente possível para o trabalho e fazia reluzir aqueles sapatos velhos que, na verdade, pertenciam ao lixo. Como não perder a vontade de viver ao ser confrontado diariamente com tanta miséria? Não sabia. Nunca teria querido viver daquela maneira voluntariamente. Mesmo assim, não pensava mal do Brasil nem por um segundo. Na realidade, sempre havia procurado ver o lado bom. Conseqüentemente, respondi:

— Pelo contrário. Eu fui suficientemente burro para me deixar apanhar e, além disso, não posso dizer ter sido maltratado. Em todo caso, não pior do que os nativos, e isso é o que conta.

Naturalmente, eu sentia exatamente o que eles estavam pensando. Envergonhavam-se do estado desolador do país e, afinal, não queriam que se falasse mal do Brasil na Alemanha.

— Conheci muitas pessoas maravilhosas aqui. Inclusive vocês. Apesar de eu ser um criminoso, vocês me tiram da minha cela e me convidam para beber vinho!

— Não somente beber vinho — interrompeu-me Rodriguez —, mas também comer uns sanduíches que minha mulher me mandou trazer. Ela é a melhor cozinheira do mundo.

Mordi o pão com vontade. O vinho havia despertado um verdadeiro apetite de leão. Comi até ficar satisfeito, também aceitei, agradecido, os alimentos dos outros colegas e deixei que me mimassem. Eu me sentia muito bem.

O sr. Herrero, um dos outros três guardas, até me deu uma sobremesa. Doce de bananas secas. Também gostava muito dele. Era um senhor de seus 40 anos de idade, meio calvo e com fisionomia bondosa. Freqüentemente, ele fazia perguntas sobre a Alemanha e queria saber se éramos todos nazistas. Para os funcionários, a Alemanha era tão longínqua quanto Júpiter. Jamais teriam podido se dar ao luxo de passar as férias lá alguma vez.

— Faça bom proveito, Rodger! Para ser honesto, eu até estou com um pouco de inveja de você.

— Por que inveja?

— É simples. Você ainda é jovem e pode recomeçar do zero. Você ainda tem a vida pela frente. Mas, e eu, o que posso esperar? Casei cedo demais, minha mulher torna-se cada vez mais brava e, no fim do mês, mal temos dinheiro para comprar um pouco de comida. Uma vida de merda!

O que eu poderia responder? Ele tinha razão. Que vida era aquela, ali no Lemos de Brito? Eu estava contente de não estar no lugar dele.

— Está vendo, eu tenho razão! Você vai voltar para a rica Alemanha. Eu trocaria com você sem pestanejar.

Como essas pessoas eram francas! Não se incomodavam em dar o braço a torcer diante de um detento. De vez em quando, um dos funcionários levantava-se e desaparecia por alguns minutos no prédio das celas, para fazer sua ronda. Fiquei sentado com eles até às 4h e conversamos sobre Deus e o mundo.

Embriagado, deixei Rodriguez conduzir-me para a cela, deitei-me confortavelmente na cama e, finalmente, adormeci.

Abertura da cela, distribuição do café-da-manhã, fechamento da cela. Normalmente, a essa hora, eu já estava pronto para ir à escola. Sem distração, o dia se alongaria infinitamente. Como é que Arthur reagiria ao notar que seu estudante preferido estava ausente? Eu queria vê-lo mais uma vez, de qualquer maneira, antes de minha soltura. Comecei a andar de novo de um lado para o outro, queria andar até me cansar, simplesmente não conseguia ficar sentado quieto ou ficar simplesmente deitado. Logo depois das 9h, veio outra surpresa. A porta se abriu e Arthur entrou na minha cela e me abraçou tempestuosamente.

— Rodger, meus parabéns pela sua soltura. Levante-se e vista-se! Eu levo você comigo!

Não precisou repetir duas vezes. Todos os pensamentos sombrios foram afastados. Dirigimo-nos diretamente para o portão principal. Meu cérebro nem registrou que eu estava prestes a deixar a instituição e, antes que a ficha caísse, estávamos do lado de fora do grande portão. Dessa vez, a *minna* do terror não me esperava.

— Eu só soube hoje de manhã que sua pena terminou. Agora, vamos procurar seu delegado e vou me responsabilizar por você, para que possa passar os dias restantes na minha casa.

Durante 4 anos eu não havia sonhado com outra coisa e, agora, estávamos passeando pela rua como se isso fosse a coisa mais natural do mundo. Eu desculpei-me com Arthur por ter voltado a fumar. Ele só riu.

— Fume o quanto quiser, mas prometa-me que vai parar quando chegar à Alemanha.

Naquele dia, eu teria prometido qualquer coisa. O escritório do delegado não era muito distante e percorremos o trecho todo a pé. Ainda não estava decidido se eu poderia ficar na casa de Arthur, mas não duvidava que ele conseguisse persuadir o delegado. E, realmente, foi o que aconteceu. Depois de uma breve discussão, o delegado assinou os papéis de liberação e entregou-me aos cuidados do meu protetor. Tudo correu sem burocracia, quase informalmente. Naturalmente, o delegado conhecia bem Arthur, e sua posição. Arthur era um advogado muito estimado e também respeitado pelo seu engajamento social.

De certa maneira, todos os brasileiros com os quais eu havia lidado nos últimos tempos me haviam tratado como um compatriota e como um igual. Eu já não era mais um gringo ignorante, e nos últimos anos havia me tornado sempre mais parecido com os brasileiros. Sem constrangimento, tomamos um expresso bem forte no escritório do delegado e, então, fui realmente libertado. Voltamos mais uma vez rapidamente para o Lemos de Brito, para cumprir as formalidades de soltura. Ali incumbi um guarda de distribuir minhas coisas aos meus amigos da galeria. Bem no fim, tive de assinar um formulário de soltura e, então, pude ir embora. Depois de 3 anos e 362 dias, fui posto em liberdade!

Era o dia 21 de dezembro, três dias antes do Natal. Fomos diretamente para a casa de Arthur, no lindo bairro da Lagoa. Dessa vez, não fomos a pé, porém no carro de Arthur. O Rio me saudou com seu aspecto mais bonito. Estávamos no início do verão!

Tendo chegado ao apartamento de Arthur, fui saudado como um membro da família. Sua mulher, com quem ele estava casado havia mais de 30 anos, apertou-me contra seu peito.

— Que bom que você está finalmente aqui. Meu marido me falou muito sobre você nos últimos anos. Você é um rapaz bonito.

Dos cinco filhos, somente os três mais novos estavam presentes. Observavam-me curiosos e um pouco tímidos, e me deram a mão gentilmente. Eu também estava um pouco constrangido. Tudo acontecia tão abruptamente! De certa forma, sentia-me um pouco fora de lugar, como se não tivesse o direito de estar ali. Junto com essa família decente que, no fundo, não tinha a menor obrigação de abrigar um criminoso estrangeiro. Pela manhã, eu ainda estava trancafiado em uma cela como um animal e agora, estava eu, ali na sala de estar, e podia observar da varanda o pequeno parque de diversões à margem da Lagoa. Era como se eu tivesse saído do inferno. Eu já havia estado ali algumas vezes anteriormente, e tinha andado na roda-gigante. Naquela época, eu havia feito gozação porque a roda-gigante era tão pequena e, na realidade, não merecia absolutamente a denominação de "gigante". O mar estava calmo, brilhava prateado e parecia chamar-me e convidar-me para um mergulho. Arthur mostrou-me meu quarto. Seu segundo filho estudava em São Paulo. Sua cama estava livre. Uma cama de verdade, com colchão e tudo aquilo a que tinha direito. Eu havia quase esquecido que aquilo existia.

— Rodger, eu preciso ir trabalhar. Você conhece o Rio. Com certeza, quer passear um pouco. Aqui está uma chave e dinheiro. Compre algumas roupas novas e tenha um bom dia. Jantamos às 20h!

Olhei Arthur fixamente. Havia um nó na minha garganta. Então, apertei-o firmemente contra o meu peito.

— Obrigado, Arthur, muito obrigado! — Lágrimas escorriam pela minha face. Arthur, que mal me chegava aos ombros, também estava com os olhos cheios de lágrimas.

— Tudo vai ficar bem, Rodger. Você conseguiu. Aproveite suas férias!

Saí do apartamento com ele. Como sempre, ele estava vestido de forma extremamente correta, mas inadequada para o tempo quente de verão.

Deixei-me levar, tinha todo o tempo de um ocioso. Já havia esquecido como as garotas do Rio de Janeiro eram bonitas. Passeei por Ipanema, fui a Copacabana, que me atraía magicamente. A vida pulsava ao meu redor. A cada passo podia sentir quase fisicamente essa energia especial do Rio de Janeiro, que é única no mundo. Tudo havia começado aqui, 6 anos antes. Involuntariamente, tive que rir ao pensar no quanto eu era inexperiente e ingênuo quando da minha visita. E como havia sentido nostalgia, naquela época, e teria dado tudo para vir para o Rio.

Como o desejo e a realidade ainda estavam distantes. Na minha fantasia, desde a minha infância, havia imaginado o Rio como um paraíso na Terra. E era realmente assim, só que nunca, nem nos meus pensamentos mais ousados, eu havia imaginado que ficaria alojado no Brasil por anos a fio, à custa do Estado.

Comprei um short, duas camisetas, um par de tênis e cuecas no shopping Rio Sul. Vesti as coisas logo e joguei meus farrapos numa lata de lixo. Às vendedoras, que me perguntaram curiosas se eu era turista, falei que era brasileiro. Simplesmente, queria ver se elas iriam acreditar. Acreditaram, sem pestanejar. Era quase como se eu fosse um estudante de língua que, pela primeira vez, quer pôr seus conhecimentos à prova em condições reais. Além disso, eu me ofereci o luxo de um corte de cabelos decente. Percebi que não ria mais tão francamente e que evitava instintivamente abrir os lábios, para que não percebessem os dentes que faltavam. Fui atraído magicamente pelo Hotel Meridien. Queria ver se alguma coisa havia mudado por lá. Antigamente, havia passado muito tempo ali. Também havia conhecido Christina e Sabrina naquele local. E também fora ali que a danada da cocaína havia me lançado suas amarras. Bobo como eu era, havia mordido a isca sem problema. Mas tudo estava como sempre. As pessoas eram substituíveis, mas o filme era sempre o mesmo.

Copacabana apresentava-se com sua imensa beleza, sobre a qual o Pão de Açúcar velava silenciosamente, atrás de mim. Sem querer, fiquei procurando rostos conhecidos, mas não descobri nenhum. Por mim, estava bem assim, já que eu só queria observar de longe. Como antes, eu era abordado a cada passo. Pediam esmolas, me ofereciam drogas e, garotas, seus corpos. Assim que eu abria a boca, percebiam que eu não era um gringo ingênuo e deixavam-me de lado. Não era somente o fato de eu falar português que me valia respeito, porém o de dominar a gíria dos criminosos. E a falta dos dentes parecia reforçar ainda mais essa impressão. Isso tinha o efeito de uma ducha de água fria!

Andei o dia inteiro sem rumo e observei o tumulto pré-natalício, que me lembrava tanto os dias que eu havia passado preparando-me para o vôo. Se soubesse, na época, o que me esperava!

Cheguei à casa de Arthur pontualmente para o jantar. Toquei a campainha, apesar de ter a chave. Não estava com fome, já que durante o dia havia comido alguma coisa. O Lemos de Brito já estava a anos-luz de distância. A família estava quase inteiramente reunida em volta da mesa, mas ainda esperava o chefe antes de começar a comer. Ninguém falou na cadeia. Todos me tratavam como se eu tivesse vindo da Alemanha em visita. Ninguém ficou se entreolhando conspiradoramente ou cochichando secretamente pelas minhas costas. Arthur tinha uma família maravilhosa que parecia estar contente de me ter em seu seio. Isso foi importante para mim. É bem verdade que eu tinha sido convidado por Arthur sem ter me imposto, mas eu teria me sentido extremamente mal se isso não tivesse agradado aos outros.

Timidamente, perguntei se podia fumar na varanda. É inútil mencionar que não havia um só cinzeiro na casa. Agora, as crianças também se soltavam e deixavam sua timidez de lado aos pouquinhos e, depois do jantar, me mostraram orgulhosamente seus quartos e seus brinquedos. Ainda assim, a penitenciária não foi mencionada nem uma única vez durante minha estada. Por volta da meia-noite, deitei-me, prestando atenção ao ruído do trânsito que chegava pela janela aberta, e adormeci, feliz.

Acordei automaticamente às 6h, sentei-me na cama e tive que ficar pensando um pouco para me convencer de que não era um sonho e que eu era realmente um homem livre. Arthur já estava sentado à mesa do café e tomava seu café-da-manhã, o que, no Brasil, significa que ele realmente só tomava um cafezinho. Ele tinha uma longa jornada de trabalho e, mesmo assim, não considerava pesado demais ainda dar aula na cadeia. Ele queria fazer o bem, e isso, todos os dias, não somente no Natal. Era um ser humano extraordinário. Como sempre, estava de excelente humor e parecia apostar com o sol do Brasil quem brilhava mais.

— Acredito que você esteja feliz por não mais ter que ir à escola!

Ele estava certo. Eu pedi que ele saudasse todos os meus colegas por mim. Contrariamente a ele, eu não tinha obrigações e, assim, passei o dia inteiro na praia de Ipanema. Não tinha medo de me queimar demais, porque já estava bem bronzeado. À tarde, telefonei para minha mãe de um orelhão e comuniquei-lhe que não precisava mais preocupar-se comigo e que estaria na

Alemanha dentro de poucos dias. O muro de Berlim havia caído algumas semanas antes. Eu tinha curiosidade para saber como as coisas prosseguiriam. Pelo visto, não era somente eu que iria enfrentar um recomeço, porém toda a Alemanha.

Os dias na casa de Arthur passaram extremamente rápidos. Eu estava contente de não ter que seguir imediatamente para a Alemanha, e de poder me acostumar à liberdade com cautela. De qualquer modo, não deixei a instituição como um homem alquebrado. Eu ainda conservava uma saudável autoconfiança e, contrariamente ao que acontecia antes, havia adquirido muita experiência de vida. Com exceção dos dentes, nada me doía, e eu havia pago minha falta para com a sociedade. Teria sido fácil comprar cocaína com o dinheiro que Arthur me deu. Mas nem cogitei fazer isso. Não que eu tivesse tido medo de mergulhar na dependência das drogas, mas é que agora eu conhecia a verdadeira cara da droga. Minha noiva parecia horrível. Eu queria o divórcio!

O dia da viagem chegou. Meu vôo devia sair às 18h. Arthur me acompanhou ao aeroporto. Despedi-me de sua família afetuosamente. Minha estada havia sido marcada por profunda hospitalidade e cada um havia feito o melhor para tornar minhas férias as mais agradáveis possíveis. Todos os dias, a dona da casa preparava as comidas mais apetitosas e tratava-me como se eu fosse um de seus filhos. Uma família maravilhosa. Durante a viagem até o aeroporto, conversei com Arthur sobre Deus e o mundo e arranquei-lhe a promessa de ir me visitar na Alemanha. Arthur acompanhou-me até o guichê e esperou até que eu voltasse com meu cartão de embarque. Dessa vez, eu não tinha bagagem para despachar, mas apenas uma pequena bolsa esporte que eu queria levar junto comigo a bordo. Nela havia também um casaco grosso que Arthur havia me dado de presente de despedida. Dessa vez, os ombros não estavam recheados!

Veio a despedida. Arthur foi breve, apertou-me firmemente contra seu corpo, desejou-me tudo de bom para o futuro e deixou o aeroporto. Enquanto eu olhava para ele, tive de pensar em Alois, quando saiu de meu campo de visão. E também em Nelson, que teria gostado tanto de me visitar na Alemanha! Como eu amava essas três pessoas!

Como da última vez, procurei o cinzeiro a 20 metros de distância do controle alfandegário, acendi um cigarro e fiquei observando o despacho dos passageiros. Apaguei o cigarro e dirigi-me decidido para o guichê, apresentei meu passaporte e desejei um feliz Ano-novo. O diabo quis que o funcionário com cara de hipopótamo estivesse de serviço. Seu uniforme estava ainda mais apertado que antigamente. Ele me reconheceu imediatamente.

— Olá, gringo, aí está você de novo. Como foram as férias?

— Abundantes e instrutivas — respondi.

Sem ter sido mandado, coloquei minha bolsa sobre a mesa e esperei que ele verificasse o conteúdo, mas não aconteceu nada disso.

— Está certo. Muita sorte!

Estava na área de trânsito e acendi outro cigarro. Vagamente pensei que aquele teria sido um bom dia!

Agradecimentos

Agradeço profundamente ao professor Arthur Ribeiro Bastos Filho, um ser humano exemplar, que me ajudou nos piores momentos de minha vida. Também agradeço a todos que me ajudaram e me incentivaram a escrever este livro, e à minha agente literária, Alessandra Pires, que sempre acreditou em mim e nesta obra.

Rodger Klingler

Este livro foi composto na tipologia Classical Garamond,
em corpo 11.5/16.5, e impresso em papel off white 80g/m^2
no Sistema Cameron da Divisão Gráfica da Distribuidora Record.